Religion und Politik sind nicht zwei getrennte Bereiche menschlichen Handelns, sondern voneinander abhängige Aspekte gesellschaftlicher Kommunikationsprozesse, denn Herrschaft und politisches Handeln erfahren durch Religion Legitimierung, und umgekehrt prägen sich politische Interessen in religiösen Ideen und im Kultus aus.

Erst seit der europäischen und amerikanischen Neuzeit geht Macht »vom Volke« aus, zuvor war sie immer und in allen Kulturen in eine religiöse Sphäre eingebunden und strahlte von dort auf die menschlichen Repräsentanten aus, auf Könige, Bischöfe, Priester, Lamas usw. Inwieweit auch der tibetische Buddhismus in diesem Weltbild wurzelt, untersucht der vorliegende Band, der erstmals 1999 erschien und hier in einer Neuausgabe als Taschenbuch vorgelegt wird.

Deutlich wird der Widerspruch von Anspruch und Wirklichkeit, der jeder politischen Geschichte, auch der tibetischen, innewohnt. Dieser Widerspruch aber treibt zu immer neuen Gestaltungen politischer Prozesse, zu Reformen und Neubildungen, durch die Kreativität freigesetzt wird. Dies geschieht nach den Maßgaben eines kulturellen Grundmusters, das in Tibet durch das tantrische Weltbild und die buddhistische Philosophie gegeben ist. Erst durch die Kenntnis dieser Traditionen wird es möglich, das Land, seine Kultur und Religion und auch seine besondere politische Situation angemessen zu begreifen.

Michael von Brück, geboren 1949, Dr. theol., Professor für Religionswissenschaft und Leiter des interfakultären Studiengangs Religionswissenschaft an der Ludwig-Maximilians-Universität München. Dozentur und Studium in Indien, Mitglied mehrerer wissenschaftlicher Gremien weltweit. Forschungsschwerpunkte: Hinduismus, Buddhismus, interreligiöser Dialog.

Im Verlag der Weltreligionen erschienen von Michael von Brück: *Bhagavad Gītā* (2007), *Einführung in den Buddhismus* (2007; 2. Aufl. 2008), *Religion – Segen oder Fluch der Menschheit* (i. Vb. 2008).

VERLAG DER
WELTRELIGIONEN
TASCHENBUCH
10

MICHAEL VON BRÜCK
RELIGION UND
POLITIK IN TIBET

VERLAG DER
WELTRELIGIONEN

Gefördert durch die
Udo Keller Stiftung Forum Humanum

Bibliographische Information der Deutschen Nationalbibliothek
Die Deutsche Nationalbibliothek verzeichnet diese Publikation
in der Deutschen Nationalbibliographie; detaillierte bibliographische
Daten sind im Internet abrufbar.
http://dnb.d-nb.de

Vertrieb durch den Suhrkamp Taschenbuch Verlag
Umschlag: Hermann Michels und Regina Göllner
Satz: Hümmer GmbH, Waldbüttelbrunn
Druck: Druckhaus Nomos, Sinzheim
Printed in Germany
ISBN 978-3-458-72010-2
Titel der Originalausgabe:
Religion und Politik im Tibetischen Buddhismus
München: Kösel-Verlag 1999

1 2 3 4 5 6 – 13 12 11 10 09 08

RELIGION UND POLITIK
IN TIBET

INHALT

VORWORT

Religion und Politik sind nicht zwei getrennte Bereiche menschlichen Handelns, sondern voneinander abhängige Aspekte von gesellschaftlichen Kommunikationsprozessen, denn Herrschaft und politisches Handeln erfahren durch Religion Legitimierung, und umgekehrt prägen sich politische Interessen in religiösen Ideen und im Kultus aus, d. h. durch gesellschaftliche Gestaltungsprozesse wird Religion in politische Praxis umgesetzt und nicht selten auch instrumentalisiert. Religionen wollen ja das Wesen hinter den Erscheinungen der Welt im Kult sichtbar machen und im symbolischen Ausdruck sowie durch systematisierte Lehren deuten, und diese Symbole und Deutungen haben Einfluß auf die individuellen und gesellschaftlichen Lebensformen. Erst seit der europäischen und amerikanischen Neuzeit geht Macht »vom Volke« aus, zuvor war sie immer und in allen Kulturen in eine religiöse Sphäre eingebunden und strahlte von dort auf die menschlichen Repräsentanten dieser Sphäre aus, auf Könige, Bischöfe, Priester, Lamas usw. Auch der tibetische Buddhismus wurzelt in diesem Weltbild, wie überhaupt der Buddha schon in den buddhistischen Staaten des alten Indien, in Sri Lanka, Thailand, Birma, teilweise auch im China der T'ang-Zeit und eben in Tibet die Legitimität der Herrschaft durch seine Gegenwart (in Reliquien oder durch geistige Präsenz) begründete, stützte und weisheitsvoll begleiten sollte. Politik trägt den Widerspruch zwischen einer geglaubten Einheit der »himmlischen Sphäre« und der Zerrissenheit menschlicher Interessen in sich. Auch im Buddhismus gilt Politik dann als gelungen, wenn zwischen beiden ein maßvoller Ausgleich hergestellt wird.

Wir werden in diesem Buch die politische Geschichte Tibets unter dieser eben angesprochenen Fragestellung betrachten sowie den Widerspruch von Anspruch und Wirklichkeit beleuchten, der jeder politischen Geschichte innewohnt. Dieser Widerspruch aber treibt zu immer neuen Gestaltungen politischer Prozesse, zu Reformen und Neubildungen, durch die Kreativität freigesetzt wird. Dies geschieht nach den Maßgaben eines kulturellen Grundmusters, das in Tibet durch das tantrische Weltbild und die buddhistische Geistesphilosophie gegeben ist. Wir werden darum in einem zweiten Kapitel die wesentlichen Merkmale des tantrischen Buddhismus zu erörtern haben, denn ohne ein genaues Verständnis dieser zunächst fremden Welt kann man die Dynamik der politischen und religiösen Geschichte Tibets nicht verstehen. Genau diese Fremdheit ist oft ein fast unüberwindliches Hindernis bei der angemessenen Deutung und Wahrnehmung. Doch wenn wir uns bewußt werden, daß wir in einer langen Geschichte des Verstehens und Mißverstehens Tibets durch Europäer stehen, können wir die Projektionsmuster auf das Fremde durchschauen und vielleicht ein genaueres Bild der tibetischen Kultur gewinnen, das die Probleme der Deutungsgeschichte reflektiert und kritisch in die eigene Darstellung einbezieht. Aus diesem Grunde beginnt unsere Erörterung mit einer Analyse der wesentlichen westlichen Versuche, Tibet zu begreifen und in das eigene Weltbild zu integrieren.

Gegenwärtig wird die tibetische Exilgemeinde weltweit von der dramatischen Kontroverse um die »Gottheit« bzw. den Dharma-Beschützer Shugden erschüttert, die ein Schlaglicht auf ein Hauptproblem der gesamten Geschichte des tibetischen Buddhismus wirft, nämlich auf die Integration vorbuddhistischer Kulte und Gottheiten in die buddhistische Geisteswelt, was nicht allein ein metaphysisches Problem ist, sondern unmittelbare politische Folgen hat. Strukturell zeigt sich hier ein Problem, das auch sonst in der Religionsgeschichte häufig anzutreffen ist: die Inkulturation von religiösen Phänomenen in jeweils anderen Kontexten, die kreative Synthese von zunächst unterschiedlichen religiösen Überlieferungen zu neuen Gestaltungen und die nie abgeschlossene Identitätsbildung von Religion in dramatischen Integrations- und Abgrenzungsprozessen, die jeweils auch eine politische Seite haben. Wir werden die Geschichte und das Wesen dieser Kontroverse in einem eigenen Kapitel deshalb ausführlich untersuchen, weil an ihr exemplarisch erkennbar wird, wie sich der tibetische Buddhismus angesichts der ihm eigenen kulturellen Parameter und überlieferungsgeschichtlichen Muster entwickelt hat und weiterentwickelt. Dieses Kapitel geht auf wissenschaftliche Studien in Dharamsala (1996) zurück und enthält die historische Aufarbeitung und Analyse bisher unveröffentlichter Texte.

Das vorliegende Buch ist der unveränderte Neudruck eines Bandes, der bereits 1999 publiziert wurde. Da das Schwergewicht nicht auf der jüngsten Geschichte liegt, sondern auf der Analyse von Grundmustern der Religions-Politik und Politik-Religion, wie sie sich historisch in Tibet ausgeprägt hat und auch heute nachhaltig wirkt, war eine Aktualisierung des Textes nicht geboten. Wer sich weitergehend informieren will, lese das Tibet-Kapitel meiner »Einführung in den Buddhismus« (VdWR, 2007).

Sanskritbegriffe werden in der üblichen wissenschaftlichen Umschreibung angeführt. Tibetische Begriffe werden, wo es sinnvoll erscheint, neben der deutschen Umschreibung im tibetischen Lautstand wiedergegeben. Die deutsche Umschreibung richtet sich nach der Aussprache, außer dort, wo die Begriffe in der aus englischsprachigen Werken bekannten Umschreibung schon ein gewohntes Schriftbild vermitteln. Ich danke vielen tibetischen Freunden in Indien und in Deutschland für Kommentare, Erläuterungen von Texten und Einblicke in das Alltagsleben der Tibeter heute.

Betrachtet man das Bild Tibets im Westen und seine historische Ent-
wicklung, ist nicht zu übersehen, daß eine sachliche Herangehensweise
eher die Ausnahme war und ist.[1]

---

1 Th. Dodin/H. Räther, Mythos Tibet – Zwischen Shangrila und
  Feudalherrschaft. Versuch einer Synthese, in: Th. Dodin/H. Räther (Hg.), Mythos Tibet. Wahrnehmungen, Projektionen, Phantasien, Köln: DuMont 1997, 337.

I.
DEUTUNGEN UND PROJEKTIONEN

DIE WAHRNEHMUNG TIBETS IM WESTEN

Seit der venezianische Weltreisende Marco Polo (1254-1324) über Zentralasien berichtete und katholische Missionare tibetischen Mönchen an mongolischen Höfen und später in Tibet selbst begegneten, ist Tibet schon immer Projektionsfläche von Phantasien der Europäer gewesen. Dabei wird der tibetische Buddhismus sowohl negativ als auch positiv interpretiert: als korrumpierte und dekadente Abweichung vom ursprünglichen und wahren Buddhismus oder als spirituelles Paradies auf Erden, als Erfüllung menschlichen Sehnens überhaupt. Aber immer gibt westliche Projektion den Deutungsrahmen vor, in dem Tibet als das exotische, schwer zugängliche und kaum verstandene Land begriffen wurde, und das ist bis heute so.[1]

Zunächst war es die missionarische Polemik oder »Anknüpfungstaktik«, die das Bild Tibets in Europa prägte. Bereits im 13. Jahrhundert hatte der flämische Franziskaner Wilhelm von Rubruk (ca. 1215-1270) mongolische Gebiete Zentralasiens bereist und über den mongolisch-tibetischen Buddhismus berichtet. Aber erst António de Andrade (1580-1634) gelangte (wohl 1624) nach Tibet und gründete 1625 eine Missionsstation in Tsaparang.[2] De Andrades Berichte hatten bis ins 17. und 18. Jahrhundert eine beträchtliche Wirkung. Eine regelrechte »Tibetophilie« kam auf, die mit dem Paradox spielte, daß Tibet einerseits als unzugängliche Welt und *terra incognita*

---

1 Glänzend belegt wird dies in der im Vorspruch zitierten Dokumentation eines Bonner Symposiums von 1996 zum Thema sowie durch das Buch von D. S. Lopez, Prisoners of Shangri-La. Tibetan Buddhism and the West, Chicago: Univ. of Chicago Press 1998.
2 M. v. Brück/Wh. Lai, Buddhismus und Christentum. Geschichte, Konfrontation, Dialog, München: C. H. Beck 1997, S. 46.

schlechthin galt, andererseits aber so große Ähnlichkeiten mit
der römisch-katholischen Religionskultur aufzuweisen schien,
daß sich viele Vergleiche aufdrängten, wie:[3] das tantrische Ritual und die Messe, die Hierarchien der Klöster in beiden Religionen, die Menschwerdung Gottes in Jesus Christus und
der physische Körper (*nirmāṇakāya*) des Buddha, die Himmelfahrt Christi und die Himmelfahrt des Mystikers Milarepa,
Maria und Tārā und vor allem der Papst und der Dalai-Lama.
Letzteren Vergleich glaubte man gar mit sprachlichen Über-
einstimmungen rechtfertigen zu können, da »Papst« (in den
romanischen Sprachen zumal) dasselbe Wort wie der tibetische Name Phagpa (*'phags pa*, 1235-1280) zu sein schien, des Gelehrten der Sakya-Schule, der sich am Hofe Kubilai Khans
aufhielt und den Marco Polo getroffen haben könnte.[4] Phagpa
war zwar kein Dalai-Lama, aber ihm kam bereits die Rolle
des tibetischen »geistlichen Herrschers« neben dem mongolischen Khan als »weltlichem Herrscher« zu. Lag es da nicht
nahe zu vermuten, daß die »Entdeckung« Tibets in Wirklichkeit eine Wiederentdeckung war, daß das Christentum schon
lange zuvor in Zentralasien geblüht hatte und daß man nun in
Tibet die korrumpierten Reste fand, die es nur zu reinigen
galt, um die wahre Religion neu ans Licht zu bringen? Weit
verbreitet war in Europa der Glaube, Jahrhunderte zuvor
seien christliche Missionare nach Tibet gekommen. Man ver-
mutete, daß in der tibetischen Kultur Überreste der Kirche
des legendären Priesterkönigs Johannes[5] zu finden seien, der
gar mit dem 1. Dalai-Lama identifiziert wurde.[6] Der Teufel

---

3 H. Didier, António de Andrade à l'origine de la tibétophilie euro-
   péenne, in: Portugiesische Forschungen der Görresgesellschaft
   XX, 1988/92, S. 45 ff.; zit. bei: R. Kaschewsky, Das Tibetbild im
   Westen vor dem 20. Jahrhundert, in: Th. Dodin/H. Räther (Hg.),
   Mythos Tibet, a. a. O., S. 19.
4 Zu Phagpa und seinem Verhältnis zu Kubilai Khan vgl. unten
   Kap II.2.
5 Vgl. dazu F. Schmieder, Europa und die Fremden, Sigmaringen:
   Thorbecke 1994.
6 Tatsächlich ist es wahrscheinlich Ende des 8. Jahrhunderts zu einer

selbst, so schrieben portugiesische Missionare aus China in die Heimat, habe in Tibet die einstmals christliche Kultur korrumpiert oder dämonisch kopiert. Dies war eine weitverbreitete Meinung der katholischen Missionare bis ins 18. Jahrhundert hinein, als die Kapuziner (ab 1707) und die Jesuiten (ab 1716) in Lhasa tätig wurden. Insbesondere die Berichte des Jesuiten Ippolito Desideri (1684-1733) lassen aber auch eine bemerkenswerte Beherrschung der tibetischen Sprache, differenzierte Deutungen der Texte und präzise Beobachtungen des Lebens der Tibeter erkennen, wobei sich Desideri um ein objektives Bild bemüht. Ihn beschäftigt die Frage, warum die Tibeter trotz ihrer so tiefen Religiosität den Glauben an den einen Gott ablehnen, und er kommt zu dem Schluß, daß Gott ihnen eine natürliche Offenbarung gegeben habe, durch die sie zwar nicht Gott selbst, wohl aber seine Attribute wie Allwissenheit, Liebe, Barmherzigkeit verehren. Desideri zeigt sich tief beeindruckt vom Ethos und der Mönchsdisziplin der Tibeter und sieht darin einen geeigneten Anknüpfungspunkt für seine Predigt des Christentums.[7]

Der deutsche Jesuit Johannes Grüber kam 1661 nach Lhasa und berichtete, daß die Tibeter in ihrem Ritual eine Abart der heiligen Messe unter Brot und Wein zelebrieren würden, daß es Gebete für die Kranken gebe sowie Chorgebete im Gottesdienst, daß man das Fasten kenne und Missionare aussende, daß Männer- und Frauenklöster blühten sowie Bischöfe konsekriert würden.[8] Der »Lamaismus«, wie man im 18. und 19. Jahrhundert abwertend titelte, sei entweder der Rest eines echten Christentums in Asien oder ein dämonisches Plagiat

---

Begegnung Tibets mit dem nestorianischen Christentum gekommen, die aber die tibetische Kultur nicht nachhaltig beeinflußt hat. Daß sich in bestimmten tibetischen Mythen und Tantras auch manichäische Elemente widerspiegeln, hat die europäische Tibetologie bereits im 18. Jahrhundert erkannt, wenngleich Antonius Georgius diesen Einfluß in seinem *Alphabetum Tibetanum* (Rom, 1763) erheblich überschätzt.

7 Kaschewsky, a. a. O., S. 21-28.
8 D. Lopez, Prisoners of Shangri-La, a. a. O., S. 25.

der Wahrheit. Folgerichtig wurden christlich geprägte Begriffe für die Übersetzung tibetischer Kategorien übernommen: Lamas wurden »Priester«, der Dalai-Lama »Papst« oder »Gottkönig«. Solche Deutungen waren nicht nur im 18. und 19. Jahrhundert populär, sondern sind auch heute noch nicht überwunden, obgleich sie unzutreffende Assoziationen wecken, wie wir noch zeigen werden.

Auch im 18. Jahrhundert hielt die Faszination Tibets angesichts der vielfältigen Götterwelt mit ihren heilvollen und schrecklichen Attributen an. In Bernard Picarts einflußreichem Buch *The Zeremonies and religious Customs of the various Nations of the known World*, das 1741 in London erschien,[9] wurde das Wissen aus den Reiseberichten der vorigen Jahrhunderte gesammelt, und Tibet nimmt dabei einen gebührenden Platz ein. Die Protestanten, die in der Mitte des 18. Jahrhunderts Tibet missionieren wollten, konnten nur bis in die Randgebiete vorstoßen. Sie übernahmen die bekannten Vorstellungen über Tibet und verglichen den tibetischen Buddhismus nun ihrerseits mit dem römischen Katholizismus, abwertend natürlich. So schrieb der englische Protestant Thomas Astley zwischen 1745 und 1747,[10] daß der tibetische Buddhismus fast alle Zeremonien mit dem Katholizismus gemeinsam habe, außer der Eucharistie. Insbesondere sieht er im Dalai-Lama eine Gottheit in menschlicher Form – transsubstantialisiert und transformiert sei dieser ein rationales Objekt der Verehrung. Astley schließt aus, daß das Christentum den Buddhismus beeinflußt haben könnte, da der Buddhismus älter sei. Er zieht aber den protestantisch verständlichen Schluß, daß jede katholische Mission in Tibet sinnlos sei, da die Tibeter mit einer Hinwendung zum Katholizismus nur den einen Aberglauben gegen den anderen eintauschen würden. Die Protestanten verstanden – analog zur Kritik am Katholizismus – den tibetischen Buddhismus als reinen Götzendienst, Idolatrie, Aber-

9 Lopez, a. a. O., S. 21.
10 Lopez, a. a. O., S. 29 ff.

glauben und raffinierte Priesterherrschaft.[11] So wird ihrer Ansicht nach der Dalai-Lama als Gott verehrt, und diese Anschauungen hat auch noch Hegel in seinen Vorlesungen über die Philosophie der Religion von 1824 und 1827 und in seiner Philosophie der Weltgeschichte von 1822 bis 1831 übernommen:[12]

Im ursprünglichen Buddhismus wird ein verstorbener, im Lamaismus ein lebender Mensch verehrt. Beiden ist die Vorstellung des Geistes als eines einzelnen Menschen gemeinsam. Es wird ein Mensch als Gott verehrt. Dies ist etwas höchst Widerstreitendes, das selbst unsere Vorstellungen empören kann.

Die wissenschaftliche Auseinandersetzung mit Tibet (Tibetologie) begann mit den meist gründlichen Sprach- und Kulturstudien der Missionare einerseits und der romantischen Suche nach den Ursprüngen der Zivilisation oder der je eigenen Kultur andererseits – der Ungar Csoma de Körös (1784-1842) reiste nach Zentralasien, um dort die historischen Anfänge der ungarischen Kultur zu suchen und damit dem ungarischen Nationalismus gegen Habsburg Auftrieb zu geben. Ihm verdanken wir das erste bedeutende tibetische Wörterbuch. Allerdings zeichneten die Missionare in den Berichten an ihre Geldgeber zu Hause oft ein düsteres Bild von Tibet, das endlich durch das Licht des Christentums zur Freiheit finden müsse. So erscheint Tibet in der militanten missionarischen Polemik gar als »Festung des Bösen« bzw. »scheinbar unbezwingliches Gibraltar der modernen Mission« (William Carey),[13] wohl um die Spendenfreudigkeit der Gemeinden in der Heimat anzuregen.

---

11 Lopez, a. a. O., S. 21 ff.
12 G. W. F. Hegel, Vorlesungen über die Philosophie der Weltgeschichte (Hoffmeister), Bd. I-II, Berlin: Akademie Verlag 1970, 338.
13 W. Carey, Travel and Adventure in Tibet, London 1902, zit. bei J. Bray, Die Tibetbilder der Missionare im 19. und frühen 20. Jahrhundert, in: Th. Dodin/H. Räther (Hg.), Mythos Tibet, a. a. O., S. 36 f.

Die oben genannten Vergleiche und Wahrnehmungsprojektionen hielten sich auch unter den britischen Orientalisten des 19. Jahrhunderts. Der tibetische Buddhismus galt als eine Abweichung vom »reinen« Buddhismus der Frühzeit, der noch rational und frei von unnützen Zeremonien und Ritualen gewesen sei. Und ähnlich wie das reine frühe Christentum degeneriert und so die katholisch-mittelalterliche Welt entstanden sei, hätte sich auch der Buddhismus in Tibet bis zur Unkenntlichkeit verformt. Der frühe Buddhismus wurde als eine Art Reformation gegenüber dem vedischen Ritualismus verstanden, in dessen überholte Muster der tibetische Buddhismus zurückgefallen sei. So behauptete Thomas Rhys Davids 1877, daß sich der »Lamaismus« als Religion nicht nur vom frühen ursprünglichen Buddhismus unterscheide, sondern ihm sogar antagonistisch entgegengesetzt sei. 1881 schreibt Rhys Davids in seinen Hibbert-Lectures,[14] der tibetische Buddhismus sei eine Mixtur aus animistischen spekulativen und emotionalen Verirrungen und werde durch priesterliches Machtstreben (besonders der Dalai-Lamas) bestimmt – ähnlich dem römischen Katholizismus, der durch die Macht der Hierarchie, insbesondere des Papstes, korrumpiert worden sei. Hier haben wir ihn wieder, den Vergleich mit dem römischen Katholizismus, der dem modernen (protestantischen) Bewußtsein altmodisch, ritualistisch, unaufgeklärt und machtbesessen, ja korrumpiert erschien. Hatte nicht, so fuhr Rhys Davids fort, der Buddha selbst verkündet, daß seine Lehre im Laufe der Zeit korrumpiert würde? In Tibet, so Rhys Davids und auch der Deutsche Isaak Jakob Schmidt, habe man den Beweis dafür: Ritual und Aberglaube hätten den reinen Buddhismus abgelöst.

Die britischen Buddhologen stimmten darin überein, daß Mahāyāna und mehr noch Tantrayāna ein spekulatives theistisches System sei, durchsetzt von Mystizismus und einem sufistischen Nihilismus, wodurch die einfache Moralphilosophie des frühen Buddhismus verwaschen worden sei. In seinen ein-

---

14 Lopez, a. a. O., S. 33.

flußreichen Schriften über Tibet übernahm L. Austine Waddell (*Buddhism & Lamaism of Tibet, London 1895*), der aus schot-
tisch-presbyterianischer Tradition stammte, diese Urteile und
deutete in ihrem Licht die neuen Informationen, die Ende des
19. Jahrhunderts über Tibet gesammelt wurden. Er interpretierte den »Lamaismus« als eine Mischung aus śivaitischer
Mystik, Magie und indo-tibetischer Dämonenverehrung, die
nur durch eine dünne Schicht von mahāyāna-buddhistischen
Lehren verdeckt würde. Im lamaistischen Kult sieht Waddell,
der General Younghusband nach Lhasa begleitet hatte, den
Gipfel der Degeneration des Buddhismus. Rudyard Kipling
und viele andere verbreiteten diese Auffassung, die offensichtlich bis heute nachwirkt.[15] Auch Madame Blavatsky folgte diesem Urteil, obwohl sie von den in Tibet lebenden Mahātmas
phantasierte. Sie schwärmte für die einzelnen »Weisen« im Himalaya, interpretierte aber den institutionalisierten tibetischen
Buddhismus als eine Form degenerierter Esoterik, die sie allerdings dennoch dem römischen Katholizismus vorzog.

Die europäischen Orientalisten machten es sich zur Aufgabe, den »reinen« ursprünglichen Buddhismus von seiner
konkreten historischen Form, wie man sie besonders im Mahāyāna und stärker noch im tibetischen Tantrayāna fand, zu
unterscheiden. Wenn Tibet schon nicht durch christliche Missionare zum Christentum bekehrt werden konnte, so vielleicht

---

15 V. u. V. Trimondi (Röttgen), Der Schatten des Dalai-Lama. Sexualität, Magie und Politik im tibetischen Buddhismus, Düsseldorf:
   Patmos 1999. Dieses Buch zeigt, daß die alten Projektionen, Fehl-
   urteile und Mißdeutungen der tibetischen Symbolwelt bis heute
   wirken. Zwar tragen die Röttgens keine von christlich-missiona-
   rischen Interessen genährte Polemik vor, sie sind vielmehr motiviert durch eine eurozentrisch-esoterische und paradoxerweise
   in weiten Strecken dennoch rationalistische Grundhaltung, die
   auch westliche Politikmodelle zum Maßstab aller Dinge macht
   und als allgemeinen Humanismus ausgibt, wobei die historischen
   Gegebenheiten in Tibet unkritisch durch ein bestimmtes Schema europäischer Deutungskategorien gelesen und damit entstellt
   werden.

doch zu einem reinen Buddhismus – dessen »Reinheitsgrad« selbstverständlich durch die europäischen Buddhologen festgelegt werden sollte. Jedenfalls hatten, im Kontext des europäischen »Orientalismus«, die Intellektuellen des Westens, unterstützt durch westliche Wirtschaftskraft und westliches Militär, den Schlüssel zur richtigen Interpretation und geistigen Rettung Tibets in der Hand!

Mit den Theosophen um Blavatsky gegen Ende des 19. Jahrhunderts beginnt nun aber auch eine neue Wahrnehmung Tibets: Tibet wird zum Hort des Okkulten und Mysteriösen, zum Inbegriff einer geheimnisvollen Welt, aus der man Rettung für die entzauberte Alltäglichkeit der europäisch-amerikanischen Kultur erwartete. Das »*Ex oriente lux*« war im Prinzip nicht neu, nur die Inhalte der Sehnsucht hatten sich verändert. Für die *Aufklärung* und insbesondere für den Philosophen Leibniz[16] war *China* die ideale moralische Welt, eine Kultur des Maßvollen und der aufgeklärten Intellektualität, die sich durch ihre Noblesse wohltuend vom konfessionellen Hader in Europa unterschied. Die *Romantiker* suchten hingegen den Stein der Weisen in *Indien*, in einer Welt, die noch heil und voller »Gottestrunkenheit« war, in der die heilige »Ursprache« Sanskrit den Geist der Kultur bestimmte und die Ratio noch nicht die Herrschaft über den Menschen angetreten hatte.[17] Aber die intensivere Begegnung der Europäer mit dem wirklichen China und dem wirklichen Indien im späten 19. Jahrhundert veränderte den Blickwinkel: China, politisch und wirtschaftlich ausgeblutet, in internen Machtkämpfen zerstritten und von den Kolonialmächten aufgeteilt, war kein Vorbild mehr für das selbstbewußte europäische Bürgertum und die kapitalistische Wirtschaft. Indien war Kronkolonie geworden, Armut und Hungersnöte, Witwenverbrennung und Kor-

---

16 G. W. Leibniz, Das Neueste von China. Novissima Sinica 1697 (Hg. Nesselrath/Reinbothe), Köln: Deutsche China-Gesellschaft 1979; A. Hsia, Deutsche Denker über China, Frankfurt: Insel 1985.

17 Vgl. W. Halbfass, Indien und Europa, Basel/Stuttgart: Schwabe 1981.

ruption beherrschten die Berichte von Missionaren und Kolonialbeamten, die in Europa verbreitet wurden, teils um Spenden (für die Missionen) einzuwerben, teils um koloniales Eingreifen in die betreffenden Kulturen zu rechtfertigen, teils gewiß aus humanitärem Engagement. Aber jetzt setzte in Europa auch das Studium der Sprachen ein – Lehrstühle für Sinologie und Indologie wurden in Oxford, Cambridge und auch in Deutschland eingerichtet –, und man studierte nun die Kulturen, um die politisch gestritten und gekämpft wurde.

Allein Tibet war noch eine *terra incognita* und wurde deshalb zu einer besonders geeigneten Projektionsfläche für den Westen, zu einer der letzten räumlichen Utopien, einer »Insel der Seligen« oder eben einem Śambhala, wo die Welt noch heil war.[18] Tibet war zwar auch Objekt imperialer Wünsche und als Zankapfel um die Einflußsphären von Rußland und England entsprechend umworben, aber es war nicht der direkten Fremdherrschaft durch europäische Mächte oder die Chinesen unterworfen. Tibet wurde zum »verborgenen Land«, in das die Theosophen um Madame Blavatsky ihre Himalaya-Meister hineinprojizierten und in dem Esoteriker aller Art Magie und parapsychische Kräfte lebendig glaubten. Alexandra David-Neel (1868-1969), die 1898 und 1911-1925 Tibet bereiste, schrieb Berichte und Bücher, die einerseits phantastisch, andererseits aber auch nüchtern analytisch sind und zu Bestsellern wurden. Der russische Maler Nikolai Roerich (1874-1947) floh aus dem kommunistischen Rußland in die tibetische Utopia.

Ein gutes Beispiel für Verstehen und Mißverstehen der tibetischen Geisteswelt ist die Interpretation des berühmten »Tibetischen Totenbuches« (*bar do thos grol*, gesprochen: Bardo Thödol). Donald Lopez zeigt,[19] wie dieser Text seit seinem

---

18 M. v. Brück, Haben wir eine Zukunft? Die Utopie des Menschen und der Mensch als Utopie in den Religionen, in: Zeitschrift für Transpersonale Psychologie und Psychotherapie, 2. Jg., 1996/2, S. 57-70.

19 Lopez, a. a. O., S. 46 ff.

Bekanntwerden in Europa durch W. Y. Evans-Wentz 1927 eine Geschichte europäischer Projektionen durchlaufen hat. Die Interpretation der Übersetzer und Kommentatoren entsprach dabei zumeist weniger dem »Sitz im Leben« dieses sogenannten »Totenbuches« in Tibet als vielmehr europäischen Bedürfnissen und Fragestellungen. So können verschiedene Deutungen tatsächlich den europäischen intellektuellen Moden zugeordnet werden. Hintergrund für Evans-Wentz' eigene Interpretation war die »Ewige Philosophie« (*perennial philosophy*), die Madame Blavatsky bereits bei den Mahātmas in Tibet zu finden geglaubt hatte, eine Religion hinter und über den historisch greifbaren Religionen. In Tibet selbst habe Tsongkhapa diese uralte Tradition in eine rigide Regel gezwängt und damit entstellt, hieß es bei den theosophisch denkenden Interpreten.[20] Carl Gustav Jungs psychologischer Kommentar von 1935 interpretierte das Totenbuch im Sinne verschiedener Entwicklungsstadien des Geistes, wobei die Erscheinungen schrecklicher Gottheiten psychotische Krankheitsbilder repräsentierten, die dann entstünden, wenn diese Bewußtseinspotentiale nicht integriert würden. Die Höllen- und Schreckensgestalten im Tibetischen Totenbuch müßten symbolisch verstanden werden im Sinne psychischer Dissoziationen, die zur Schizophrenie führen könnten. So wurde das Totenbuch bei Jung ein Schlüssel für die Beschreibung psychischer Zustände der Lebenden, während es in Tibet Sterbenden »zugesprochen« werden soll. In der europäisch-amerikanischen Sterbeforschung von Elisabeth Kübler-Ross wird das Totenbuch nun im Zusammenhang mit Nahtod-Erfahrungen gedeutet. Dies ist der Rahmen, in dem Sogyal Rinpoche 1992 den Text verstehen und auf dem Hintergrund von Erfahrungen außergewöhnlicher Bewußtseinszustände zugänglich machen will,[21] und er verbindet dies mit amerika-

---

20 Lopez, a. a. O., S. 50.
21 Sogyal Rinpoche, The Tibetan Book of the Living and Dying, San Francisco: Harper 1992 (deutsch: Das tibetische Buch vom Leben und vom Sterben, München-Bern [19]1996).

nischen New-Age-Denkern, die seit den 60er Jahren des 20. Jahrhunderts populär wurden.[22] Die neueste Übersetzung und Kommentierung von dem Tibetologen Robert Thurman (1994)[23] stellt das Totenbuch wohl am ehesten in den Kontext, in dem es die Tibeter selbst sehen, nämlich als eine Beschreibung von Bereichen, durch die der Mensch im Sterbeprozeß geht. Die einzelnen Zwischenzustände werden nicht metaphorisch gedeutet, sondern als reale Bereiche der Wiedergeburt interpretiert, die ebenso real sind wie das gegenwärtige menschliche Leben: »Nur Thurman scheint zu glauben, was auch die Tibeter selbst glauben«, urteilt Lopez.[24] Wir haben es hier allerdings mit der schwierigen Diskussion zu tun, ob die tibetischen Himmel, Höllen und Geistwesen lediglich als psychologische Zustände oder als reale, dem Bewußtsein äußerliche und objektivierbare Zustände gedeutet werden müssen: Ist alles »nur« eine Frage des Bewußtseins oder auch der äußeren Wirklichkeit? Sind die Gebete Gespräche im Bewußtsein, also letztlich Selbstgespräche, oder sind sie gerichtet an äußere Mächte? Sind die tantrischen Übungen eine Selbststimulation des Bewußtseins, oder sind sie Vergegenwärtigung von außen ankommender Kräfte? Sind die magischen Praktiken intrapsychische Vorgänge, oder handelt es sich um Manipulationen äußerer und objektiver Kräfte? Die Beantwortung der Fragen hängt daran, was »Wirklichkeit« ist, d. h. an der gesamten Bewußtseinsphilosophie des Buddhismus. Und diese ist grundsätzlich nicht-dualistisch, d. h., die Frage, ob es *entweder* dies *oder* dies sei, ist müßig, weil die Wirklichkeit als Kontinuum von geistigen und materiellen Prozessen gedacht wird. Inneres und Äußeres, Geistiges und Körperliches sind keine Ge-

---

22 Lopez, a. a. O., S. 71. Das Buch von Leary, Metzner und Alpert (The Psychedelic Experience: A Manual Based on the Tibetan Book of the Dead, 1964) ist bezeichnenderweise Aldous Huxley gewidmet.

23 R. Thurman, The Tibetan Book of the Dead, New York: Bantam 1994.

24 Lopez, a. a. O., S. 83.

gensätze, sondern gleichsam verschiedene »Schwingungsebenen« ein und derselben Wirklichkeit, wie später im Zusammenhang mit der Beschreibung des tantrischen Weltbildes noch zu erörtern ist.

Die phantastischste und spektakulärste »Begegnung« mit Tibet wird jedoch im Buch *The Third Eye* (Das dritte Auge, deutsch 1964) von T. Lobsang Rampa fingiert, das 1956 in Großbritannien erschien und innerhalb von 18 Monaten die Auflage von 300 000 Exemplaren erreichte.[25] Das Buch pendelt zwischen angelesenem Wissen über Tibet und Spiritismus und gibt eine ganz und gar fiktive Erzählung als Historie aus – wieder wird Tibet in gewohnter Weise mystifiziert, worüber sich die Gelehrten empörten und die Leser begeisterten.[26] Der Engländer »Lobsang Rampa«, der Tibet nie gesehen hat, behauptet, er sei von einem tibetischen Lama geistig besessen und so allmählich selbst zu einem Tibeter geworden. Tibetologen und Tibetkenner wie David Snellgrove, Heinrich Harrer, Marco Pallis, Hugh Richardson und andere wiesen das Buch als »schamlos« (Snellgrove) zurück und sprachen von einer unauthentischen Fiktionalität. Der große Erfolg bis heute zeigt jedoch, daß der Westen Tibet nicht historisch in seiner eigenen Gestalt und Selbstdeutung wahrnehmen möchte, sondern eigene Projektionen auf das Land des Schnees und der Mysterien vorzieht. Richardson drückt in seiner Rezension genau dies aus: Jedem Kundigen sei sofort klar, daß Lobsang Rampa kein Tibeter sein könne. Doch da die wenigsten Leser über Sachkenntnis verfügten und zur Lektüre eher durch die Sehnsucht nach einem mysteriösen Tibet motiviert seien, »habe der Tibetologe wohl nur geringe Chancen, die öffentliche Meinung zu korrigieren«[27].

---

25 D. S. Lopez, a. a. O., S. 86 ff. und D. S. Lopez: Der merkwürdige Fall des Engländers mit den drei Augen, in: Th. Dodin/H. Räther (Hg.), Mythos Tibet, a. a. O., S. 193-207.

26 Lopez, Der merkwürdige Fall des Engländers mit den drei Augen, ebd.

27 Lopez, Prisoners of Shangri-La, a. a. O., S. 98.

Der Traum von einem utopischen Shangrila oder auch die Faszination an der vermeintlichen Grausamkeit der tibetischen Symbolik nährt die europäischen Phantasien auch noch heute. Die tibetische Welt der Tantras erscheint den meisten Europäern so phantastisch, daß nur wenige zwischen Fiktion und in Tibet tatsächlich heimischen Traditionen zu unterscheiden vermögen.[28] Denn es geht dabei ja nicht nur um die sachgemäße Interpretation einzelner Bilder und Riten, sondern um deren Deutung im Gesamtsystem der tibetischen Kultur. Hier aber stellt sich sofort die Frage, wie überhaupt geurteilt werden kann und nach welchen Kriterien Autorität und Authentizität bemessen wird.

Mit dem Exodus der Tibeter aus ihrer Heimat nach dem Volksaufstand von 1959 beginnt eine neue Phase der Wahrnehmung Tibets im Westen. Die Lamas konnten zahlreiche Schriften ins Exil retten, die neu ediert, übersetzt und kommentiert wurden. An vielen amerikanischen Universitäten wurde das Fach »Tibetan Studies« eingerichtet, das anders strukturiert wurde als die alte europäische Tibetologie. So unterrichteten tibetische Lamas und ihre amerikanischen Schüler an den Universitäten von Virginia, Wisconsin und in New York (Columbia) nach dem Muster der tibetischen Klosteruniversitäten, womit die Sūtras und Tantras nach der Methode gelehrt wurden, die in Tibet seit Jahrhunderten üblich war. Zahlreiche Tibetische Zentren entstanden in den USA, in Westeuropa und in Australien, der Dalai-Lama persönlich besuchte die Zentren und begeisterte die Menschen weltweit durch sein Charisma und seine Botschaft der Gewaltfreiheit und der gemeinsamen Verantwortung aller Menschen und Re-

---

28 Donald Lopez berichtet (a. a. O., S. 104), daß er das Buch von Lobsang Rampa mit Studenten der University of Michigan gelesen habe, ohne die Leser zuvor über die Geschichte des Buches zu informieren. Alle seien begeistert gewesen und hätten das Buch gelobt, obwohl sie zuvor einen Kurs über tibetische Geschichte und Religion absolviert hatten: Lobsang Rampa habe so phantastische Dinge geschrieben, daß sie nach Ansicht seiner Studenten kaum hätten frei erfunden worden sein können.

ligionen. Er, der selbst ein Flüchtling ohne Macht ist und dem dennoch die alte Aura des »Gottkönigs« anhaftet, der Haß gegen die Unterdrücker seines Volkes ablehnt und nüchterne Realpolitik betreibt, der daran glaubt, daß die Menschen durch Kenntnis, Erkenntnis und Verbindung der Herzen tatsächlich zusammenfinden und Politik gestalten können, er wurde zu einer Symbolfigur und zur Projektionsfläche zahlloser Menschen aus allen Gesellschaftsschichten und Religionen. Der Friedensnobelpreisträger ist für viele ein Hoffnungsträger. Der tibetische Buddhismus oder das, was man dafür hält, wurde zunehmend von Wissenschaftlern und auch Christen entdeckt, die an den jeweiligen Weltanschauungen, in denen sie aufgewachsen waren, kein Genüge mehr fanden. Besonders Naturwissenschaftler sind an den buddhistischen und tantrischen Deutungsmustern der Wirklichkeit interessiert, weil die hier geläufigen Kategorien der Raum-Zeit und des Kontinuums von Bewußtsein und materiellen Vorgängen Parallelen in modernen wissenschaftlichen Entdeckungen finden könnten.[29] Tibet, das geschundene Volk und Land, dem man helfen möchte, und der Dalai-Lama als Lehrer und Weiser, von dem man Rat erhofft – in diesem Spektrum bewegt sich das Tibet-Bild der letzten Jahre.

Allerdings werden auch in diesem Rahmen das reale Tibet und der tatsächliche tibetische Buddhismus meist nur oberflächlich wahrgenommen. Während die einen die tibetische Geschichte verklären und dieses Bild unentwegt mit einer stark reduzierten Sicht der Lebenspraxis des Buddhismus ver-

---

29 Der Dalai-Lama selbst zeigt sich an dem Verhältnis des Buddhismus zur westlichen Naturwissenschaft äußerst interessiert und besucht entsprechende Kongresse (z. B. den Kongreß über Raum und Zeit 1986 in Grainau/Garmisch-Partenkirchen, den Herbert Röttgen organisiert hat und bei dem Carl Friedrich von Weizsäcker Gesprächspartner des Dalai-Lama war) bzw. beruft sie selbst ein (Kongreß mit Francesco Varela u. a. in Dharamsala 1996). F. Varela/Bstan-Dzin-Rgy-Mtsho (Dalai-Lama), Sleeping, Dreaming, Dying. An Exploration, London: Wisdom Publ. 1997 (deutsch: Traum, Schlaf und Tod, München: Diederichs 1998.)

binden und damit »Tibet« einmal mehr europäischen und amerikanischen Bedürfnissen anpassen, denunzieren andere Tibet als mittelalterliche Diktatur des Klerus: Tibet soll »entmythologisiert« und der Dalai-Lama »entthront« werden. Dabei werden alte Ängste neu projiziert, und es entsteht ein seltsames Gemisch von aufklärend gemeinten Hinweisen auf die reale politische Geschichte Tibets und mythisierenden Verschwörungstheorien von einer »tibetischen Gefahr«, insofern der Dalai-Lama die Weltherrschaft anstrebe und sich die Macht dafür durch eine tantrische Praxis aneigne, bei der die Energie der Frauen (»Gynergie«) ausgebeutet und androzentrisch mißbraucht werde. Er folge damit dem im Kālacakra-Tantra vorgezeichneten Plan der Könige von Śambhala, die am Ende der Zeiten ein buddhistisches Friedensreich auf Erden mit Gewalt errichten wollten. Die Politik des Dalai-Lama sei eine »Metapolitik« dieser tantrisch-mythischen Struktur.[30]

Nun beruhen die Geschichtsdeutungen des Kālacakra-Tantra aber auf dem millenaristisch-apokalyptischen Mythos, der aus Persien stammt und, in anderer Form, auch in der jüdischen und christlichen Apokalyptik auftritt: Das Friedensreich am Ende der Zeiten wird nach einer »Endschlacht gegen das Böse« von Gott selbst errichtet werden. Es handelt sich nicht um eine Strategie für das geschichtliche Handeln der menschlichen politischen Kräfte. Die Vermutung, daß die Frauen im Tantra ihrer »Gynergie« beraubt würden, beruht auf dem grundlegenden Mißverstehen des tantrischen Menschenbildes und der buddhistisch-tantrischen Praxis.[31]

Und die Angst, daß Tibeter mit ihren okkulten Kräften die »starke Rasse« des Westens schwächen und so die Weltherrschaft einer Priesterkaste begründen könnten, hängt mit der Angst vor der »gelben Gefahr« zusammen und geht explizit ausgerechnet auf nationalsozialistische Propaganda zu-

---

30 Diese Behauptungen sind die Grundthese des Buches von V. u. V. Trimondi (Röttgen), Der Schatten des Dalai-Lama, a. a. O.
31 Vgl. unten Kapitel III.

rück.[32] Nationalsozialistische Ideologen meinten, in den Religionen männerbündische Gruppierungen der Buddhisten (als ältester »Priesterkaste«), Freimaurer, Jesuiten und Theosophen als Verschwörung gegen die arische Rasse identifizieren zu können, die eine »Versklavung der Völker« anstrebten; und zu diesen »Schöpfungen der geheimen Weltleitung« zählte der Okkultismus und ebender tibetische Buddhismus, der sich »im Besitze des geheimsten Wissens« unter der Regie des Dalai-Lama, des lebenden Buddha[33] bzw. »Lebenden Gottes«[34] wähnte.[35] Der Verfasser datiert seine Schrift »in den Tagen der Schlacht von Tannenberg 1937«[36] und beruft sich auf General Ludendorff, der die »buddhistische Priesterkaste« als älteste und Ursprung des »Wahnglaubens« der alten Ägypter, Juden, Christen und Mohammedaner bezeichnet hatte.[37] Jetzt aber, so Strunk, seien die Freimaurer »die Wegbereiter für die Herrschaft der östlichen (tibetischen, Vf.) Priesterkaste, die an die Stelle der jüdisch-christlichen treten will«.[38] Und dies mit-

---

32 J. Strunk, Zu Juda und Rom – Tibet. Ihr Ringen um Weltherrschaft, München: Ludendorff-Gesellschaft 1937 (2. Aufl. 1941). Andere Nationalsozialisten wie Heinrich Himmler, der 1938 eine entsprechende Expedition finanzieren ließ, suchten in Tibet genau das Gegenteil: die arische, nordische Ur-Rasse des untergegangenen Atlantis. Auch hier also wieder die positive und die negative Projektion, vgl. R. Greve, Das Tibet-Bild der Nationalsozialisten, in: Th. Dodin/H. Räther (Hg.), Mythos Tibet, a. a. O., S. 104 ff.

33 Strunk, a. a. O., S. 5 f.

34 Strunk, a. a. O., S. 15.

35 Die Jesuiten, so Strunk, hätten den Dreißigjährigen Krieg zu verantworten, »das erste große Verbrechen des Ordens am Deutschen Volke« (a. a. O., S. 26), und es ist kein Zufall, daß die Jesuiten – deren Regeln ansonsten »jüdischen Geist atmen« – kraft ihrer geheimen Verbindungen zum tibetanischen Okkultismus zuerst auf dem Dach der Welt und in buddhistischen Ländern tätig geworden seien (a. a. O., S. 25).

36 Strunk, a. a. O., S. 6.

37 Strunk, a. a. O., S. 16.

38 Strunk, a. a. O., S. 36.

tels geschickter »asiatischer Diplomatie«, über die jene »La-
maisten« dank ihrer okkulten Übungen verfügten.[39] Es drohe
also Gefahr.[40]

Die modernen Projektionen auf und Angriffe gegen den
tibetischen Buddhismus, seine Religion und seine politischen
Strukturen, sind also weder neu noch originell und selten von
abwägender Sachkenntnis geleitet. Wie wir sahen, meinte bereits Hegel den »Lamaismus« (eine negative Bezeichnung, die
dem tibetischen Buddhismus seine buddhistische Qualität ab-
spricht) in seinen Vorlesungen über die Philosophie der Geschichte kritisieren zu müssen, weil ein lebender Mensch als
Gott verehrt würde. Der Begriff »Gottkönig« hat sich bis
heute gehalten und wird fälschlich auf den Dalai-Lama angewendet, der weder Gott (die buddhistische Kultur, auch die
tibetisch-buddhistische, kennt keine Gottesvorstellung im
westlichen Sinne) noch ein König ist. Ein König zeichnet sich
vor allem dadurch aus, daß er dynastisch seinem Vorgänger
folgt, und genau das ist bei den Dalai-Lamas nicht der Fall.
Der Dalai-Lama ist auch kein »orientalischer Despot«, der
dem westlichen Klischee vom orientalischen Herrscher, der
willkürlich und in verschwenderischem Luxus regiert, entsprechen würde, wie wir unten (Kap. II.) zeigen werden. Interes-
santerweise hängt auch die fast religiöse Überhöhung des
»großen Steuermanns Mao Tse Tung« in der westlichen Welt

---

39 Strunk, a. a. O., S. 44.
40 Als Agent der »östlichen Priesterkaste« erscheint dann Stalin, der
folgerichtig den Vertretern der westlichen Priesterkaste, den Juden und Jesuiten, zuerst den Garaus gemacht habe. (Strunk, a. a. O.,
S. 50) Das Pamphlet schließt mit einer Bemerkung über die »La-
ma-Priester, also die östliche Priesterkaste«: »Wie der Jude und Jesuit bemüht ist, alle Lebensäußerungen mit seinem Geiste zu
durchdringen und für sich nutzbar zu machen, so tut dies auch
die östliche Priesterkaste. Mögen darum die Völker die große Gefahr erkennen, die ihnen vom ›Dache der Welt‹ mehr denn je
droht. Mögen sie Acht haben, daß ihr völkisches Freiheitsstreben
nicht von diesen mißbraucht wird, denn der Geist Asiens steht
schon mitten unter ihnen.« (Strunk, a. a. O., S. 51)

der 50er und 60er Jahre mit dem europäischen Stereotyp vom »orientalischen Despoten« zusammen: Mao als gleichsam übermächtiger Heilsbringer zog derartige Projektionen der europäischen Linken auf sich. In ähnlicher Weise wurde dann umgekehrt bei den Tibetophilen[41] die chinesische Invasion und Besetzung Tibets nicht nur als machtpolitischer Konflikt und politisch-militärische Aggression gedeutet, sondern als metaphysischer Kampf der Mächte des Bösen gegen die Mächte des Guten interpretiert – die gottlosen Kommunisten hätten das Paradies (Reines Land) des buddhistischen *dharma* erobert. Damit werden die Tibeter als beinahe heilig, die Chinesen als grundlegend böse charakterisiert, und Tibet gilt als die irdische Manifestation Śambhalas, während China barbarisch erscheint. In chinesischer Propaganda ist es – und zwar seit Jahrhunderten[42] – genau umgekehrt. Beides hält natürlich historischer Analyse nicht stand: Tibet ist weder das Reich des Guten noch eine Schreckensgesellschaft gewesen, schon eher ein schlecht bewaffneter David, der sich dem übermächtigen Goliath hat ergeben müssen. Demographisch und in bezug auf die Militärmacht stimmt das Bild, aber es darf nicht metaphysisch aufgeladen werden. Die Tibeter sind weder »ganz anders« als andere Völker noch ein durch und durch friedliches Volk: So haben tibetische Truppen im 8. Jahrhundert sogar die chinesische Hauptstadt erobert, und vom 17. bis ins 19. Jahrhundert führten sie zahllose Kriege gegen die Ladakhis, gegen die Mongolen, gegen Bhutan und Kashmir, schließlich 1904 auch gegen die britische Younghusband-Expedition. Die bewaffneten Auseinandersetzungen und immer wieder auch bürgerkriegsartigen Tumulte innerhalb Tibets sind beinahe sprichwörtlich. So ist Tibet vor der chinesischen Invasion 1950 gewiß kein Paradies auf Erden gewesen, sondern hatte es wie jede komplexe Gesellschaft mit großen Unter-

---

41 D. Lopez, Prisoners of Shangri-La, a. a. O., S. 6.
42 Th. Heberer, Das alte Tibet war eine Hölle auf Erden. Mythos Tibet in der chinesischen Kunst und Propaganda, in: Th. Dodin/ H. Räther (Hg.), Mythos Tibet, a. a. O., S. 114-149.

schieden in der sozialen Struktur zu tun. Eine aristokratische Schicht herrschte über die Bauern, auch die Klöster waren feudale Landbesitzer. Die unterprivilegierten Mitglieder der Gesellschaft waren abhängig und entsprechend unterdrückt, wirtschaftlich wie politisch. Jedoch darf man die zahlreichen Nomaden nicht vergessen, die in bestimmter Hinsicht außerhalb des hierarchisch organisierten Systems standen und auch heute noch stehen. Sicher hat auch der Buddhismus dazu beigetragen, repressive Herrschaftsstrukturen in Tibet zu stützen und zu verschleiern, aber er hat auch befreiende Impulse vermittelt und eine Kultur geschaffen, die Generationen von Menschen geistige Tiefe und Reifung ermöglicht hat. In westlichen Darstellungen wurden die reinkarnierten Lamas (Tulkus) nicht selten entweder als völlig korrupte Bonzen eines klerikalen Systems beschrieben oder als Inbegriff von Erleuchtung mit beinahe göttlichen Merkmalen. Beides ist falsch. Wir werden auf das Tulku-System in späteren Kapiteln eingehen und zeigen, wie es sich als vernünftige Form der Überlieferung von Kultur und Macht darstellt, das allerdings immer wieder an seine Grenzen gestoßen ist. Obgleich in Einzelfällen Söhne von Bauern oder kleinen Händlern (wie im Fall des gegenwärtigen Dalai-Lama) als höhere Tulkus erkannt wurden, entstammte doch die größere Zahl der mächtigen Äbte der Klöster aristokratischen Kreisen.

Man muß sich aber hüten, die Verhältnisse einer anderen Kultur mit europäischen Kategorien beschreiben oder gar beurteilen zu wollen, und vor allem dürfen nicht heutige Werte und Maßstäbe auf vergangene Epochen und fremde Kulturen übertragen werden. Unerläßlich ist es, daß jede Kultur an den Maßstäben und Deutungsmustern ihrer eigenen Kultur interpretiert wird.

Doch genau daran mangelt es – Tibet wurde und wird immer noch aus kolonialen, missionarischen, gesellschaftskritischen, psychologischen oder esoterischen Interessen verunglimpft oder verklärt. Beides hat mit der Realität nichts zu tun und auch nicht mit der Selbstwahrnehmung der Tibeter.

Der »Lamaismus«, so sagten wir bereits, galt im Westen einerseits als die authentischste, andererseits als die korrupteste Form des Buddhismus. Das Tibetbild in der Geschichte des Westens sagt oft mehr über die jeweiligen Interpreten und ihre Gesellschaft als über Tibet. Tibet war und ist eine »normale« Gesellschaft mit großen Veränderungen in der Geschichte und mit spezifischen Merkmalen, die in ihren politischen, wirtschaftlichen und religiösen Koordinaten beschrieben werden können.

Interessant ist, daß nicht nur die westliche Welt ihre jeweiligen Wertungen und Projektionen auf Tibet übertragen hat, sondern auch China. Dies wird z. B. daran deutlich, daß in der frühen Ming-Zeit die Religion Tibets schlicht und einfach als Buddhismus (*fo jiao*) galt, während zur Zeit der Manchu-Dynastie in der 2. Hälfte des 18. Jahrhunderts die tibetische Religion als Lamaismus (*lama jiao*) bezeichnet wurde, im Unterschied zum Daoismus, Konfuzianismus und Buddhismus.

Zusammenfassend läßt sich sagen, daß der Vorwurf, die tibetischen Buddhisten und allen voran der Dalai-Lama strebten die Weltherrschaft an,[43] also keineswegs neu ist. Er war auch bei den Nationalsozialisten nicht neu, sondern geht auf die antipäpstliche Polemik der britischen und deutschen Protestanten zurück, die wiederum in der irrtümlichen Gleichsetzung des Papstes mit den Dalai-Lamas ihren Ursprung hat. Mit der Flucht des Dalai-Lama und Tausender von Mönchen und tibetischer Laien nach der chinesischen Invasion in den Westen wurde das negative Tibet-Bild zeitweilig zurückgedrängt und wich der Projektion einer reinen geistigen Welt, die vom westlichen Materialismus noch nicht angekränkelt war, die nun aber durch den Kraken des Kommunismus bzw. Maoismus bedroht wurde. Auch hier haben wir es mit einer Wahrnehmung Tibets zu tun, die Projektionen westlicher Ängste und Sehnsüchte nach Asien transportierte. Besonders in den 60er Jahren, als die Kritik an den westlichen Gesell-

---

43 Trimondi (Röttgen), a. a. O., S. 258 ff. u. a.

schaften auf der Tagesordnung der neuen Linken und anderer moderner Utopisten stand, bot sich Tibet, das nie durch westliche Kolonialmächte besetzt gewesen war, als Projektionsfläche an: Man glaubte, eine Kultur und ein Volk der Gewaltfreiheit im Sinne Mahātma Gandhis entdeckt zu haben, das den Interessen der Großmächte während des Kalten Krieges zum Opfer fiel. Dabei konnte man anknüpfen an ältere Stereotypen, die den Dalai-Lama im Gegensatz zu den gewalttätigen Päpsten des Westens als Friedensherrscher und das tibetische System als Hort der Gerechtigkeit priesen. Schon 1925 hatte Antonin Artaud einen Hymnus auf den Dalai-Lama geschrieben, der in den Worten gipfelt: »O annehmbarer Papst, o wahrer Papst des Geistes.«[44] Es wurde und wird aber immer wieder übersehen, daß der gegenwärtige Dalai-Lama ein Reformer ist, der seine Philosophie und Politik der Gewaltlosigkeit als *neue* politische Strategie formuliert und durchzusetzen versucht. Er kann sich auf Vorbilder in der Geschichte des Buddhismus und auch des Buddhismus in Tibet berufen, aber sein politischer Ansatz ist durchaus neu.

Weder die Dämonisierung noch die Glorifizierung Tibets ist historisch glaubwürdig und hilfreich für das tibetische Volk. Beides dient auch nicht dem Verständnis des tibetischen Buddhismus. Bei den Projektionen sollten heute eine genaue historische Analyse und der Versuch folgen, den tibetischen Buddhismus von innen, d. h. von seinen eigenen Voraussetzungen her, zu verstehen.

---

44 A. Artaud, Address to the Dalai-Lama, in: Anthology, San Francisco: City Lights Books 1972, 65, zit. bei Lopez, a. a. O., S. 43.

II.
RELIGION UND POLITIK

Um Tibet in Geschichte und Gegenwart zu verstehen, ist es unerläßlich, das besondere Wechselspiel von religiösen Kräften und politischen Prozessen in dieser Kultur und ihrer Geschichte zu beachten. Dies ist nicht leicht, denn zu vielgestaltig sind die Erscheinungen und fremd auch für die in Europa gebräuchlichen Kategorien politischer und religiöser Prozesse. Die politische Geschichte ist ein Kampf um Zentralisierung von auseinanderstrebenden Stämmen und Regionen, um die Herausbildung größerer politischer und kultureller Einheiten und um die Vormachtstellung einzelner Gruppen in wirtschaftlicher, politischer und auch religiöser Hinsicht. Tibet ist durch und durch vom tibetischen Buddhismus bestimmt, und diese jahrhundertelange Schulung hat die Menschen in Tibet geprägt, was sich in der humorvollen, stillen, freundlichen Geistesart bei Männern und Frauen bis heute abzeichnet. Die buddhistische Hoffnung auf Befreiung aus dem Kreislauf des Leidens und der Unwissenheit, die Gewißheit, daß *alle* Menschen die Fähigkeit zur Buddhaschaft, d. h. zu dieser Befreiung, haben, und der Glaube, daß auf dem geistigen Weg fortgeschrittene Menschen als Inkarnationen der Barmherzigkeit und der Weisheit des Buddha gelten können und inmitten aller Widersprüche im Leben und in der Politik dem Einzelnen und der Gesellschaft helfend zur Seite stehen, beschert den Tibetern eine Gelassenheit, die ausstrahlt und weitergegeben wird. Dabei ist deutlich: Für die Tibeter steht hinter den hellen und düsteren Kräften in der politischen Geschichte eine geistige Kraft, die unzweideutig heilvoll ist.

I. RELIGION UND POLITIK

In arbeitsteiligen Gesellschaften, die wir aus der Geschichte der letzten fünf Jahrtausende kennen, hat Religion immer einen persönlichen und einen sozialen Aspekt gehabt. Bedingt durch die jeweilige soziale Struktur und Funktionsweise der gesellschaftlichen Institutionen steht der eine oder der andere Aspekt im Vordergrund. Die Definition dessen, was man als »Religion« bezeichnen will, hängt wesentlich davon ab, wie man die beiden Aspekte aufeinander bezieht. Die persönliche Dimension (Spiritualität, Glaube, persönliche Heilserwartung) und die soziale Dimension (Kult, Vermittlung verbindlicher Werte, Legitimation von Herrschaft) beeinflussen und bedingen einander.

Die Trennung von Religion und Politik ist eine europäische Entwicklung des 18. Jahrhunderts. Die verheerenden Religionskriege des 17. Jahrhunderts, besonders der Dreißigjährige Krieg (1618-1648), in dem katholische und protestantische Staaten aufeinanderprallten und in wechselnden Bündnissen um den Ausgleich konkurrierender Partikulargewalten kämpften, verwüsteten Europa dermaßen, daß im Westfälischen Frieden von 1648 ein Kompromiß gefunden werden mußte. Dabei blieb die Herrschaft über die Relgion an die politische Herrschaft geknüpft, jetzt aber nicht mehr zentral und verbindlich geregelt, sondern so, daß der konfessionelle Status des betreffenden Landes an die Konfession des Herrscherhauses gekoppelt wurde: *cuius regio eius religio*. Religion und Staat waren aber noch aufs engste miteinander verknüpft, denn die Landesfürsten (in den deutschen Ländern) bzw. die Könige (England, Frankreich) entschieden über alle Belange der Religion, wenngleich es im katholischen Frankreich, aber auch in England, zu erbitterten Machtkämpfen zwischen Krone und Klerus (Kardinal Richelieu) kam.

Erst die Französische Revolution von 1789 und die amerikanische Verfassung setzten die strikte Trennung von Staat und Religion durch. In allen anderen Ländern kam es zu Kompromissen, die mehr oder weniger eindeutige staatskirchenrechtliche Verhältnisse schufen. In den deutschen Ländern blieb bis 1918 die enge Verknüpfung von »Thron und Altar« in der Gestalt des jeweiligen Landesfürsten das allgemeine Modell, wobei den Königen in Glaubens- und Religionsangelegenheiten die Entscheidungsgewalt zukam. Die Weimarer Verfassung von 1918 setzte zwar eine prinzipielle Trennung von Staat und Kirche durch, aber die Kirchen hatten direkt (Staatskirchenverträge bzw. Konkordat) oder indirekt (über Parteien und Interessenverbände) erheblichen Einfluß auf die Politik. Während der nationalsozialistischen Diktatur war die Situation gespalten: Der Staat erkannte das politische Gewicht der Religion und wollte sich deren politischen und geistigen Einfluß nutzbar machen, indem er die beiden großen Kirchen gleichzuschalten versuchte. Dies geschah vor allem mittels der Bewegung der sogenannten »Deutschen Christen«, die mit staatlicher Hilfe zunehmend die entscheidenden Positionen in kirchlichen Leitungsgremien besetzten. Dagegen widersetzte sich im deutschen Protestantismus die Bewegung »Bekennende Kirche«, die sich der politischen Manipulation durch das Gewaltregime zu entziehen wußte und die Trennung von Staat und Kirche forderte.

Das Grundgesetz der Bundesrepublik Deutschland von 1949 knüpft an die Weimarer Verfassung an und garantiert Religionsfreiheit bei prinzipieller Neutralität des Staates in Angelegenheiten der Religion. Dennoch genießen die beiden großen Kirchen besondere Privilegien, wie z. B. die staatliche Unterstützung der Diakonie, die Möglichkeit zum konfessionell gebundenen Religionsunterricht innerhalb des staatlichen Schulsystems, die Ausbildung von Priestern und Pfarrern an den theologischen Fakultäten der staatlich finanzierten Universitäten usw. Dies deshalb, weil die Kirchen Aufgaben übernehmen, die der Staat so nicht leistet – z. B. den Betrieb diakonischer Einrichtungen – oder leisten kann: das demokratische Gemeinwesen verdankt sich Werten und Normen, die es selbst nicht setzen kann, die vielmehr einer allgemeinen Grundhaltung und Erziehung entspringen, die letztlich religiös verankert sind. Wenngleich sich die europäische Moderne von den Normen der Kirchen emanzipiert hat, wurzelt sie doch in religiös begründeten Werten, die gerade durch ihre Allgemeinheit (»Humanität«) eine europäische Identität darstellen, die kulturell notwendig und politisch gewollt ist.

Religion und Politik hängen also eng miteinander zusammen, und selbst in der europäischen Moderne ist es zu keiner eindeutigen Trennung gekommen. Die Forderung, beide Bereiche nicht miteinander zu vermischen, mag rational einsichtig sein oder nicht. In der Geschichte aber ist Herrschaft immer religiös legitimiert worden, wenn anders sie kaum Akzeptanz finden und dadurch Gesellschaften zumindest eine relative Stabilität geben würde. Ob in China, Japan, Indien, ob in afrikanischen Gesellschaften oder indianischen Kulturen Mittel- und Südamerikas, ob im Alten Orient (Ägypten, Mesopotamien, Persien, Israel und Juda, Rom) oder eben in Tibet – politische Macht wurde abgeleitet von kosmischer Macht, die im religiösen Kult vergegenwärtigt, gestärkt und erneuert wurde. Selbst die griechische Polis konnte auf eine letztlich religiöse Legitimation nicht verzichten und wehrte sich gegen die Einführung »neuer Götter«, die den politischen Status quo hätten verändern können, wie der Prozeß gegen Sokrates zeigt.

Ob es ein demokratisches Staatswesen geben kann, das ohne religiöse Legitimation auszukommen vermag, ist eine spekulative Frage. Wir wissen es nicht. Selbst die amerikanische Verfassung und Politik beruht auf dem Pathos des (religiösen) Sendungsbewußtseins, das Neue Rom, die Neue Welt, »Gottes gelobtes Land« jenseits der konfessionellen Gängelung durch die staatsreligiösen Verhältnisse in Europa zu sein. Symbol für diese »Zivilreligion« ist das Kapitol in Washington und in den Hauptstädten der Bundesstaaten – die Imitation der Kuppel von St. Peter in Rom wölbt sich unter dem Banner der amerikanischen Freiheit über einer Gesellschaft, deren Bindekraft im Wechselspiel der Kräfte durch die Akkumulation und den freien Fluß des Kapitals hergestellt werden soll. Aber auf dem Dollar steht nicht zufällig »In God we trust«.

Die seit der Aufklärung formulierten und in ihrer Universalität von den Vereinten Nationen 1948 proklamierten Menschenrechte wurzeln in der Christentumsgeschichte Europas und Amerikas und sind ohne das Menschenbild und die Gesellschaftsmodelle, wie sie innerhalb der jüdisch-christlichen

Theologie einerseits und der griechischen Philosophie andererseits entwickelt wurden, nicht denkbar.[1] Daran ändert sich nichts, wenn man bedenkt, daß die Menschenrechte und das Recht auf Religionsfreiheit teilweise gegen den erbitterten Widerstand christlicher Institutionen, vor allem der katholischen Kirche, durchgesetzt wurden. Die Frage des Verhältnisses von christlicher Religion und Politik ist auch in der Moderne nicht ein Problem des einfachen Gegensatzes, sondern es muß gefragt werden, welche Art von Religion (bzw. religiöser Institutionen) mit welcher Art von Politik verbunden wird und/oder in Spannung bzw. Widerspruch gerät. Dies trifft auch auf andere Religionen und politische Institutionen, wie z. B. die tibetischen, zu. Denn Religion und Politik sind in den einzelnen Kulturen und Jahrhunderten sehr unterschiedlich aufeinander bezogen worden, und es lassen sich verschiedene Typen des Verhältnisses von Religion und Politik unterscheiden:[2]

Politische Religionen repräsentieren einen Religionstypus, der in einer politischen Gemeinschaft wurzelt, ohne die diese Religion nicht existieren könnte. Religion ist hier identisch mit der Selbstdarstellung der Gesellschaft in einem spezifischen Kult und einem Kodex von Werten und Anschauungen, z. B. die Stadt- und Staatskulte der griechischen Polis oder auch der Kaiserkult des antiken Rom.

Der Typus der *Staatsreligion* kommt mit der Privilegierung des Christentums durch Kaiser Konstantin im 4. Jahrhundert n. Chr. auf. Dabei definiert die Religion den Staat und sein Selbstverständnis, wobei sie eine grundsätzliche Eigenständigkeit, ja sogar eine Überordnung (auch ihrer Institution) über den Staat beansprucht. Die Kirche definiert sich selbst als eine dem Staat gegenüberstehende und im Prinzip vollkommene Gesellschaft (*societas perfecta*), und der Staat setzt die An-

---

1 H. Maier, Wie universal sind die Menschenrechte?, Freiburg: Herder 1997.
2 H. Maier, Politische Religionen. Die totalitären Regime und das Christentum, Freiburg: Herder 1995, S. 104 ff.

schauungen und Interessen der kirchlichen Ordnung durch. Die Duldung anderer Religionen ist dabei nicht möglich. Trotz der mittelalterlichen Konkurrenz von Papst und Kaiser um die Herrschaft hat dieses Modell das mittelalterliche Europa weitgehend geprägt. Im 16.-19. Jahrhundert ist es umgeformt worden zum Typus des *Staatskirchentums*, bei dem der Staat über der Kirche steht, den Kirchen aber politisch anerkannte Privilegien gewährt.

Der Typus der *Zivilreligion* ist ein Produkt der Neuzeit. Der Begriff besagt, daß die Gesellschaft ein Minimum allgemeiner religiöser Werte voraussetzt, die jeder Staatsbürger, der zum Gemeinwesen gehören will, akzeptiert und als eine Art »nationalen Mythos« im Verhalten verinnerlicht hat. Die politische Einheit des Staates hängt an der Verbindlichkeit dieser Werte für alle Staatsbürger. Als Beispiel kann die amerikanische Gesellschaft dienen, die innerhalb dieser Zivilreligion durchaus verschiedene religiöse Bekenntnisse gelten lassen kann. Man mag die grenzenlose Freiheit des Individuums (vor allem in Sachen Religion) für wünschenswert halten oder nicht, die Möglichkeit zu dieser Freiheit selbst muß institutionell begründet und geschützt werden, und dies verweist auf die Letztbegründung der Grundlagen des Gemeinwesens durch einen der Typen von Religion.

Die Frage, welchem Typus nun Tibet und der tibetische Buddhismus zuzurechnen wäre, ist interessant und vielschichtig.[3] Es handelt sich weder um Politische Religion im genannten Sinne, denn der tibetische Buddhismus existiert auch unter anderen politischen Bedingungen als im alten Tibet (in der Mongolei, bei den sibirischen Burjaten, den Kalmücken usw.), und heute kann er sich auch in westlichen Demokratien beheimaten. Er ist auch keine Staatsreligion, denn er konnte (zumindest im Prinzip) auch andere Religionen (Islam, Christen-

---

3 Wir müssen allerdings bedenken, daß auch andere Religionen wie das Christentum und der Islam in unterschiedlichen Gesellschaften Afrikas oder Asiens durchaus jeweils anderen Typenbildungen des Verhältnisses von Staat und Religion zuzuordnen wären.

tum) tolerieren und hat kaum Institutionen ausgebildet, die ein Gegenüber von staatlicher und weltlicher Macht dargestellt hätten. Er ist erst recht keine Zivilreligion, denn Religion und staatliche Institutionen sind völlig miteinander verzahnt, ohne allerdings identisch zu sein. Trotz der unterschiedlichen Akzente in verschiedenen Phasen der tibetischen Geschichte können wir daher vielleicht von einer *Gesellschaftsreligion* sprechen, bei der im System des tibetischen Buddhismus begründete Anschauungen und Riten den Alltag der Tibeter aller sozialer Schichten derartig durchdringen, daß kaum ein Unterschied zwischen religiösen und weltlichen Belangen auszumachen ist, wenngleich die staatlichen (Regierung) und die religiösen (Klöster) Institutionen eng verbunden, aber nicht deckungsgleich sind und durchaus in Konflikt geraten können. Charakteristisch ist dabei die gleichzeitige Existenz verschiedener religiös-politischer Institutionen (das Königtum, die Großklöster, die Regierung von Lhasa und die Dalai-Lamas), die einander ergänzen, aber auch in Konkurrenz zueinander traten und in Machtkämpfe verstrickt wurden. Tibet war auch unter der Herrschaft der Dalai-Lamas nie ein einheitlicher Staat, sondern ein von gemeinsamen kulturell-religiösen Traditionen geprägtes Miteinander unterschiedlicher Staatsformen (Zentralstaat der Lhasa-Regierung, Fürstentümer von Tsang und Kham, westtibetische Könige) und vorstaatlicher Strukturen (Nomaden), die gleichzeitig und in unterschiedlichen Abhängigkeiten voneinander existierten. Im Rahmen dieser besonderen historisch gewachsenen gesellschaftlich-politischen Struktur ist Tibet ein Land mit den üblichen politischen Institutionen und Konflikten. Jede »Mystifizierung« als ideale Lebenswelt oder umgekehrt als inhumane Unterdrückungsstruktur ist angesichts der historischen Evidenz unangebracht.

2. RELIGION UND POLITIK IN TIBET

Tibet ist zwar immer dünn besiedelt gewesen, und trotzdem oder vielleicht gerade deshalb gab es in Tibet eine außerordentlich große Vielfalt kultureller Traditionen und politischer Strukturen. Es ist völlig unmöglich, ein einheitliches politisch-religiöses System in Tibet nachweisen zu wollen, denn neben zentralistischen Strukturen der politischen Macht in den Städten und Großklöstern stehen regionale Verbände von mehr oder minder stark geprägten internen Loyalitäten und semi-autonome Verwaltungseinheiten. Davon wieder fast gänzlich losgelöst leben die Nomaden in den weiten Hochebenen in einer gänzlich vor-staatlichen Kultur, wobei die religiöse Bedeutung hoher Lamas und vor allem des Dalai-Lama zwar anerkannt wird, eine politische Autorität damit aber nicht verbunden ist.[4]

Die drei frühen Dharmarājas: Söngtsen Gampo, Trisong Detsen, Ralpachen

Söngtsen Gampo

Über die früheste tibetische Königszeit ist wenig Verläßliches bekannt. Der 9. König, *Podekungyal*, soll Zeitgenosse des Hanchinesischen Kaisers Wu-ti gewesen sein (185-140 v.Chr.). Im Jahr 617 wurde Tride Söngtsen geboren, der als König *Söngtsen Gampo* (*Srong-btsan sgam-po*, Regierungszeit 629-649) in die Geschichte einging. Er heiratete zwei Frauen: die nepalesische Prinzessin Bhrikutī Devī (von den Tibetern auch *Belsa*, die nepalesische Frau, genannt), die eine Statue des Buddha *Akṣobhya* mitgebracht haben soll, und die chinesische Prinzessin Wen-ch'eng Kung-chu (von den Tibetern auch *Gyasa*, die chi-

---

4 Th. Dodin/H. Räther (Hg.), Mythos Tibet. Wahrnehmungen, Projektionen, Phantasien, Köln: DuMont 1997, S. 338.

nesische Frau, genannt), die 641 nach Lhasa gekommen sein soll, wobei sie eine Statue von Buddha Śākyamuni mitgebracht habe, die von den Tibetern besonders verehrt wird. Die Legenden berichten, daß Belsa und Gyasa für ihre jeweiligen Statuen Tempel bauen wollten. Gyasa baute zuerst einen Tempel und nannte ihn Ramoce Tsuklakhang. Belsa hingegen konnte trotz astrologischer Befragungen keinen geeigneten Ort finden und bat daher Gyasa um Rat; diese riet, den Tempel über einem kleinen See zu bauen. Belsa traute diesem Rat jedoch nicht und sprach mit dem König darüber, der nach Gebeten und Meditationen den Ort bestätigte. Der See wurde mit Erde und Steinen aufgefüllt, der Tempel entstand und wurde Rasa Trulnang Tsuklakhang, später kurz *Jokhang*, genannt. Es ist das wichtigste Heiligtum der Tibeter im Herzen der Hauptstadt Lhasa. Die Tore der beiden Tempel zeigten Richtung China und Nepal, aber die Statuen wurden aus Sicherheitsgründen vertauscht, als es hieß, daß eine chinesische Armee im Begriff wäre, Lhasa zu erobern.

Selbstverständlich waren dies politische Hochzeiten. Der chinesische Kaiser T'ai-tsung (Thronbesteigung 627) wie auch der tibetische König lagen im Krieg mit den Tanguten, den östlichen Türken und den T'u-yu-hun, einer östlichen Tataren-Gruppe, deren Herrscher ebenfalls um die Hand der Prinzessin angehalten hatte. Die tibetische Armee konnte die T'u-yu-hun schlagen, und Söngtsen Gampo wollte diesen Machtzuwachs durch Heirat mit der Chinesin absichern. Um seinem Begehren Nachdruck zu verleihen, drohte er mit Krieg, so daß der chinesische Kaiser die Heirat vorzog. T'ai-tsung, der die Turkvölker militärisch besiegte, ihre Sinisierung einleitete und damit die politische Größe der T'ang-Dynastie begründete, hatte in dem nun militärisch starken Tibet einen ernst zu nehmenden Gegner und entschärfte den politischen Konflikt, indem er den Kulturaustausch zwischen Tibetern und Chinesen pflegte.[5]

Man sieht, daß bereits im 7. Jahrhundert die tibetische Po-

---

5 G.-A. Wolter, Geschichte Chinas, München: Bechtle 1987, S. 129.

litik von Machtinteressen geprägt war und daß Tibet im Kräftespiel zwischen China, den Tataren bzw. Mongolen und den Nepalesen sowie Indern im Süden seinen Platz zu behaupten wußte. Die außenpolitische Balance wurde dadurch gesichert, daß Tibet kulturelle Kontakte nach Indien knüpfte, in deren Folge der Gelehrte Thonmi Sambhota eine Schrift aus Indien einführte, die Tibet eine einheitliche Schriftkultur gab, was wiederum für die politische Zentralisierung des Staates durch eine strukturierte Verwaltung unumgänglich war. Die kulturelle Verbindung Tibets mit Indien und China sowie die politische Einigung Tibets wurde vor allem durch die Einführung des Buddhismus als staatstragende Religion gefördert.

Im Jahre 640 eroberten tibetische Truppen Teile des nördlichen Birma sowie Gebiete Nepals, wodurch die Kontakte nach Süden intensiver wurden, zumal tibetische Siedler in den Himalayagebieten (Sherpa) Fuß fassen konnten. Söngtsen Gampo sandte schließlich 645 neun Minister an den chinesischen Hof und bat, in den Bergen der Provinz Shansi eine Tempel- und Klosteranlage bauen zu dürfen. Diese Politik kam den Interessen der T'ang-Dynastie entgegen, durch kulturelle Verbindungen ein politisches Bündnissystem mit Tibet aufzubauen. Dem tibetischen Historiker Butön (Bu-ston 1290-1364) zufolge soll Söngtsen Gampo sogar zur Einweihung des ersten Tempels in den Norden Chinas gereist sein. Jedenfalls war mit diesem Bau der Grundstein für die großen buddhistischen Anlagen auf dem *Wu-ta'i Shan* gelegt.

Im Jahr 649 starb Söngtsen Gampo. Er wurde später als Inkarnation des Bodhisattvas Avalokiteśvara verehrt, während seine nepalesische Gemahlin als Emanation der Grünen Tārā und die chinesische Frau als Emanation der Weißen Tārā betrachtet wurde. Tārā wird bereits im indischen Mahāyāna als weiblicher Aspekt der erlösenden Kraft des Buddha gesehen, und im Laufe der Zeit wurde sie als universale Erlöserin angerufen. Wir wollen an dieser Stelle etwas genauer auf die Gestalt der Tārā eingehen, denn in ihr verkörpert sich die religiöse Sehnsucht der Tibeter wie in kaum einer anderen Figur des tibetischen Pantheons, und sie hat, wie man seit Söngtsen Gampo sehen kann, auch politische Bedeutung, weil sie sich in den Herrschern (Könige, Dalai-Lamas) manifestieren kann. Damit wird durch ihre Eigenschaften das Ideal von Herrschaft in Tibet überhaupt gekennzeichnet:

Die Grüne Tārā symbolisiert die erdhaft-naturhafte Seite der Tārā, sie ist die »Mutter aller Buddhas der drei Zeiten« (Tārā-Tantra), die Erretterin von allem Leiden.[6] Sie wird dargestellt mit dem linken Bein in Meditationshaltung, während das rechte leicht abgewinkelt und nach vorn gestreckt auf einem Lotos ruht, d. h., sie ist bereit zum Gehen, zur aktiven Barmherzigkeit. Ihre rechte Hand wölbt sich zur wunscherfüllenden Geste (*varada mūdra*) und hält den Stiel eines blauen Lotos, während die linke Hand einen weiteren Lotos hält und die drei Finger zur Geste der dreifachen Zuflucht (beim *Buddha*, dem *dharma*, dem *saṃgha*) emporstreckt. Zum Zeichen der vegetativen Kraft und des üppigen Lebens umschlingen Blüten ihrer Arme und den Leib, der sich in Anmut wiegt.

Die Weiße Tārā steht für Frieden und Wohlstand, weshalb sie meist in reichem Ornamentschmuck dargestellt wird. Sie sitzt in Meditationshaltung (*dhyāna mūdra*). Auf der Stirn trägt sie ein drittes Auge zum Zeichen der erwachten Nicht-Dualität, mit dem sie alle Leiden der Welt erblickt; auch auf ihren Handflächen sind Augen zu sehen, denn ihre Barmherzigkeit schaut mit Weisheit und tätig in alle Richtungen. Die linke Hand zeigt die wunscherfüllende Geste an, die rechte die Geste der Zuflucht. Diese zentrale Ikone der Barmherzigkeit bzw. heilenden Hinwendung zu allen Wesen (*karuṇā*) ist im gesamten Buddhismus Tibets bis heute einflußreich, und im Tantra gilt Barmherzigkeit als die Methode (*upāya*) schlecht-

---

6 Sie errettet die Menschen besonders von den acht Widrigkeiten, die im Aspekt der äußeren Gefahr und der inneren geistigen negativen Kraft symbolisiert werden: 1. Löwen (Stolz), 2. Wilde Elefanten (Verblendungen), 3. Waldbrände (Haß), 4. Schlangen (Neid), 5. Räuber (fanatische Ansichten), 6. Gefangenschaft (Geiz), 7. Überschwemmungen (Lüsternheit), 8. Dämonen (Zweifel).

hin. Wenn in jener Zeit der König als Bodhisattva der Barmherzigkeit (*Avalokiteśvara*) und die Königin als Emanation der Tārā, die ebenfalls Barmherzigkeit ist, verehrt werden, zeigt dies deutlich, in welchem Sinne die Verbindung von Religion und Politik im Glauben und Ritus der Tibeter vollzogen wird.

Nach dem Tode Söngtsen Gampos konnte Tibet seinen Einfluß im Tarim-Becken und bis weit in das chinesische Kernland hinein ausdehnen. Ständige Konflikte und Kriege mit chinesischen Gouverneuren der Grenzprovinzen und mit kaiserlichen Truppen kennzeichnen die Lage bis ins 8. Jahrhundert hinein.

Trisong Detsen

König *Trisong Detsen (Khri-srong lde-btsan*, 755-797) patronisierte wie seine Vorgänger den Buddhismus, und zwar gegen erheblichen Widerstand des Adels, der weiterhin dem alten *Bön-Glauben* anhing. Bei dieser Auseinandersetzung ging es aber keineswegs nur um Religion, sondern vor allem auch um den Gegensatz von Zentralgewalt und Partikulargewalten. Trisong Detsen konnte sich letztendlich u. a. auch durch die politische Beeinflussung von Orakeln durchsetzen. Außerdem lud Trisong Detsen den indischen Pandit *Śāntirakṣita* nach Tibet ein, um den Buddhismus zu verbreiten und den Einfluß des *Bön* zurückzudrängen. Den Berichten zufolge war der Gelehrte zwar erfolgreich, konnte aber doch mit seiner Methode, die vor allem die indische Mahāyāna-Philosophie zum Inhalt hatte, dem Glauben der Tibeter an Geister und Dämonen keine hinreichende Alternative entgegensetzen. So holte der König den berühmten indischen Tantriker *Padmasambhava* nach Tibet, um mit Mitteln tantrischer Beschwörungen die Bön-Geister zu unterwerfen. Sie wurden durch Padmasambhava gebannt und unter Eid genommen, fortan die neue Religion als Beschützer (*dharmapāla*) zu verteidigen. Das heißt: die alten vor-buddhistischen Baum-, Berg- und Flußgeister Tibets wurden »gezähmt« und durch Umdeutung in den Buddhismus integriert; sie erschienen nun – in ihrer alten Gestalt – als Aspekte des Bewußtseins, als meist schreckensvolle Kräfte, die durch die Beruhigung und Integration des Geistes ausgeglichen werden sollten.

Von *Padmasambhava* selbst wissen wir – historisch gesichert – fast nichts. Er spielte bei der Gründung des ersten buddhistischen Klosters in Tibet, Samye (*bsam yas*), wohl kaum eine Rolle. Was die Tradition über ihn berichtet, gibt Rätsel auf. Seine Hagiographie wurde erst im 14. Jahrhundert abgeschlossen, und viele der sogenannten Terma-Texte (Schatz-Texte, die Padmasambhava an verborgenen Orten versteckt haben soll, damit sie später aufgefunden würden, wenn die Zeit reif sei) stammen aus dieser Zeit. Danach soll der Meister in Uddiyāna als Sohn des Königs Indrabodhi geboren worden sein. Weiter heißt es, daß er 747 nach Tibet gekommen und 50 Jahre dort geblieben sei. Er habe Kommentare zum Bardo Thödol (*bar-do thos-grol*) und zum Guhyamālāgarbha-Tantra geschrieben.

Śāntirakṣita hingegen hat deutlichere historische Konturen. Er gründete das erste Kloster Samye in der Gegend von Drakmar nach dem Modell von Otantapuri in Indien. Anläßlich einer legendären Versammlung (792-94)[7], die Trisong Detsen im Kloster Samye (das von Śāntirakṣita mit einer vorzüglichen Sanskrit-Schule ausgestattet worden war) einberief, soll nach einer Debatte zwischen dem Chinesen *Ho shang*, der möglicherweise ein Anhänger des Ch'an war, und dem Schüler Śāntirakṣitas, dem Inder *Kamalaśīla*, vom König zugunsten der *indischen* Form des Buddhismus entschieden worden sein.[8] Das bedeutet, daß Tibet aus Indien vor allem zweierlei übernahm:
– die strikt hierarchisch gegliederten klösterlichen Institutionen und
– die buddhistischen Schriften (*sūtras*) sowie die zugehörige philosophische Kommentarliteratur (*śāstras*).

---

7 P. Demiéville, Le Concile de Lhasa, Paris: Presses Universitaires de France 1952.
8 Kamalaśīla ist später möglicherweise einer Intrige der »chinesischen Fraktion« zum Opfer gefallen und ermordet worden.

Auf dieser Grundlage entwickelte sich nach indischem Vorbild eine in den Klöstern beheimatete Gelehrsamkeit. Das Königshaus verpflichtete sich, für die materielle Unterstützung der Tempelklöster zu sorgen, und Trisong Detsen ordnete an, daß sich auch künftige Herrscher daran zu halten hätten. Umgekehrt wurden die Klöster zu wichtigen Machtträgern des zentralisierten tibetischen Staates. Folgendes Lied soll vom König gesungen worden sein:[9]

Gold, Silber, Kupfer, Blei und Eisen
sind die fünf Metalle, die man in meinem Land findet.
Senf, Gerste, Erbsen, Bohnen und Weizen
sind die fünf Getreidesorten, die wir essen.
Das Klima des Landes, dessen König ich bin,
kennt weder übermäßige Kälte noch Hitze.
Mit großer Mühe habe ich Schätze gesammelt,
die ich mit Vergnügen ausgebe,
um den Glauben des Buddha auszubreiten,
den wir aus Indien empfangen haben.
Unter Thothori Nyantsens Herrschaft ist
das »Geheimnis« erstmals zu uns gekommen,
übersetzt in Söngtsen Gampos Zeit,
ist es nun während meiner Regierungszeit in die Tat
umgesetzt worden.
Die Gebetsfahnen der Tempel sind so fein,
daß die Sonne kaum zu scheinen wagt
und die Vögel deshalb nicht zu fliegen vermögen,
weil ja die Flaggen an den Tempeln so hoch angebracht sind.
Dieser Tempel ist nicht von Menschenhand gemacht,
sondern ist in unserem heiligen Land von selbst entstanden.

Chinesische Quellen stellen den Verlauf der Debatte von Samye und ihren Ausgang anders dar als die tibetischen bzw.

---

9 W. D. Shakabpa, Tibet. A Political History, New York: Potala Publ. 1984, S. 38 f.

indischen, nämlich als Sieg der chinesischen Lehrform.[10] Wie auch immer – das Ergebnis dürfte auch von den politischen Interessen des Königs beeinflußt worden sein: Um 750 gab es militärische Allianzen zwischen Tibet und Siam gegen China, und im Jahre 763 setzte Trisong Detsen eine starke Armee gegen Zentral-China in Marsch, die Ch'ang-an eroberte, so daß der chinesische Kaiser fliehen mußte. Die tibetische Armee setzte einen tributpflichtigen Kaiser ein und zog sich zurück. In diesen Auseinandersetzungen spielte sicher der kulturelle und religiöse Kontakt mit Indien politisch eine Rolle, und der wachsende Einfluß der indischen Form des Buddhismus dürfte demzufolge von der politisch-militärischen Situation mit beeinflußt gewesen sein: Zwischen China und Tibet kam es zu ständigen Grenzkonflikten, und die tibetischen Kriege gegen verschiedene Turkvölker[11] machten eine Allianz mit Nepal bzw. Indien im Süden politisch notwendig.

In der berühmten Steininschrift von Chongyas über die Macht Trisong Detsens heißt es u. a.:[12]

König Trisong Detsen, du bist ganz anders als unsere Nachbarkönige. Deine Macht und dein Prestige ist bekannt von Rashi im Westen bis Longshan im Osten, und auch im Norden und Süden. Die Ausdehnung deines gewaltigen Reiches hat

---

10 Demiéville, a. a. O., S. 333 ff. Indische Zeugnisse sind nur in Fragmenten erhalten. Tucci will den chinesischen Quellen mehr Glauben schenken, da die tibetischen viel jüngeren Datums sind und sich das indische System erst allmählich in Tibet durchgesetzt habe. Es gab jedenfalls noch lange einen erheblichen Einfluß des Ch'an, der erst zur Zeit Ralpachens (815-38) zurückgedrängt wurde, allerdings in der Siddha-Schule immer lebendig blieb: auch im schnellen und plötzlichen Erleuchtungsweg des Dzogchen der Nyingmapa ist viel Überlieferungsgut des Ch'an enthalten.

11 Im Westen drangen tibetische Truppen zwischen 785-805 gegen türkische Stämme und arabisch-chinesische Allianzen bis zum Oxus vor und belagerten möglicherweise um 800 auch Samarkand.

12 Shakabpa, a. a. O., S. 45 f.

Tibet groß gemacht. Wir sind ein glückliches Volk, wir praktizieren friedvoll unsere Religion auf Grund deines barmherzigen Herzens. Du bist nicht nur freigiebig und freundlich zu deinen Untertanen, sondern gegenüber allen Lebewesen. Darum hat man dir den Namen Trulgyi Lha Changchub Chenpo gegeben (»Großer Erleuchteter, Wunderwirkender, Göttlicher Herr«).

Ralpachen

Im Jahre 815 kam König *Ralpachen* (*Ral-pa-can*, der dritte *dharmarāja* [»Religionskönig«] nach Songtsen Gampo und Trisong Detsen) an die Macht.[13] Auch seine Politik blieb pro-buddhistisch, ja die Kontakte nach Indien wurden unter ihm noch enger: Er lud drei indische buddhistische Meister ein (Śīlendrabodhi, Dānaśīla und Jinamitra), die gemeinsam mit den tibetischen Gelehrten Kawa Paltsek und Chögro Lui Gyaltsen das erste Sanskrit-Tibetische Wörterbuch verfaßten, das Standardübersetzungen für buddhistische Fachbegriffe festlegte. Waren zuvor buddhistische Schriften aus dem Chinesischen und dem Sanskrit übersetzt worden, so galt fortan nur noch das Sanskrit als Quellensprache für den Buddhismus. Unter Ralpachens Regierung wuchs die Macht der Klöster, die – wie in Indien – von Steuern befreit waren, vom König finanziell unterstützt wurden und politische Funktionen wahrnahmen. So wurden die Verhandlungen zum tibetisch-chinesischen Friedensvertrag von 821 / 22 (eingraviert in eine Säule in Lhasa) auf beiden Seiten von Mönchen geführt. Ralpachen soll hohe Mönche protokollarisch auf die gleiche Stufe mit dem König gestellt haben und schließlich selbst Mönch geworden sein.

---

13 Nur diese drei Könige und die Dalai-Lamas wurden später als Inkarnationen Avalokiteśvaras, des Bodhisattvas der Barmherzigkeit, verehrt.

Verfolgung und zweite Verbreitung des Buddhismus

Ralpachens älterer Bruder Darma war aus politischen und persönlichen Gründen bei der Thronfolge übergangen worden und hatte deshalb ein Interesse, Ralpachen zu stürzen, was ihm nach einem intrigenreichen Spiel schließlich mit Hilfe der anti-buddhistischen *Bön*-Priesterschaft gelang. Mit der Ermordung Ralpachens im Jahr 836 begann eine Verfolgungswelle, die den Buddhismus fast gänzlich aus Tibet verschwinden ließ. Die Mönche wurden zur Heirat gezwungen, mußten sich als Anhänger des Bön erklären und wurden zum Kriegsdienst eingezogen. Wer sich weigerte, wurde mit dem Tode bestraft. Auf dem Höhepunkt der Verfolgung erschoß im Jahre 842 der Mönch Lhalung Palgye Dorje den König mit Pfeil und Bogen vor dem Jokhang.

Die Verfolgung des Buddhismus hatte keineswegs nur religiöse Motive, und König Lang Darma war vermutlich nicht der Schurke, als den ihn die spätere tibetische Geschichtsschreibung gern darstellt. Er sah vielmehr ein Problem in der wachsenden ökonomischen Macht der Klöster, deren Privilegien (Befreiung von Steuer und Militärdienst) den Staat ruinierten. Schenkungen und Nachlässe gingen mehr und mehr an die Klöster (nicht nur in Form von Land, sondern auch als Naturalien für den Unterhalt der Mönche), und dies beraubte den Staat einer wichtigen Einnahmequelle. Die schnell wachsende Anzahl der Klöster verlegte die Macht von Adels- und Großgrundbesitzerfamilien auf Klöster und deren Äbte, was die alte Struktur der Landwirtschaft veränderte: immer mehr Menschen lebten vom Ackerbau in den klösterlichen Besitzungen oder als Hirten für die Klöster. Ein Problem war, daß auch diese Bediensteten vom Militärdienst befreit waren, und das zu einer Zeit, da die militärische Gefahr, die von China ausging, ständig wuchs und Tibet seine zentralasiatischen Territorien verlor. Lang Darmas Kampf gegen den Buddhismus, der übrigens fast zeitgleich mit der Verfolgung des Buddhismus in China einherging – dort aus ähnlichen

Gründen –, hat so gesehen durchaus nachvollziehbare politische Gründe.[14]

Nach Lang Darmas Tod kam es zu einem Schisma im Königshaus, das bis 1247 andauerte, als Sakya Pandita von dem mongolischen Khan Godan, dem Enkel Dschingis Khans, die Regierungsvollmacht für ganz Tibet erhielt. Diese Zeit war gekennzeichnet durch die Kämpfe einzelner Regionalfürsten um Macht und Einfluß sowie durch einen allgemeinen Verfall der zentralen staatlichen Autorität.

Im 10. Jahrhundert setzte vom Königreich Guge (Westtibet) aus die Wiederbelebung des Buddhismus ein, die sogenannte *zweite Verbreitung der Lehre*. Während dieser Zeit entstanden die neuen Schulen oder Orden (Kadampa, Sakyapa, Kagyüpa, Gelugpa), die das Leben Tibets über Jahrhunderte hinweg bestimmt haben und bis heute prägen. In den Klosterschulen dieser Orden wurden die philosophisch-psychologischen Systeme der Geistesschulung geschaffen, die für den tibetischen Buddhismus charakteristisch sind. Die *zweite Verbreitung* war abgeschlossen, als der tibetische Gelehrte *Butön* (*Bu-ston*, 1290-1364) die mehr als 4500 ins Tibetische übersetzten Texte zu einem zweiteiligen Schriftenkanon zusammenfaßte: Kanjur (*bka'-'gyur*, 108 Bände Vinaya-, Sūtra- und Tantra-Texte) und Tanjur (*bstan-'gyur*, 225 Bände Kommentarliteratur).[15] Im Jahre 1322 schrieb Butön seine Geschichte des tibetischen Buddhismus, die nach wie vor eine der Hauptquellen für unsere Kenntnis der Entwicklungen bis zum 14. Jahrhundert ist.[16]

Die *zweite Verbreitung* des Buddhismus ist mit zwei Namen

---

14 G. Tucci/W. Heissig, Die Religionen Tibets und der Mongolei, Stuttgart: Kohlhammer 1970, S. 11.

15 Man fertigte zunächst verschiedene Ausgaben des Kanjur und Tanjur von Hand; eine erste Tanjur-Ausgabe wurde 1334 im Kloster Zha-lu (Südtibet) aufbewahrt. 1410 erfolgte der erste Druck des Kanjur in Beijing. Übersetzungen ins Mongolische wurden sofort begonnen, aber erst im 18. Jahrhundert abgeschlossen.

16 Textausgabe (in Tibetisch): J. Szerb, Bu-ston's History of Buddhism in Tibet, Wien: Verlag der Österreichischen Akademie der Wissenschaften 1990.

verbunden: Rinchen Sangpo und Atīśa. Der Mönch *Rinchen Sangpo (Rin-chen bzang-po,* 958-1055) wurde in den 70er Jahren des 10. Jahrhunderts vom westtibetischen König Tsenpo Khore, dem Erbauer des Klosters Tholing, nach Kashmir entsandt, um Lehre und Schriften des Buddhismus zu studieren sowie buddhistische Gelehrte und Künstler nach Tibet einzuladen. Später dankte der König ab und wurde unter dem Namen *Yeshe Öd (Ye-shes 'od)* Mönch. Ihm lag daran, die Mönchsdisziplin gemäß den Regeln im *vinaya* wiederherzustellen, also vor allem das Verbot von Tieropfern und den Zölibat für die Mönche durchzusetzen. Rinchen Sangpo, der insgesamt 17 Jahre in Indien verbrachte und dort die Mönchsdisziplin und die Mahāyāna-Philosophie studierte, gilt als einer der bedeutendsten Übersetzer (Lotsawa [*lo-tsa ba*]) buddhistischer Schriften und gründete darüber hinaus zahlreiche Klöster im Süden Tibets.[17] Im Jahre 1042 traf der berühmte Gelehrte *Atīśa* (982-1054) aus Bengalen in Tibet ein, um bei der Neuverbreitung und Reform des Buddhismus mitzuwirken. Unter seiner Anleitung wurden mehr als einhundert buddhistische Schriften aus dem Sanskrit ins Tibetische übersetzt und bereits vorhandene Übersetzungen revidiert. Atīśa befreite den vorgefundenen Buddhismus von nicht-buddhistischen Praktiken (Tieropfer, Magie) und betonte die Bedeutung von monastischer Disziplin und philosophischen Studien. Er traf mit Rinchen Sangpo zusammen und initiierte ihn wie auch seinen Schüler *Dromtön ('Brom-ston,* 1008-1064) in verschiedene Tantras. Diese Verbindung von Schriftstudium der Mahāyāna-Philosophie (Mādhyamika und Yogācāra) und Tantra (Identifikation mit »Gottheiten« durch Visualisationen derselben, wodurch die entsprechenden Potentiale im eigenen Bewußtsein aktiviert werden) ist für die von Atīśa begründete *Kadampa*-Schule und für den späteren tibetischen Buddhismus überhaupt prägend geblieben. Atīśa verstarb 1054

---

17 Dazu der Bildband: P. van Ham/A. Stirn, Vergessene Götter Tibets. Wiederentdeckung buddhistischer Klosterkunst im Westhimalaya, Stuttgart/Zürich: Belser 1997.

in Tibet. Tibetischen Quellen zufolge ist auch die Einführung des Kālacakra-Tantra, des letzten großen tantrischen Systems, mit dem Namen Atīśas verbunden.

Die mongolischen Khane und die Sakyapa

Im Jahre 1073 wurde im Geist der Reformen Atīśas das Sakya-Kloster (*sa-skya*) gegründet. Fast gleichzeitig entstanden die politisch und religiös bedeutenden Kadampa-Klöster von Zha lu (1040) und Reting (1057). Etwa einhundert Jahre später kamen die Klöster der Kagyüpa-Schule hinzu, vor allem Drikung (1167) und Tsurphu (1189). Jedes dieser Klöster folgte den Lehren des betreffenden Gründers, die in Theorie und Praxis durchaus differierten. Weniger die religiösen Meinungsunterschiede, wohl aber die wirtschaftliche und politische Macht dieser Institutionen führte zu Rivalitäten und gewaltsamen Auseinandersetzungen um Hegemonie, die jahrhundertelang nicht zur Ruhe kamen.[18]

Diese großen religiösen Gemeinschaften entstanden nach Zeiten der Unruhe und sozialen Desintegration aus einer Symbiose von religiöser und weltlicher Macht. Fortan wurde die Geschichte Tibets von den Äbten gemacht, wie im Falle der Sakyapa, oder von Großgrundbesitzern, die als Mäzene und politische Beschützer der jeweiligen Religionslehrer Klöster gründeten. Weil diese Adelsfamilien ihre Aufmerksamkeit auf ihre je »eigenen« Klöster richteten, verschmolzen ihre Interessen unlösbar mit denen einer bestimmten monastischen Gemeinschaft.

Der politische Aufstieg der Sakya-Schule ist eng an die militärische Macht der Mongolen gebunden. 1207 reiste eine Delegation Tibets an den Hof Dschingis Khans, um die militärische Eroberung Tibets abzuwenden und Verhandlungen über Freundschaftsbeziehungen zu führen. Tibet verpflichtete sich zu Tributzahlungen. Als 1227 Dschingis Khan starb, setzte

---

18 G. Tucci/W. Heissig, a. a. O., S. 41.

Tibet die Zahlung der Tribute aus. Daraufhin rückte Godan Khan, ein Enkel Dschingis Khans, mit seinen Truppen bis in die Gegend von Lhasa vor, wo er 1244 einen Brief an den Sakya-Lama *Kunga Gyaltsen* richtete. Darin heißt es:[19]

> Ich, der überaus mächtige und reiche Fürst Godan, möchte den Sakya Pandita Kunga Gyaltsen informieren, daß wir einen Lama brauchen, der mein unwissendes Volk berät, wie es sich moralisch und spirituell verhalten soll. Ich brauche jemanden, der für das Wohl meiner verstorbenen Eltern betet, denen ich in Dankbarkeit zugetan bin. Ich habe diese Angelegenheit schon lange erwogen und nach reiflichem Überlegen beschlossen, daß du die einzige Person bist, die diese Aufgabe übernehmen kann. Da du meine einzige Wahl bist, werde ich keinerlei Entschuldigung akzeptieren, die du wegen deines Alters oder der Beschwerlichkeit der Reise vorbringen könntest.
>
> Der Buddha hat sein Leben für alle Lebewesen gegeben. Würdest du nicht deinen Glauben verleugnen, wenn du dieser dir gestellten Aufgabe ausweichen würdest? Es wäre für mich natürlich sehr leicht, dich durch ein Kontingent starker Truppen hierherzubringen. Aber wenn ich das täte, könnte viel Leid und Unglück über zahllose unschuldige Menschen gebracht werden. Im Interesse des buddhistischen Glaubens und für die Wohlfahrt aller Lebewesen schlage ich deshalb vor, daß du sofort zu uns kommst.
>
> Als Zeichen meiner Gunst für dich werde ich mich allen Mönchen, die jetzt auf der Westseite der Sonne leben, freundlich erweisen.
>
> Ich schicke dir als Geschenke: 5 Silberschuhe, ein Seidengewand, das mit 6200 Perlen besetzt ist, Kleider und Schuhe aus Seide, 20 Seidenballen von verschiedenen Farben. Sie werden dir übergeben von meinen Gesandten Dho Segon und Un Jho Karma.

Dies ist der Beginn eines politischen Systems, das durch die eigentümliche Beziehung von »Schutzpatron und Lama« (*yon*

---

19 Shakabpa, a. a. O., S. 61 f.

mchod) gekennzeichnet ist und für das politische Leben Tibets über Jahrhunderte prägend werden sollte, zunächst für die Epoche der Herrschaft der Sakya-Lamas und später, seit der Zeit des 3. Dalai-Lama, auch für die Gelugpas. Es ist die pragmatisch-politische Lösung eines Konfliktes, der sich beim Zusammenstoß zweier ganz unterschiedlicher Völker ergeben hatte: *Tibet* war zersplittert und ohne zentrale Staatsmacht, wobei der Buddhismus nach der langen Zeit der Verfolgung wieder an Einfluß gewann. Die *Mongolen* hingegen, ein Gemisch verschiedener nomadisierender Stämme, verfügten zwar über schnelle Reiterheere, mit denen sie große Verwüstungen und Plünderungen anrichteten, doch konnten sie die einmal eroberten Gebiete kaum über längere Zeit halten, da es ihnen an einer Bürokratie und logistisch fähigen Verwaltung fehlte. Der neu erstarkende buddhistische Klerus verlangte nach militärischem Schutz, die mongolischen Khane hingegen bedurften der »zivilisierenden« Kraft des tibetischen Mönchtums.

Die Aufforderung des Khans an den Lama war ein Ultimatum, dem der Gelehrte nachkommen mußte. Noch 1244 brach er auf, um in die Kokonor-Gegend zu reisen, wo sich Godans Militärlager befand. Er unterrichtete Godan im Buddhismus und bat die Mongolen um maßvollere Kriegführung. Gleichzeitig rief er die Chinesen und Turkvölker der Region zur Unterwerfung unter die Mongolen auf, um Blutvergießen zu vermeiden. Er rechtfertigte seine lange Abwesenheit von Tibet mit dem Argument, daß er die Mongolen missioniere und damit zur Ausbreitung des Buddhismus beitrage.[20]

Nach Godan Khans Tod im Jahre 1253 kam zunächst Mongka-Khan, später Kubilai Khan an die Macht. Kubilai Khan lud den Nachfolger Sakya Panditas, dessen 19jährigen Neffen und Schüler *Phagpa*, ein. Dieser verlangte, daß Kubilai Khan geloben solle, sich bei jedem Treffen vor seinem religiösen Lehrer auf den Boden zu werfen. Kubilai antwortete, daß er diese Respektsbezeugung leisten würde, allerdings nur privat, um öffentlich seine Autorität nicht zu untergraben. Außerdem stimm-

---

20 Shakabpa, a. a. O., S. 63.

te Kubilai zu, in allen Angelegenheiten, die Tibet betrafen, zuerst Phagpas Rat einzuholen. Nur in bezug auf mongolische und chinesische Probleme würde er allein entscheiden. Auch würde er, Kubilai, einen niedrigeren Sitz als Phagpa einnehmen, wenn es um religiöse Dinge ginge, jedoch einen gleich hohen Sitz, wenn Staatsangelegenheiten verhandelt würden.[21]

Kubilai Khan wollte außer den Sakyapas keine andere Schulrichtung dulden, Phagpa aber – selbst Sakyapa – bestand aus politischer Klugheit darauf, daß auch die anderen buddhistischen Schulen toleriert und gefördert würden. Dies trug ihm die Unterstützung der anderen Schulen und vor allem ihrer Klöster ein, schwächte aber auf Dauer den Einfluß der Sakyapas in der weiteren politischen Geschichte Tibets. Aufschlußreich ist ein »Investiturbrief«, den Phagpa im Jahre 1254 von Kubilai Khan empfing:[22]

Als wahrer Gläubiger an den Herrn Buddha, den allbarmherzigen und unbesiegbaren Herrscher der Welt, dessen Gegenwart wie die Sonne jeden dunklen Ort erleuchtet, habe ich den Klöstern und Mönchen deines Landes stets besondere Gunst erwiesen. Im festen Glauben an den Buddha habe ich die Lehren deines Onkels Sakya Pandita studiert, und im Jahr des Wasser-Ochsen (1253) empfing ich Belehrungen von dir. Nachdem ich unter dir studiert habe, bin ich ermutigt, meine Hilfe für die Mönche und Klöster fortzusetzen, und als Gegengabe für die Lehren, die ich von dir empfangen habe, möchte ich dir ein Geschenk machen. Dieser Brief ist mein Geschenk. Er gewährt dir Autorität über ganz Tibet, damit du in die Lage versetzt wirst, die religiösen Institutionen und den Glauben deines Volkes zu schützen und die Lehre des Herrn Buddha zu verkündigen ... (es folgt eine Liste von Geschenken)
Mönche sollen nicht untereinander Streit haben und kei-

---

21 Die Höhe des Sitzes war und ist auch in der politischen Etikette Chinas und Tibets eine Angelegenheit ersten Ranges, denn sie drückt präzise die Gleichstellungs- bzw. Unterordnungsverhältnisse aus.

22 Shakabpa, a. a. O., S. 65 f.

nerlei Gewalt ausüben. Sie sollen friedvoll und glücklich zusammenleben. Diejenigen, die die Lehren des Herrn Buddha kennen, sollen keine Mühe scheuen, sie zu verbreiten. Die sie nicht kennen, sollen versuchen sie zu lernen. Jedermann soll lesen, schreiben und meditieren, zum Herrn Buddha beten und auch für mich beten.

Einige Leute meinen, es sei möglich zu meditieren, ohne die Religion zu studieren, aber das ist falsch. Wir müssen zuerst verstehen, nur dann können wir meditieren. Ältere Mönche sollen die jüngeren unterweisen und beraten, und die jungen Mönche sollen sorgfältig die Lehren der älteren befolgen.

Den Mönchen möchte ich sagen, daß sie dankbar sein sollen, daß sie von der Steuer befreit sind. Ihr Lebensstil ist von mir in keiner Weise verändert worden. Wir Mongolen werden euch aber nicht respektieren, wenn ihr nicht gewissenhaft nach den Lehren des Herrn Buddha leben solltet.

Denke nicht, daß die Mongolen unfähig seien, die Lehren eurer Religion zu erlernen. Wir lernen sie allmählich. Ich habe eine hohe Meinung von den Mönchen und werde es zu schätzen wissen, wenn sie mich nicht öffentlich durch ungeziemliches Verhalten in Verlegenheit bringen.

Da ich beschlossen habe dein Patron zu sein, mußt du es dir zur Aufgabe machen, die Lehren des Herrn Buddha zu befolgen. Mit diesem Brief habe ich mich verpflichtet, die Sponsorenschaft für eure Religion zu übernehmen.

(9.Tag des mittleren Sommermonats des Holz-Tiger-Jahres 1254)

Nach dem Tod von Mongka Khan im Jahre 1260 wurde Kubilai Khan selbst Groß-Khan, und Phagpa hielt die Einführungs-Zeremonie. Es kam zu einer gewissen kulturellen Mongolisierung der höheren tibetischen Stände, die z. B. mongolische Kleidung trugen. Damit zogen sie die Kritik solcher nationalistisch und konservativ gesinnter Lamas auf sich, die einer zu engen Anlehnung an die Mongolen mit Mißtrauen begegneten. Phagpas Rechtfertigung lautete: »Um die Mongolen für unseren Glauben zu gewinnen, muß ich mich wie ein Mongole kleiden.«[23] Die Tibeter der Sakya-Schule verfolgten also bei der Missionierung der Mongolen das klassische Akkulturationsmodell.

Auch machtpolitisch blieben die einflußreichen Lamas keineswegs neutral. Als Kubilai Khan 1280 ganz China erobert hatte, gratulierte Phagpa mit dem Hinweis, daß auf diese Weise der Buddhismus wirksam ausgebreitet werde. Er kommentiert damit die faktische Situation, doch hat er – nach den uns bekannten Quellen – nirgends aktiv zum Missionskrieg aufgerufen. Dennoch ist es bei der Missionierung der Mongolen durch tibetische Buddhisten wiederholt zu Gewaltanwendung gekommen, wie z. B. die Schmähung nichtbuddhistischer Religionsformen, die Konfiszierung von Vermögen usw. belegen.[24] Dagegen verhinderten die politisch einflußreichen tibetischen Lamas 1286 einen mongolischen Angriff auf Nepal und Indien. Möglicherweise spielte hier die buddhistische Glaubensgemeinschaft mit den betreffenden Völkern eine Rolle. Phagpa kehrte erst 1274 nach Zentraltibet zurück und wurde als Opfer eines machtpolitischen Intrigenspiels 1280 vergiftet.

Interessant ist der Gestaltwandel in der politischen Rangordnung zwischen Tibetern und Mongolen. Hatte sich Godan Khan gegenüber Sakya Pandita noch wie der Herr gegenüber dem Untertan verhalten (er gibt Befehle und setzt ein Ultimatum), ist für das Verhältnis zwischen Kubilai Khan und Phagpa die besondere Verbindung von Patron und religiöser Autorität charakteristisch. Letzteres Modell bestand – mit Modifikationen allerdings – bis zum Ende der Manchu-Herrschaft in China. Mit Kubilai Khans Tod im Jahre 1331 endete jedoch die Macht der Sakya-Schule über Tibet und ihr Einfluß auf den mongolischen Hof.

Inzwischen war der 3. Karmapa, *Rangjung Dorje* (1284-1339), im Jahre 1331 an den Hof der Mongolen in China eingeladen und dort mit hohen Ehren empfangen worden. Die politische

---

23 Shakabpa, a. a. O., S. 67.
24 Vgl. M. v. Brück, Einführung in den Buddhismus, Frankfurt a. M.: Verlag der Weltreligionen 2007, S. 292 ff.

Macht hatte sich jetzt auf die Kagyüpa-Schule verlagert, die mit dem 2. Karmapa, Karma Pakshi (1204-1283), das Tulku-System der reinkarnierten Lamas bei der Nachfolge von politisch-religiösen Würdenträgern fest etabliert hatte. Bereits Karma Pakshi hatte erste Kontakte zu den Mongolenherrschern geknüpft, als er von Kubilai Khan noch vor dessen Zeit als Groß-Khan eingeladen worden war. Als Lehrer Mongka Khans legte er sodann den Grundstein für den Einfluß der Kagyüpas.

Da die Mongolen bis zum Tode Kubilai Khans im Jahre 1331 ausschließlich die Lamas der Sakya-Schule protegierten und diese Sonderstellung die wirtschaftliche und politische Macht in Tibet einseitig zugunsten der Sakyapas verschoben hatte, kam es im 14. Jahrhundert zu blutigen Machtkämpfen innerhalb Tibets. Provinzgouverneure führten Kriege gegeneinander, in die auch zahlreiche Großklöster tief verstrickt waren. Es gab Intrigen, Folter und Mord, auch unter Mönchen, bis schließlich im Jahr 1358 Changchub Gyaltsen an die Macht kam, der durch Verwaltungsreformen (Aufteilung des Staates in Distrikte, *dzong*), Landreformen und eine Strafrechtsreform (bisher waren Kriminelle ohne Anhörung hingerichtet worden, jetzt wurden nach einem ordentlichen Verfahren unterschiedlich schwere Strafen bis hin zur Todesstrafe verhängt) wesentlich dazu beitrug, das Land zu befrieden. Changchub verbesserte die Infrastruktur (Brückenbauten, Einrichtung von Fähren über den Tsangpo) und befestigte die Grenze zu China militärisch. Er sorgte außerdem für eine bessere Ausbildung der Lamas[25], seither haben die Sakyapas den Ruf hoher Gelehrsamkeit. Die Bibliothek des Sakya-Klosters war bis zur Besetzung Tibets durch die Chinesen im Jahre 1950 eine der größten des Landes und barg Tausende kostbarer Manuskripte und Blockdrucke aller buddhistischer Traditionen, die teilweise sogar aus dem indischen Kloster Nālanda gerettet worden waren, das muslimische Invasoren im 12. Jahrhundert zerstört hatten. Nur ein kleiner Teil der Bibliothek konnte nach 1959 durch die Flucht der Mönche aus Sakya nach Nordindien in Sicherheit gebracht werden.

---

25 Shakabpa, a. a. O., S. 81 f.

Gelugpa-Macht: Tsongkhapa und die Dalai-Lamas

Tsongkhapa

Tsongkhapa (*Tsong-kha-pa*, 1357-1419) wurde geboren, als das mongolische Reich zusammenbrach und Tibet nach Unabhängigkeit und Erneuerung strebte. Tsongkhapas Reformen müssen in diesem Zusammenhang gesehen werden: Es ging ihm um eine Erneuerung der religiösen und religionspolitischen Praxis aus dem ursprünglichen Geist des Buddhismus. 1372 kam er nach Zentral-Tibet, wo er zunächst Logik und Epistemologie und erst danach die Meditationstradition der Prajñā-pāramitā-Sūtras studierte. Sein wichtigster Lehrer entstammte der Sakya-Schule, doch studierte er auch unter Lehrern anderer Schulen. Er gründete nicht nur zahlreiche Klöster, sondern schuf vor allem Ordnung *nach innen*, indem er
- die Einhaltung des Zölibats durchsetzte,
- strikte Vorschriften für das Mönchsleben erließ,
- feste Gebetszeiten einführte,
- den Kult des Chenrezig (*Avalokiteśvara*) förderte und
- die Lehre in einem praktischen Stufenweg katechismusartig systematisierte (*lam rim*).

Die späteren Hagiographien sprechen von den »Vier Taten« Tsongkhapas, die für den tibetischen Buddhismus bleibende Bedeutung hatten:[26]

1. In einem Zeitalter des Verfalls und der Hoffnungslosigkeit erwies sich Tsongkhapa als Optimist, der den Buddhismus erneuerte und die Gestalt des zukünftigen Buddha Maitreya in den Mittelpunkt seiner Zukunftserwartungen stellte, d. h., sein Denken ist mit der Hoffnung auf das Kommen eines neuen und besseren Zeitalters verknüpft (Milleniarismus, Kālacakra-Tantra).

---

26 R. Thurman, The Life and Teachings of Tsong Khapa, Dharamsala: Library of Tibetan Works and Archives 1982.

2. Im Jahre 1403 berief er eine Art Konzil ein, das von Delegierten der Kadampa, Kagyüpa und Sakyapa beschickt wurde, um die monastische Disziplin (*vinaya*) durchzusetzen und zu Geist und Buchstaben der Lehre des Buddha zurückzukehren. Sein Programm war: *Erneuerung durch Rückkehr zu den Quellen.*

3. Tsongkhapa etablierte das große Gebetsfest Mönlam[27] in Verbindung mit dem Neujahrsfest und ritualisierte damit die Erneuerung der tibetischen Kultur (Mönche und Laien) in einer Kultform, die Mahāyāna-Elemente (das Bodhisattva-Ideal der universalen Barmherzigkeitsethik) und tantrische Symbolik (Erneuerung durch Bannung des Bösen) vereint.

4. Im Kontext dieser drei Aspekte ließ er 1409 eine große Kloster-Hochschule erbauen, die in ihrem Studienplan die Einheit von frühem Buddhismus (Mönchsdisziplin), Mahāyāna-Philosophie (vor allem Prajñāpāramitā und Kommentarliteratur auf der Grundlage Nāgārjunas) und tantrischem Buddhismus (Visualisationen, tantrische Symbolik als Verschmelzung der Gegensätze) zum Mittelpunkt der Lehre machte. Die Einheit von Sūtra (tibet. *mdo*) und Tantra (tibet. *rgyud*) wurde zu *dem* Rahmen der Religionspraxis schlechthin, d. h. die Symbolik und rituelle Praxis der Tantras wurde im Rah-

---

27 Mönlam wird in Verbindung mit dem Neujahrsfest vor dem Jokhang in Lhasa zelebriert. Es ist eines der wenigen Feste Tibets, das den regionalen Zusammenhang von Familie und Clan übergreift. Es dauert drei Wochen und besteht aus Gebeten für die geistige und materielle Wohlfahrt Tibets und der Welt. Außerdem debattieren buddhistische Mönche miteinander, und es ist die Zeit der öffentlichen Examina und Auszeichnungen; Lamas predigen zu den Laien, und es kommt neben den Neujahrsriten, bei denen das Böse durch Tänze, rituelle Bannungen usw. ausgetrieben wird, zu Reiterspielen, Wettkämpfen und Volksbelustigungen aller Art. Es heißt, daß vor der Zerstörung des alten Tibet jährlich Tausende von Pilgern und bis zu 20 000 Mönche anläßlich dieses Festes in Lhasa versammelt waren.

men der Philosophie der Leerheit (*śūnyata*) gedeutet.[28] Nicht zufällig benannte er das Kloster Ganden (*dga 'ldan*, skt. *tuṣita*), d. h. »Himmel der Zufriedenheit«, nach dem mythischen Ort, an dem sich der zukünftige Buddha Maitreya aufhält, um seine Ankunft auf der Erde vorzubereiten, die Welt zu reinigen und ein neues Zeitalter des Buddha-Dharma einzuläuten. Im Jahr 1416 wurde das Kloster Drepung und 1419 Sera gegründet. Zusammen mit Ganden waren sie die »Drei Sitze« der Gelugpa, denen in der späteren Geschichte große politische und religiöse Macht zukam.

Tsongkhapa starb 1419. Nach dem Tod des fähigen Regenten[29] Gongma Drakpa Gyaltsen (1432), während dessen Regierungszeit Tibet eine relativ stabile Friedenszeit beschert war, brach das politische System zusammen, und es kam zu inner-tibetischen Kleinkriegen, die etwa 100 Jahre lang das Land erschütterten. Es handelt sich dabei vornehmlich um Machtkämpfe zwischen den Gouverneuren der Privinzen Ü und Tsang, deren Regenten jeweils zur Gelugpa- bzw. Karmapa-Schule gehörten, weshalb diese Auseinandersetzungen auch

---

28 Tsongkhapas Reformen bedeuteten, daß einige Tantras akzeptiert, andere verworfen wurden. Erstere sind die neu eingeführten (*rgyud gsar ma*) oder revidierten Tantras, Letztere sind vor allem einige Tantras der Nyingma-Schule. Maßstab der Beurteilung war die Mahāyāna-Philosophie, maßgeblich in der Interpretation der Mādhyamaka-Schule. Es ist daher unerläßlich, die Interpretation der Tantras in diesem Rahmen zu vollziehen, der seit 500 Jahren für Tibet gültig war und ist. Tut man dies nicht, kommt es zu prinzipiellen Fehldeutungen, wie die Schrift von V. und V. Trimondi (H. und M. Röttgen), Der Schatten des Dalai-Lama, Düsseldorf: Patmos 1999, dokumentiert.

29 Bei den Regenten lag in jener Zeit faktisch die politische Macht, wenngleich ihre Autoriät regional nur unterschiedlich stark durchsetzbar war. Hingegen waren die Regenten nach der Zeit des 5. Dalai-Lama nach dem Tod des alten und während der Minderjährigkeit des neuen Dalai-Lama die höchste politische Autorität in Tibet.

Machtkämpfe zwischen den verschiedenen Klöstern waren. Die Mönche der großen Klöster wurden, durch das Mäzenaten-System bedingt, in die militärischen Auseinandersetzungen verwickelt, so daß sich die politischen Frontlinien durchaus mit den religiösen Schulen identifizieren lassen. Während die Karmapas (Kagyüpas) durch die Könige von Tsang unterstützt wurden, erwuchsen ihnen in den Gelugpas, die mit den Phagmo-Herrschern verbunden waren, immer mächtigere Rivalen. Die Kämpfe waren oft langwierig, hartnäckig und brutal, wobei es auch zur gegenseitigen Zerstörung von Klöstern kam.[30] Hier zeigt sich ein für die Geschichte Tibets charakteristisches Muster: Die Machtkämpfe zwischen Regionen, Familienclans und religiösen Schulen (»Sekten«) sind zutiefst miteinander verflochten und kaum voneinander zu trennen.

In dieser Situation entstand *allmählich* ein neues Machtzentrum: die Linie der Dalai-Lamas.

Das neue Machtzentrum: Die Dalai-Lamas

Zwei historische Konstellationen trugen dazu bei, daß die Gelugpa unter der Führung der Dalai-Lamas die politische Macht übernehmen konnten:
– die verworrene politische Situation in den Zentralprovinzen Ü und Tsang und
– das Interesse der neuen mongolischen Khane an einer Unterstützung der Gelugpa.

---

30 So nahmen die Gelugpas wiederholt Klöster der Kagyüpas ein und umgekehrt. Der 1475 geborene Gedün Gyatso, der posthum als 2. Dalai-Lama gilt, baute 1509 das Kloster Chökhorgyal, das 1537 von Streitkräften der Drikung-Kagyüpa angegriffen und stark zerstört wurde. Insgesamt gingen in dieser Zeit 18 Gelugpa-Klöster an die Drikung verloren, und Gedün Gyatso hatte bei seinem Tod 1542 in Drepung seinen Einfluß längst eingebüßt.

1560 brachen in Lhasa bewaffnete Kämpfe zwischen Anhängern der Gelugpa und der Kagyüpa aus. Als örtliche Vermittlungsversuche erfolglos blieben, wurde schließlich *Sönam Gyatso* (1543-1588), der Abt des Klosters Drepung[31], gerufen. Seine Vermittlung war erfolgreich. Als Abt von Drepung hatte er den Ruf, ein bedeutender Gelehrter zu sein, außerdem hatte er politische Reputation, da er 1559 zum Landesfürsten von Nedong (Nedong Gongma) gebeten worden war, um ihm seinen Rat zu erteilen. Die erfolgreiche Friedensmission in Lhasa wird einer der Gründe gewesen sein, daß Altan Khan, der Herrscher der Tümed-Mongolen, auf ihn aufmerksam wurde und ihn an seinen Hof nach Amdo einlud, um als Lehrer tätig zu sein und die alten Verbindungen zwischen Mongolen und Tibetern bzw. »Patron und religiösem Lehrer« wieder aufleben zu lassen. Sönam Gyatso lehnte zunächst ab, willigte aber 1577 schließlich in die Mission ein, als Altan Khan erneut vorstellig geworden war. Dabei hoffte er sicherlich auch auf die militärische Hilfe der Mongolen, da die Machtbasis der Gelugpa auf Grund innerer Konflikte und wegen des Niedergangs der Phag mo-Herrscher, die die Gelugpa unterstützt hatten, ins Wanken geraten war. Ähnlich wie die Sakya-Lamas im 13. Jahrhundert suchte auch er bei den Mongolen »äußeren Schutz gegen die inneren Auflösungstendenzen«[32] in Tibet. Im Sommer 1578 traf Sönam Gyatso in den ersten mongolischen Nomadenlagern ein und wurde von einer Delegation des Khans festlich empfangen. Er belehrte den Khan über den Buddhismus, konvertierte ihn und hielt auch Lehrreden für die Laienbevölkerung. Altan Khan befreite daraufhin die buddhistischen Klöster von Steuern und die Mönche vom Militärdienst. Die berühmte Er-

---

31 Die Kloster-Hochschule Drepung war 1416 von Jamyang Dorje, einem Schüler Tsongkhapas, gegründet worden. Drepung wurde im Laufe der Zeit mit ca. 7700 Mönchen zum größten Kloster Tibets.

32 R. Barraux, Die Geschichte der Dalai-Lamas, Düsseldorf: Walter 1995, S. 97.

klärung des Khans zum Schutz des Buddhismus lautet wie folgt:[33]

Wir Mongolen sind so mächtig, weil unsere Rasse ursprünglich vom Himmel gekommen ist, und Dschingis Khan konnte sein Reich sogar bis Tibet und China ausdehnen. Die buddhistische Religion kam in unser Land zuerst in einer Zeit, als wir den Sakya Pandita patronisierten. Später hatten wir einen Kaiser namens Temür, während dessen Regierung die Menschen keine Religion hatten und unser Land degenerierte. Es war, als ob ein Ozean von Blut das Land überflutet hätte.

Dein Besuch hier hat bei uns den buddhistischen Glauben wiederbelebt. Unsere Beziehung von Patron und Lama kann der von Sonne und Mond verglichen werden, und der Ozean von Blut hat sich in einen Ozean von Milch verwandelt.

Tibeter, Chinesen und Mongolen, die in diesem Land leben, sollen fortan die Zehn Prinzipien des Erhabenen Buddha praktizieren. Darüber hinaus erlasse ich für das mongolische Volk von heute an gewisse Regeln für das allgemeine Verhalten.

Wenn ein Mongole starb, so wurden bisher seine Frau, persönlichen Diener, Pferde und alle Haustiere in seinem Hause geopfert. Dies ist in Zukunft verboten. Die Pferde und Tiere des Verstorbenen sollen im allgemeinen Einvernehmen den Lamas und Mönchen in den Klöstern übergeben werden, und die Familie soll als Gegenleistung die Lamas bitten, für den Verstorbenen zu beten. In Zukunft ist es nicht erlaubt, Tiere, Frauen und Diener des Verstorbenen um dessen Wohlfahrt willen zu opfern. Wer für Menschenopfer verantwortlich gemacht werden kann, wird, dem Gesetz entsprechend, die Todesstrafe erleiden und sein Eigentum wird konfisziert. Wer ein Pferd oder ein anderes Tier opfert, dem werden die zehnfache Anzahl der getöteten Tiere konfisziert. Wer einen Mönch oder Lama verletzt, soll empfindlich bestraft werden. Die Praxis des Blutopfers

33 Shakabpa, a. a. O., S. 94.

für den Onkon (das Bildnis) eines Verstorbenen ist in Zukunft verboten, und Statuen dieser Art müssen verbrannt und zerstört werden. Sollte uns zu Ohren kommen, daß solche Statuen geheim aufbewahrt werden, so werden wir die Häuser derjenigen, die sie versteckt halten, zerstören. Man soll statt dessen ein Bildnis von Yeshe Gonpo (eine tibetische Gottheit) in den Häusern aufstellen und ihm statt Blut Milch und Butter opfern. Jedermann soll seinem Nachbarn wohlgesonnen und behilflich sein und nicht stehlen. Kurz, die Gesetze, die bereits in Ü-Tsang (Zentraltibet) in Geltung sind, sollen auch in diesem Land hier praktiziert werden.

Altan Khan verlieh Sönam Gyatso den Titel »Dalai-Lama« (mongol. *dalai*, Ozean) sowie den Titel »Dorje Chang« (Halter des Diamantzepters). Sönam Gyatso wiederum verlieh Altan Khan den Titel »religiöser König, Brahma der Götter«. Diese gegenseitige Betitelung war in Zentralasien und auch am chinesischen Hof üblich. Den beiden Vorgängern Gedün Gyatso (1475-1542) und Gedün Drub (1391-1475) wurde posthum der Titel des 2. bzw. 1. Dalai-Lama verliehen.

Eine Einladung des Ming-Kaisers Shen Tsung (1573-1620) nach Beijing lehnte der 3. Dalai-Lama ab und bereiste statt dessen die tibetischen Gegenden von Amdo und Kham. Die Gründe sind nicht ganz klar, aber vermutlich wollte er seine mongolischen Verbündeten nicht brüskieren und gleichzeitig seine Macht in den tibetischen Randgebieten stabilisieren. Möglicherweise spielte auch die Erwägung eine Rolle, jeden möglichen Einfluß Beijings auf Tibet auszuschließen. Immerhin baten die Chinesen den Dalai-Lama, beim mongolischen Khan zu intervenieren, daß die Mongolen ihre Raubzüge nach China einstellen sollten. Es gelang dem Dalai-Lama, den Konflikt zumindest zeitweilig zu entschärfen. 1588 starb der 3. Dalai-Lama auf der Rückreise nach Zentraltibet.

Der 4. Dalai-Lama, Yonten Gyatso (1589-1617), entstammte einer mongolischen Familie, die mit Altan Khan verwandt war. Er wurde 1601 nach Tibet gebracht und studierte in Drepung bei dem Lama Losang Chögyen aus dem Kloster Tashilhünpo (*bkra-shis lhun-po*) in Shigatse. Diesem verlieh er später den Titel Panchen (Großer Gelehrter), und seine Reinkarnationen (Äbte von Tashilhünpo) gelten seither als Panchen-Lamas.

Der 4. Dalai-Lama mußte sich mit dem Mißtrauen der Karmapas auseinandersetzen, nicht zuletzt, weil er »Ausländer« war. Die Kavallerie des Dalai-Lama unternahm mehrere Angriffe auf Häuser der Anhänger der Karmapas. Daraufhin schickte Karma Tensung Wangpo, ein Hauptmann und Lokalfürst aus der Tsang-Provinz (Hauptstadt Shigatse) im Jahre 1605 ein Militärkontingent nach Lhasa, um die mongolischen Begleittruppen des Dalai-Lama zu vertreiben. Die nächsten Jahre waren bestimmt von ständigen Auseinandersetzungen zwischen den Privinzen Ü (Gelugpas) und Tsang (Karmapas).

Nach dem Tod Karma Tensung Wangpos im Jahr 1611 übernahm dessen Sohn Karma Phuntsog Namgyal die Macht in Tsang, besuchte Lhasa und bat um eine Audienz beim Dalai-Lama, die von dessen Hofstaat verhindert wurde. Aus Enttäuschung darüber griff Phuntsog Namgyal 1618 Lhasa militärisch an. Die großen Mönchsklöster Drepung und Sera leisteten zwar erbitterten Widerstand, was zahlreiche Tote auf beiden Seiten zur Folge hatte, doch Phuntsog Namgyals Truppen aus Tsang behielten die Oberhand, und viele kleinere Gelugpa-Klöster wurden in Karmapa-Klöster umgewandelt. Mehr noch, Phuntsog Namgyal baute in Shigatse sein eigenes Karmapa-Kloster, das die Gelugpa-Hochburg Tashilhünpo unterdrücken sollte, weshalb er den Bau Tashi Zilnon nannte, »Unterdrücker von Tashilhünpo«. Es heißt, daß beim Bau dieser Anlage die Steine aus dem Berg über Tashilhünpo gebrochen und tonnenschwere Quader absichtsvoll auf das Gelugpa-Kloster hinabgeworfen worden seien, was viele Tote unter den Mönchen von Tashilhünpo zur Folge gehabt habe.

Die Zeiten waren nicht friedlich, und die Rivalitäten zwischen den tibetisch-buddhistischen Schulen können zwar nicht als Religionskriege im engeren Sinn[34] bezeichnet wer-

---

34 Anders als bei den Religionskriegen in Europa, wo es um die dog-

den, aber es waren Kämpfe zwischen rivalisierenden Mönchsorganisationen um die weltliche und religiöse Macht in Tibet.

Der 5. Dalai-Lama, Ngawang Losang Gyatso

Erst der 5. Dalai-Lama, Ngawang Losang Gyatso (1617-1682), konnte nach langen und mit klarem politischem Kalkül ausgetragenen Auseinandersetzungen die zentrale politische und religiöse Macht auf sich vereinigen und ausüben. Diese Zentralisierung leitete eine relativ stabile kulturelle und wirtschaftliche Blüte des Landes ein. Zunächst aber wuchs der 5. Dalai-Lama unter Umständen auf, die es nicht einmal erlaubten, daß das als Reinkarnation des 4. Dalai-Lama anerkannte Kind (es gab rivalisierende Gegenkandidaten) nach Lhasa oder Drepung zur Ausbildung gebracht wurde. Man mußte seinen Aufenthaltsort geheimhalten, während die Gelugpas

matische (und machtpolitische) Auseinandersetzung vor allem zwischen Großkirche und Sekten (Katharerkriege 12./13. Jahrhundert), später zwischen Katholiken und Protestanten (16./17. Jahrhundert) ging, spielte in Tibet die gewaltsame Auseinandersetzung um die Lehre weniger eine Rolle. Die Lehr- und Kultdifferenzen zwischen den Schulen waren zwar nicht gering, aber sie wurden debattiert und intellektuell ausgetragen. Insofern ist es angesichts der Bedeutung des Begriffs in der europäischen Religionsgeschichte angemessen, für Tibet nicht von »Religionskriegen« zu sprechen. Andererseits ist das, was »Religion« ist, ohnehin jeweils sehr differenziert zu definieren. Der tibetische Buddhismus und z. B. das mittelalterliche Christentum sind durchaus nicht zwei Erscheinungen, die ohne weiteres unter ein und denselben Begriff von »Religion« gestellt werden können, denn die innere Konstruktion und Zuordnung von spirituellen, politischen und anderen Dimensionen ist verschieden. Aus diesem methodologischen Grunde ist es eher angemessen, von Gewaltausübung innerhalb und zwischen den Religionsinstitutionen in Tibet zu sprechen. Wir präzisieren damit die methodisch zu stark vereinfachende Aussage, im tibetischen Buddhismus habe es keine Gewalt im Namen der Religion gegeben (M. u. R. v. Brück, Die Welt des tibetischen Buddhismus, München 1996, S. 25).

auf militärische Hilfe von den Mongolen gegen die Kagyüpas warteten. 1620 war ein Kontingent mongolischer Truppen angekommen, um Lhasa, Drepung und die anderen Gelugpa-Hochburgen vor dem Zugriff der Armee von Tsang zu schützen. Den Mongolen gelang ein Überraschungsangriff gegen die Tsang-Garnisonen zwischen Lhasa und Drepung, bei dem viele Tsang-Soldaten fielen. Hohe Gelugpa-Lamas (namentlich der Panchen-Lama und der Großabt von Ganden [*Ganden Tripa*]) vermittelten einen Frieden unter der Bedingung, daß die Tsang-Truppen von Lhasa abzögen sowie die enteigneten und konvertierten Klöster an die Gelugpa zurückgegeben würden.

1621 starb Phuntsog Namgyal, was die militärische Lage zunächst entspannte, so daß 1622 die Identität des Dalai-Lama offenbart werden konnte, wenngleich sein Aufenthaltsort weiterhin geheimgehalten wurde. Die Mongolen wollten ihn aus Sicherheitsgründen sogar in der Mongolei erziehen lassen, was zeigt, wie sehr die Macht der Gelugpas in Tibet von mongolischen Interessen abhing. Nationalistisch gesinnte Kreise Tibets, vor allem die Kagyüpas von Tsang, die in dem Regenten (*sde srid*, Desi) von Tsang einen geschickten Politiker als Fürsprecher hatten, opponierten gegen diesen Fremdeinfluß. Sie versuchten mit allen Mitteln, die Ausbreitung des tibetischen Buddhismus unter den Mongolen zu verhindern, d. h., sie widersetzten sich aus politischen Gründen einer (Gelugpa-)buddhistischen Mongolen-Mission. Um die Allianz von Mongolen und Gelugpas und besonders um die Gelugpas des Lithang-Klosters zu schwächen, kam es zu einem Bündnis der Karmapas mit dem König von Beri in Osttibet, der Anhänger der Bön-Religion war. Die Gelugpas fürchteten um den Bestand ihrer Schule, schickten Hilfsappelle an die verbündeten Mongolen und riefen zum Krieg gegen die Karmapas von Tsang auf. Das militärische Oberkommando wurde Gushri Khan, einem Führer der Khoshot-Mongolen, übertragen.

Der Desi Tsangpa hatte sich unterdessen der Unterstützung anderer Mongolenstämme versichert, und unter dem Kom-

mando von Arsalang, dem Sohn des Anführers der Chogthu-
Mongolen, sollten 10 000 Mann die Gelugpa schlagen. Gushri
Khan gelang es, Arsalang vom Kampf abzubringen und zu
einem Treffen mit dem Dalai-Lama in Lhasa zu bewegen.
Zu aller Überraschung warf sich der Mongole dem Dalai-
Lama zu Füßen, woraufhin Karma Tenkyong, ein Laie und Patron der Karmapas, die Ermordung Arsalangs betrieb. 1637
zog Gushri Khan gegen die Chogthu-Mongolen in den Krieg
und vernichtete sie fast völlig. Die Bön-Herrscher von Kham
kooperierten unterdessen weiterhin mit den Karmapas von
Tsang gegen die Gelugpa, indem alle Religionsformen, einschließlich Bön, geschützt und nur die Gelugpa verboten werden sollten. Daraufhin beorderte Gushri Khan 1639 seine
Truppen nach Kham und informierte den Dalai-Lama, daß
er zuerst den Beri-Fürsten von Kham und dann die Herrscher
von Tsang vernichten werde. Der 5. Dalai-Lama hat folgender-
maßen darauf geantwortet:[35]

> Ich bin ein Lama. Meine Aufgabe ist es, die Religion zu stu-
> dieren, zu meditieren und anderen zu predigen. Mir ist an-
> gemessen, mich daran zu halten, zumal ich jung bin. Es
> scheint mir unnötig zu sein, im Land noch mehr Verwirrung
> zu stiften, und dies würde auch nur zur Kritik der Leute
> an uns führen. Unsere Beziehungen mit Tsang sind nicht
> so schlecht wie im vorigen Jahr. Man verfolgt dort die Ge-
> lugpas im Moment nicht, und das Übel, das sie tatsächlich
> über Drepung und Sera gebracht haben, war letztlich die
> Schuld der Gelugpa, weil man dem Tsang-Herrscher eine
> Audienz mit dem 4. Dalai-Lama verwehrt hatte ... Zu viele
> Menschen haben in der Vergangenheit gelitten und sind
> gar getötet worden auf Grund dieser Politik. Ich glaube,
> wenn wir jetzt unnötigerweise aktiv werden, geraten wir
> in dasselbe Dilemma.

Das Schreiben zeigt, daß dem Dalai-Lama der Interessenkonflikt zwischen seiner Aufgabe als buddhistischer Mönch und

---

35 Autobiographie des 5. Dalai-Lama, Du ku la'i gos-bzang, Bd. 1-3,
zit. bei Shakabpa, a. a. O., S. 106.

seinem politischen Amt bzw. der Staatsräson wohl bewußt
war. Sönam Chöpel (1595-1657), der Handlungsbevollmächtig-
te Gushri Khans und zugleich einflußreiche Sekretär bzw.
Schatzmeister des Dalai-Lama, stimmte dann auch nicht mit
der versöhnlichen Haltung des Dalai-Lama überein. Nach langen Debatten schickte man eine Botschaft an Gushri Khan,
die den Kompromiß zwischen Sönam Chöpel und dem Dalai-Lama erkennen läßt: »Es wird darum gebeten, daß der
Beri-Fürst ausgeschaltet wird, der dem Buddhismus in Kham
schweren Schaden zugefügt hat.« Jeder Bezug auf die Tsang-
Frage wird vermieden und gebeten, daß Gushri Khan nach
der militärischen Aktion in Kham in die Mongolei zurückkehren möge, da es nicht der Wunsch des Dalai-Lama sei, daß
so viele Menschen weiterhin leiden müßten. Der Dalai-Lama
reflektiert in seiner Autobiographie, ob hier nicht der »Ton
der Flöte« in das »Surren des Pfeils« verkehrt worden sei.

Der Kampf in Kham dauerte fast ein Jahr. 1640 wurde der
Beri-Fürst gefangengenommen und hingerichtet. Danach
marschierte Gushri Khan auch gegen Tsang, was den Dalai-
Lama überraschte, der offensichtlich von Sönam Chöpel hin-
tergangen worden war. Der Panchen-Lama in Shigatse wurde
vor dem Angriff gewarnt und reiste, um sich in Sicherheit zu
bringen, in Richtung Lhasa. Aufklärer der Tsang-Armee hatten aber die Truppenbewegungen Gushri Khans bemerkt,
und so brachten sie den Panchen-Lama wieder nach Shigatse
zurück. Die Mongolen belagerten Shigatse und trafen, völlig
unerwartet, auf starken Widerstand der Truppen von Tsang.

Nun bat Sönam Chöpel den Dalai-Lama um Vermittlung,
was dieser mit dem Argument zurückwies, daß der Kampf
jetzt mit allen militärischen Mitteln[36] bis zum Ende geführt

---

36 E. Sperling, »Orientalismus« und Aspekte der Gewalt in der tibetischen Tradition, in: Th. Dodin/H. Räther, Mythos Tibet, a. a. O.,
   S. 264 ff., zitiert die Texte aus der Autobiographie des 5. Dalai-Lama, die zur Gewalt aufrufen. Sperling hebt aber hervor, daß man
   die zugrundeliegenden Werte und Normen selbstverständlich im
   historischen Kontext zu interpretieren habe und nicht heutige
   Wertmaßstäbe rückprojizieren dürfe.

werden solle und man im Falle der Niederlage ins Exil gehen
müsse. Daraufhin setzte Sönam Chöpel Mönche von Drepung
und Sera als Soldaten ein und war militärisch erfolgreich.

Einige tibetische Quellen berichten, daß der Dalai-Lama
1642 praktisch als Eroberer in Shigatse eingezogen sei. Gushri
Khan habe ihn zum alleinigen Herrscher über ganz Tibet er-
nannt und Sönam Chöpel (auch unter dem Namen Sönam
Rabten bekannt) als Regenten (*sde srid*, Desi) eingesetzt. Damit sei der 5. Dalai-Lama tatsächlich geistliches und weltliches
Oberhaupt ganz Tibets geworden. Andere Quellen wie z. B.
die Autobiographie des 5. Dalai-Lama selbst, deren Glaubwür-
digkeit in dieser Frage sehr wahrscheinlich ist,[37] sehen die
Dinge anders: Danach habe Gushri Khan nach dem Sieg über
den König von Tsang sich selbst als König von Tibet eingesetzt und den Regenten berufen. Der Regent war Gushri Khan,
nicht aber dem Dalai-Lama untergeordnet, woraus folgt, daß
der Dalai-Lama zwar als Oberhaupt des Drepung-Klosters
und einer der wichtigsten Lamas der Gelugpa-Schule, noch
nicht aber als »nationale Institution« oder gar politischer Souverän anerkannt war. Nach dieser Darstellung wäre der 5. Dalai-Lama erst später zum Herrscher über ganz Tibet aufgestie-
gen.

Nachdem der Dalai-Lama zunächst in Shigatse und später
in Drepung residiert hatte, erklärte er schließlich Lhasa zur
Hauptstadt ganz Tibets. Aber bereits nach wenigen Monaten
kam es zu Aufständen der Karmapas, die in Lhasa schnell ge-
schlagen werden konnten, während in Gyantse längere blutige
Schlachten ausgetragen wurden. Als Beamte des Dalai-Lama
den Plan für den Aufstand fanden, wurde der gefangenge-
setzte ehemalige Tsang-Herrscher Tenkyong Wangpo auf Be-
fehl der Regierung im Gefängnis getötet.

---

37 Z. Yamaguchi, The Sovereign Power of the Fifth Dalai-Lama:
   sPrul sku gZims-khang-gong-ma and the Removal of Governor
   Nor-bu, in: Memoirs of the Research Department of the Toyo
   Bunko, The Oriental Library No. 53, Tokyo: The Toyo Bunko
   1995, S. 2 ff.

Der 5. Dalai-Lama beschloß, einen neuen Residenzpalast für sich selbst bauen zu lassen. Dies gilt als Wendepunkt in der Geschichte dieses Dalai-Lama, denn hier versteht er sich erstmals nicht mehr nur als hoher Tulku des Drepung-Klosters, sondern als Herrscher über ganz Tibet, was symbolischen Ausdruck darin findet, daß die neue Residenz auf den Ruinen des von Söngtsen Gampo 636 n.Chr. gebauten Palastes Tritse Marpo – der Residenz für die nepalesische Prinzessin – errichtet wurde. 1645 kam es zur Grundsteinlegung für den späteren Potala-Palast. 1648 wurden verschiedene Karmapa-Klöster zu Gelugpa-Klöstern erklärt, wobei die Mönche zur Konversion gezwungen wurden. 1654 starb Gushri Khan, seine Nachfolger waren schwache Herrscher, was der 5. Dalai-Lama zu nutzen wußte. Aber erst ab 1660 regierte er tatsächlich als Souverän Tibets,[38] wenngleich die mongolischen Khane den Titel »König Tibets« bis 1720 nominell beibehielten, was jedoch politisch ohne Bedeutung blieb.

In Drepung, dem größten Gelugpa-Kloster, war es unterdessen zu Spannungen gekommen, die den 5. Dalai-Lama als eines der reinkarnierten Lamas dieses Klosters direkt betrafen. In der »oberen Residenz« (*gzims-khang-gong*) lebte Drakpa Gyaltsen (1619-1656), der vom Panchen-Lama 1624 als Reinkarnation Panchen Sönam Drakpas (1478-1554) anerkannt worden war.[39] Der Dalai-Lama hielt offenbar wenig von Sönam Drakpa, aus Gründen, deren Ursachen nicht eindeutig aufgeklärt sind.[40] In seiner »Geschichte Tibets« und auch in seiner »Autobiographie« kritisiert der 5. Dalai-Lama Panchen Sönam Drakpa mehrmals, und zwar in einem Atemzug mit Lamas der Karmapa-Schule, was angesichts der historischen Rivalität zwischen Gelugpa und Karmapas als Affront gewer-

---

38 Yamaguchi, a. a. O., S. 9.
39 Sönam Drakpa war 1543 zum Abt von Drepung, 1546 auch zum Abt von Sera bestellt worden, zog sich aber 1551 in die »obere Residenz« von Drepung zurück und übergab die Abtswürde an Sönam Gyatso (1543-1588).
40 Yamaguchi, a. a. O., S. 11.

tet werden muß. Möglicherweise ist diese Kritik aber nur eine Rückprojektion der Spannungen, die zwischen Tulku Drakpa Gyaltsen (der Reinkarnation Sönam Drakpas) und dem 5. Dalai-Lama bestanden. Die Verwirrung um das Verhältnis (den Machtkampf?) der beiden Tulkus von Drepung geht einher mit dem Tod Gushri Khans 1654 und der Frage, wer nun die Autorität habe, den Regenten zu ernennen, die der Dalai-Lama für sich entscheiden konnte. Möglicherweise ist aber die Spannung zwischen Tulku Drakpa Gyaltsen und dem 5. Dalai-Lama das Resultat von Intrigen ihrer jeweiligen Anhänger angesichts des neuen Abhängigkeitsverhältnisses des Regenten vom Dalai-Lama, das durch das besagte Ernennungsprivileg entstanden war. Andererseits aber entstammte Drakpa Gyaltsen einer Familie, die mit dem Regenten Sönam Rabten verwandt war und selbst Ansprüche auf den Thron des Dalai-Lama gestellt hatte. Es bleibt unklar, ob der Regent oder der 5. Dalai-Lama selbst die allmähliche Entmachtung Drakpa Gyaltsens seit 1642 betrieben hat. Drakpa Gyaltsen starb 1656 unter mysteriösen Umständen. Wir werden auf Details zurückkommen, wenn im Kapitel über die Shugden-Kontroverse die Urspünge dieses heute vom 14. Dalai-Lama in Frage gestellten Kultes untersucht werden, denn Tulku Drakpa Gyaltsen soll sich als der Geist Shugden inkarniert haben, um Unruhe zu stiften.

Der Regent Sönam Rabten starb 1658. Der 5. Dalai-Lama, der nun als einziger Tulku des mächtigen Drepung-Klosters und ohne einen starken mongolischen Khan über sich alle Macht im Staate hatte, ernannte 1660 einen neuen Regenten, Thrinley Gyatso, der seine Politik unterstützte.[41]

Inzwischen war der chinesische Manchu-Kaiser Shun-chih auf die neue Machtfülle des Dalai-Lama von Tibet aufmerksam geworden. 1649-51 schickte er mehrere Einladungen an den Dalai-Lama, Beijing zu besuchen, die dieser 1652 tatsächlich annahm. Motive und Ziele der Reise werden in der tibetischen und chinesischen Geschichtsschreibung unterschied-

---

41 Yamaguchi, a. a. O., S. 24 f.

lich beurteilt: Die tibetische Lesart betont, daß die Manchus schließlich eng mit den Mongolen verbunden waren und deshalb auch mit Tibet Freundschaft pflegen wollten. Nach chinesischer Lesart hingegen habe der Manchu-Kaiser den Dalai-Lama bitten wollen, durch seinen Einfluß mäßigend auf die Mongolen einzuwirken, damit diese ihre Angriffe und Raubzüge in China unterließen.

Wie auch immer, unbestritten ist, daß der Dalai-Lama sowohl bei Streitigkeiten zwischen verschiedenen mongolischen Stämmen[42] als auch im Konflikt zwischen mongolischen und chinesischen Armeen immer häufiger um Vermittlung gebeten wurde, was seinen Einfluß weiter stärkte. Als aber in China die Gefahr einer Revolte drohte und der chinesische Kaiser K'ang-hsi um Unterstützung durch tibetische Truppen bat, lehnte der Dalai-Lama ab. Auch sonst ließ er es nicht an politischer Klugheit fehlen, so als er zum Beispiel in den Grenzprovinzen von Kham die Steuern senkte, um die Bevölkerung in diesem sensitiven Raum zufriedenzustellen.

Eine interessante Episode verdeutlicht die Einstellung des Dalai-Lama zur Mönchsdisziplin und besonders zum Zölibat: Der Regent Desi Lozang Thuthop mußte 1675 zurücktreten, weil er eine Freundin hatte, und zwar aus der einflußreichen Nedong-Familie, als Gelugpa-Mönch aber dem Zölibat unterworfen war. Der Dalai-Lama forderte ihn auf, sich von der Dame zu trennen, und als er dem nicht nachkam, wurde er entlassen und zog sich mit der Frau auf ein Landgut zurück.

Der 5. Dalai-Lama war Sanskrit-Gelehrter und hat wichtige Abhandlungen geschrieben, die auch seine poetischen Interessen erkennen lassen. Er organisierte Akademien für Mönche und Laien, in denen die Fächer Mongolisch, Sanskrit, Astrologie, Poesie, Medizin, Bogenschießen und Reiten gelehrt wurden. Ebenso war er erfolgreich bei der politischen Einigung

---

42 Die Tümed-Mongolen paktierten traditionell mit der tibetischen Gelugpa-Schule, während die Khalkha-Mongolen mit den Karmapas verbunden waren. Freilich waren dies keine festen und vertraglich bindenden Allianzen. Vgl. Yamaguchi, a. a. O., S. 7.

Tibets, die allerdings, wie bereits geschildert, keineswegs gewaltfrei erfolgte. Er verstand es, zwischen Chinesen und Mongolen einen eigenständigen Weg für Tibet zu finden. Seine kluge Steuerpolitik befriedete das Land ebenso wie Landreformen und eine Strafrechtsreform, die humanere Strafen und nachvollziehbare Gerichtsverfahren verfügte. Er begründete zwar die Macht der Gelugpas auf Kosten der anderen Traditionen, strebte aber andererseits eine neue Basis für die Einheit in der Unterschiedenheit der tibetischen Traditionen an, damit sich die unterschiedlichen Schulen des tibetischen Buddhismus nicht gegeneinander aufrieben. So ließ er sich nicht nur von Gelugpa-Lehrern, sondern auch von Nyingma-Lamas im *dharma* unterweisen. Anfangs hatte er, wie wir sahen, die Macht der Gelugpas gegen die Kagyüpas gewaltsam aufgebaut, er wurde aber später toleranter und konzilianter.[43] Diese Spannung ist zweifellos einer der Gründe für die Kontroverse um Tulku Drakpa Gyaltsen bzw. Shugden, die wir gesondert behandeln werden. Das politische Gewicht des 5. Dalai-Lama kann man auch daran ermessen, daß sein Tod ca. 15 Jahre lang geheimgehalten wurde, damit die politische Stabilität und die Vollendung des Baues des Potala-Palastes nicht gefährdet würden.[44]

Verfall der Macht der Dalai-Lamas

Nach dem Tode des 5. Dalai-Lama wurde die Macht von dem Regenten Sangye Gyatso ausgeübt, und auch die Regierungszeit des 6. Dalai-Lama war eine Zeit der Herrschaft des Regenten – der Dalai-Lama selbst hatte sich bekanntlich für die sinnliche Liebe entschieden.[45]

Die Beziehung zwischen dem Regenten Sangye Gyatso und

---

43 G. Schulemann, Geschichte der Dalai-Lamas, Leipzig: Harrassowitz 1958, S. 235.
44 Barraux, a. a. O., S. 125.
45 Schulemann, a. a. O., S. 267 ff.; Barraux, a. a. O., S. 128 ff.; etwas zurückhaltender im Urteil Shakabpa, a. a. O., S. 128 ff.

Lhabsang Khan (dem politisch bedeutenden Oberhaupt der Khoshot-Mongolen) verschlechterte sich, als während einer Konferenz im Mausoleum des 5. Dalai-Lama auf Betreiben des Regenten beschlossen wurde, daß sich der Khan in die Kokonor-Gegend zurückziehen solle. Dieser jedoch ließ den Regenten absetzen, verhaften und 1705 ermorden. Er zog in Lhasa ein und übte nun die alleinige politische Gewalt aus. Um den 6. Dalai-Lama abzusetzen, sollten die Äbte der großen Klosterhochschulen Drepung, Ganden und Sera den Dalai-Lama wegen seines Lebenswandels für unfähig erklären. Als dies mißlang, wurde der Dalai-Lama 1706 mit Gewalt von Lhabsang Khan aus dem Potala entführt. Er sollte nach China gebracht werden, verschwand aber auf der Reise spurlos. Zwar konnte Lhabsang Khan erfolgreich eine »Ersatz-Inkarnation« installieren, doch die Meinungsverschiedenheiten wurden von den Manchu-Herrschern in China geschickt ausgenutzt, um ihren Einfluß in Tibet zu vermehren.[46] Inzwischen waren auch die Beziehungen zwischen Lhabsang Khan und den Dzungar-Mongolen, die den Gelugpas und besonders dem Desi Sangye Gyatso nahegestanden hatten, abgekühlt und feindselig geworden. Sie marschierten auf Lhasa zu, um den Tod des Desi und des 6. Dalai-Lama zu rächen sowie Lhabsang Khan zu vertreiben. Die Dzungar-Mongolen kämpften in Lhasa erbittert gegen die Verteidiger der Stadt, die Khoshot-Mongolen, und Lhasa fiel in die Hände der Angreifer. Schließlich wurde am 3. Dezember 1717 Lhabsang Khan getötet, der Tibet von 1705 bis 1717 regiert hatte.

Die politische Geschichte der nun folgenden Dalai-Lamas ist gekennzeichnet von Instabilität und Intrigen. Möglicherweise wurden einige von ihnen ermordet. Aufgerieben zwischen der Expansion der Manchu-Kaiser in China und den Mongolen, gelang es der tibetischen Diplomatie zwar noch, die Unabhängigkeit Tibets zu wahren, aber innere Kämpfe und äußerer Druck zwangen zu Kompromissen und Allianzen, die realpolitisch sinnvoll waren, dem Land aber wenig Stabilität bescherten.

---

46 Shakabpa, a. a. O., S. 134.

Die Geschichte des 7. Dalai-Lama spiegelt die komplizierte politische Situation. Er war als Reinkarnation des 6. Dalai-Lama in Lithang aufgefunden und in das berühmte Kumbum-Kloster gebracht worden. 1718 schickte die tibetische Regierung eine Petition an die Dzungar-Mongolen, den jungen Dalai-Lama nach Lhasa reisen zu lassen. Kumbum befand sich aber im Einflußgebiet der Manchus, und der mongolische Khan konnte sich nicht gegen den chinesischen Kaiser K'anghsi durchsetzen, der die Herausgabe des Dalai-Lama zunächst verweigerte. Als dieser aber offiziell als der 7. Dalai-Lama anerkannt war, versagte ihm auch der chinesische Kaiser die Anerkennung nicht. Das Siegel des Dalai-Lama wurde bezeichnenderweise in Mongolisch, Tibetisch und Chinesisch verfaßt. Der chinesische Kaiser, der ursprünglich zu Lhabsang Khan gute Beziehungen unterhalten hatte und sich nun auf die neue politische Lage einstellen mußte, garantierte, alle Ausgaben für den Dalai-Lama und seine 134 monastischen und nicht-monastischen Gefolgsleute für drei Jahre zu übernehmen. Als Gegenleistung »wird der Dalai-Lama gebeten, die Dzungar-Mongolen dahingehend zu beraten, daß sie dem chinesischen Kaiser gegenüber gehorsam bleiben, obwohl ich (der Kaiser) gewiss bin, daß sie nicht ungehorsam zu sein beabsichtigen«[47]. China wollte sich also der Tibeter bedienen, um die Expansion der Dzungar-Mongolen einzudämmen. Als die chinesische Militär-Eskorte mit dem Dalai-Lama in Lhasa eintraf, zog das tibetische Militär Truppen in Lhasa zusammen, um gemeinsam mit den manchu-chinesischen Einheiten die Dzungar-Mongolen aus Tibet zu vertreiben.

Daß Tibet in den Jahren 1718-20 mit Hilfe chinesischer Truppen von einer mongolischen Besatzung befreit wurde, sollte später politische Relevanz haben. Tibet ist aber auch in jenen Jahren nicht von den manchu-chinesischen Truppen besetzt gewesen, da die chinesischen Einheiten lediglich als Eskorte des Dalai-Lama nach Tibet gekommen waren. Dennoch konnten die Manchu-Herrscher ihren Einfluß in Tibet

47 Shakabpa, a. a. O., S. 138.

ausbauen. Nachdem 1723 ein neuer Kaiser in China inthronisiert worden war, erhoben sich unter einem Enkel Gushri Khans die Khoshot-Mongolen zum Aufstand, den chinesische Truppen niederschlugen, so daß 1724 das Kokonor-Gebiet dem Manchu-Reich einverleibt wurde. Um interne tibetische Zwistigkeiten zu beenden, wurden die Manchus als Schiedsrichter angerufen: 1726 sandte der chinesische Kaiser eine Mission nach Tibet mit der Aufforderung, die Nyingmapa-Lehren zu unterdrücken. Zwischen den tibetischen Ministern war eine offene Fehde ausgebrochen, und es kam zu Intrigen und Morden, die das Land 1727-28 an den Rand des Bürgerkrieges brachten. Der Konflikt wurde verschärft, weil der mächtige tibetische Minister Pholhanas Nyingma-Anhänger war. Er zog eigene Truppen zusammen und erhielt Unterstützung durch westtibetische Gouverneure und deren Truppen. Miwang Pholhanas trug den Sieg davon und schickte den Dalai-Lama und dessen Vater in die Verbannung nach Kham. Er war stark genug, diesen Zustand sieben Jahre gegen die Bevölkerung und die Mönche in Lhasa durchzuhalten, da er sich auch auf die Manchu-Armee stützen konnte. Die Manchus nutzten die Gelegenheit und etablierten in Lhasa wieder eine Garnison. Seither residierten zwei Manchu-Gesandte in Lhasa, die Ambane. Die heutigen chinesischen Machtansprüche auf Tibet gehen im wesentlichen auf diese Zeit zurück.

Pholhanas war zweifellos ein kluger Politiker und guter Administrator. Er unterstützte die Klöster und finanzierte Neueditionen von Kanjur und Tanjur (Narthang-Edition). Insgesamt regierte er Tibet 19 Jahre in Einheit und relativem Frieden. Aber er sorgte auch dafür, daß der Dalai-Lama politisch machtlos blieb. Pholhanas starb 1747. Ihm folgte sein Sohn Gyümey Namgyal, der nicht nur mit dem Dalai-Lama, sondern auch mit den Manchus in Konflikt geriet, denn *er wollte die Unabhängigkeit Tibets wiederherstellen.* Zu diesem Zweck knüpfte er neue Kontakte mit den Dzungar-Mongolen. Als die Ambane davon erfuhren, ließen sie Gyümey Namgyal sowie sein Gefolge anläßlich einer Einladung 1750 hinterrücks ermorden. Daraufhin zogen empörte Tibeter zur Residenz der Ambane und töteten diese sowie 100 chinesische Soldaten. Etwa 200 weitere Chinesen suchten Zuflucht im Potala und erhielten den persönlichen Schutz des Dalai-Lama, der sich – vergeblich – mit der Bitte um Gewaltlosigkeit an das Volk wandte. Zur Untersuchung der Vorfälle kam 1751 ein Manchu-Offizier in Lhasa an, dem eine chinesische Armee folgte. Sieben tibetische Anführer wurden zum Tode durch Zerstückeln verurteilt, sechs weitere geköpft und zahlreiche Aufrührer wurden interniert.

Der 7. Dalai-Lama konnte nun erstmals seit dem Tod des 5. Dalai-Lama unabhängig von einem Regenten die Macht ausüben. Er setzte einen neuen Rat von vier Ministern (Kashag) ein, die zur Loyalität gegenüber dem Dalai-Lama verpflichtet wurden. Der Kashag übernahm auch die Oberaufsicht über die Armee. Der 7. Dalai-Lama starb 1757.

Zur Zeit des 8. Dalai-Lama (1758-1804) konnte zunächst der Panchen-Lama von Shigatse aus eine relativ selbständige Politik gegenüber China ins Werk setzen – er war beim chinesischen Hof geachtet, außerdem knüpfte er geschickt Kontakte zu den Engländern, deren Präsenz in Indien immer stärker auch das politische Geschehen in Zentralasien mitbestimmte. 1790 kam es zum Krieg zwischen Tibet und den Gurkhas in Nepal, dessen Ursache gegenseitige Gebietsansprüche und Meinungsverschiedenheiten in der Handelspolitik waren. Die Nepalesen waren zunächst erfolgreich, und Tibet mußte Tribut zahlen. 1792 gelang es dann aber einer chinesisch-tibetischen Streitmacht unter dem Kommando des chinesischen Generals Fu Kiang An, den König von Nepal zu besiegen. Der Tibeter Shamar Tulku, der den Konflikt geschürt und auf die nepalesische Seite übergelaufen war, nahm Gift, seine Güter wurden konfisziert und unter den tibetischen Klöstern und den Chinesen aufgeteilt. Per Regierungsbeschluß durfte er sich nicht reinkarnieren! Die chinesischen Ambane konnten durch die Rolle Chinas in diesem Krieg ihre Machtposition erheblich stärken. Die relative Souveränität Tibets wurde empfindlich beschnitten, als der chinesische Kaiser 1792 die Ambane zu einer Art »Provinzgouverneuren« erklärte. Diese Einschränkung der Macht des Dalai-Lama sowie der tibetischen Regierung wurde von chinesischer Seite legitimiert, indem das frühere mongolisch-tibetische Verhältnis von »Schutzherr und Lama« nun, einseitig, auf die chinesisch-tibetischen Beziehungen übertragen wurde: So mußten alle Angelegenheiten der Staatsfinanzen, der Außenpolitik und der Verteidigung von nun an den Ambanen vorgelegt werden. Vor allem aber erließ China 1793 eine neue Verordnung zur Bestimmung religiöser Würdenträger, d. h., das Auffinden von Reinkarnationen wurde unter die Kontrolle der chinesischen Ambane gestellt: weil Mißbrauch und Nepotismus das alte System korrumpiert hätten, sollte nun bei mehreren Kandidaten das Los entscheiden, und zwar unter Aufsicht der Ambane.

Zur Zeit des 9. Dalai-Lama (1806-1815) verringerte sich der chinesische Einfluß deutlich. Bei der Auffindung seiner Reinkarnation war es zum Streit gekommen, da es zwei Kandidaten gab. Die innenpolitisch in Bedrängnis geratenen Manchu-Kaiser versuchten, ihren Einfluß in Tibet zu sichern, indem sie chinesische Mönche in tibetischen Klöstern für politische Zwecke benutzten. Da China einem möglichen britischen Einfluß in Tibet unbedingt vorbeugen wollte, schürte es durch chinesische Mönche die Furcht vor Ausländern bzw. Europäern, deren Präsenz in Tibet das alte religiöse System gefährden könnte. So verfügten die Äbte der Klöster die Isolation – selbst ausländische Süßigkeiten und Seife standen im Verdacht, glaubensgefährdend zu sein.[48] Diese Politik der Isolation wurde dann später von den Engländern aus politischen Gründen weiterbetrieben. Sie lag einerseits im Interesse der Interventionsmächte China und England, die auf diese Weise ihren Einfluß in Tibet festigen wollten, andererseits aber auch im Interesse der Klosterhierarchen, die ihren Einfluß auf die Mönche und die tibetische Gesellschaft durch eine noch so vorsichtige Modernisierung nicht gefährden wollten. Diese Konstellation war auch zu Beginn des 20. Jahrhunderts der

---

48 Shakabpa, a. a. O., S. 173.

Grund, daß der 13. Dalai-Lama mit seinem Reformprogramm letztlich scheiterte und das isolierte rückständige Tibet 1950 Opfer der chinesischen Armee wurde. Der 9. Dalai-Lama starb 1815 sehr jung an einer Lungenentzündung, wobei die Gerüchte, daß es sich um Mord gehandelt haben könnte, nie verstummt sind.

Der 10. Dalai-Lama (1816-1837), der 11. Dalai-Lama (1838-1856) und der 12. Dalai-Lama (1856-1875) regierten jeweils nur kurz und starben jung, wobei auch hier unklar ist, ob sie einen natürlichen Tod fanden.[49] Die Macht lag bei den jeweiligen Regenten. Als zur Zeit des 10. Dalai-Lama auch der Regent frühzeitig starb, wurde das Machtvakuum von den Chinesen geschickt genutzt. Hier zeigt sich die politische Schwachstelle des Reinkarnationssystems der Dalai-Lamas, das nur in wenigen Fällen (3., 5., 13. und 14. Dalai-Lama) lange und stabile Regierungszeiten ermöglicht hat.[50] Denn in den Zeiten des Interregnums zwischen dem Tod des alten und der Inthronisation des neuen Dalai-Lama wuchs die Macht des Regenten, nicht selten in Rivalität zu den jeweiligen Panchen-Lamas und – vor der Übernahme der Macht durch die Gelugpas zur Zeit des 5. Dalai-Lama – auch in Rivalität zu den Karmapas. Immer wieder waren auch die Großklöster der Gelugpa (Drepung, Ganden und Sera) ein Machtfaktor, den die Regierung in Lhasa einkalkulieren mußte, zumal die Zahl der bewaffneten Mönche dieser Klöster[51] die Zahl der in Lhasa stationierten Regierungstruppen bei weitem überstieg. Die Klöster waren in vieler Hinsicht »Staaten im Staate«, ohne dabei wirklich geschlossene Größen zu sein, weil die Klöster, insbesondere auch die »Colleges«[52] innerhalb der

---

49 M. Hermanns, Mythen und Mysterien der Tibeter, Stuttgart: Magnus Verlag 1955, S. 388 f.

50 Hermanns urteilt zu Recht: »Im Vergleich zu dem Großen Fünften waren die (folgenden, Vf.) Dalai-Lamas nur Schattenfiguren« (a. a. O., S. 387).

51 M. C. Goldstein, A History of Modern Tibet, 1913-1951, Berkeley: Univ. of California Press 1989, S. 25 f.

52 Goldstein, a. a. O., S. 26 f. Wie stark diese Untergruppierungen

Klöster, gelegentlich Fehden gegeneinander austrugen und in wechselnden Allianzen die Regierung beeinflußten und blokkierten. Im 18. und 19. Jahrhundert waren vorwiegend die Chinesen Nutznießer instabiler Verhältnisse in Tibet. *Von einer »Alleinherrschaft« oder einem absolutistischen »Gottkönigtum« der Dalai-Lamas kann in der tibetischen Geschichte keine Rede sein.* Nur die letzten Regierungsjahre des 5. Dalai-Lama erweisen diesen als wirklichen Souverän des Landes.

Einblick in die dramatische politische Situation Tibets im 19. Jahrhundert gewährt die Episode um Wangchuk Gyalpo Shatra, der während des Interregnums vor der Regierungsübernahme des 12. Dalai-Lama vom Kashag zu einem »Siegelhalter« und Kalon der Regierung bestimmt wurde, um die Machtfülle des Regenten Yeshe Reting Rinpoche einzuschränken. Es entbrannte ein offener Machtkampf zwischen dem Regenten und Kalon Shatra, in dem sich beide gegenseitig der Veruntreuung von Steuermitteln (in Form von Getreide) bezichtigten. Der Regent unterstellte Shatra außerdem eine illegitime Liebesaffäre, um ihn gesellschaftlich zu diskreditieren. Mit Unterstützung durch die Mönche des Drepung-Klosters konnte sich Shatra jedoch gegen den Regenten durchsetzen und klagte den Regenten nun seinerseits an, eine pro-chinesische Politik zu betreiben, da er u. a. bei der Auffindung des 12. Dalai-Lama das von den Chinesen empfohlene Mittel der Befragung des Loses akzeptiert habe. *Der Vorwurf, die tibetischen nationalen Interessen gegen China nicht genügend durchzusetzen, wurde ein Mittel im innertibetischen Machtkampf.*[53] Die bewaffneten Truppen des Klosters Sera wollten dem Regenten zu Hilfe kommen. Gestützt auf die Scharen der Mönche von Drepung und Ganden besetzte aber Shatra den Potala und den Jokhang und rief sich selbst als Desi (*sde srid,*

---

der Klöster miteinander in Konkurrenz stehen, schildert eindrücklich J. Hopkins, Tibetische Klosterkollegien. Die Spannung zwischen Rationalität und Gruppenzwang, in: Th. Dodin/H. Räther (Hg.), Mythos Tibet, a. a. O., S. 254 ff.

53 So urteilt zu Recht R. Barraux, a. a. O., S. 211.

geschäftsführender Ministerpräsident) aus, wobei er es vermied, sich Regent (*gyetsab bzw. gyaltsab [rgyal tshab]*) zu nennen, da ein Regent nur während der Minderjährigkeit des Dalai-Lama im Amt sein konnte.

Mit Hilfe des Militärs gelang dem Regenten die Flucht nach China, wo er militärische Unterstützung gegen Shatra anfordern wollte. Doch die Manchu-Regierung war mit der Niederhaltung der Muslime in Ost-Turkestan und Forderungen der Franzosen und Engländer so stark beansprucht, daß sie durch die Ambane in Lhasa nur ein Schreiben zugunsten des Regenten aufsetzen ließ, in dem es heißt, daß man um des Friedens willen den Regenten rehabilitieren und ihm die konfiszierten Güter zurückgeben möge, was dann auch geschah. Als Desi Shatra 1864 unvermutet starb, gelangte sein Freund Palden Dondrup an die Macht. Er setzte einen seiner politischen Freunde, Khenrab Wangchuk, als Erzieher des jungen Dalai-Lama ein. Khenrab Wangchuk besaß durch die Nähe zum Dalai-Lama genügend Prestige, um die Regierungsinstitutionen reformieren zu können. Bisher hatte dem Kashag (bestehend aus vier Kalons, Ministern) ein Rat (Gandre Drungche) aus Äbten und hochgestellten Mönchen der Klöster Drepung und Ganden zur Seite bzw. entgegengestanden. Dieser Rat wurde nun durch den Tsongdu, eine Art Nationalversammlung, ersetzt, wo neben Drepung und Ganden nun auch Sera und die Verwaltungsabteilungen der Regierung in Lhasa vertreten waren. Unter Palden Dondrup kam es aber zu neuen Intrigen und Streit um die Verteilung des Getreides. Als er selbst bedroht wurde, floh er in das Kloster Ganden. Regierungstruppen (auch Mönchstruppen des Sera-Klosters) griffen Ganden zwar zunächst nicht an, unterbrachen aber die Nahrungsmittelzufuhr. Als Palden Dondrup bei einem Fluchtversuch beinahe von den Gegnern ergriffen wurde, beging er Selbstmord, worauf Truppen des Klosters Sera Teile des Ganden-Klosters niederbrannten.[54]

---

54 Shakabpa, a. a. O., S. 190.

Wie wir durch diese kurze Darstellung gezeigt haben, war die tibetische Innen- und Außenpolitik eine klare Machtpolitik zwischen unterschiedlichen Zentren der Macht:

(1) die Regierung mit ihren konkurrierenden Institutionen,
(2) die drei Großklöster um Lhasa,
(3) das Militär,
(4) die Ambane.

Hinzu kommen die Differenzen Lhasas (Provinz Ü) zur Provinz Tsang (Shigatse) mit dem Panchen-Lama und den Herrschern von Kham und Amdo. Alle diese Gruppen gingen jeweils wechselnde Allianzen mit der chinesischen Regierung ein. Der Dalai-Lama war nicht selten de facto ausgeschaltet. *Die Politik läßt nirgends erkennen, daß religiöse Mythisierungen oder gar tantrische Herrschaftsmodelle zum Zuge gekommen wären.*[55]

Der 13. Dalai-Lama, Thubten Gyatso

Schon die Auffindung des 13. Dalai-Lama, Thubten Gyatso (1876-1933), war ein Politikum mit eindeutig anti-chinesischer Spitze: Regent und Kashag beschlossen, das von China eingeführte Losverfahren nicht anzuwenden. Statt dessen benutzte man wieder ausschließlich die tibetische Methode der Tests, bei denen der Knabe Gegenstände aus dem Besitz des vorigen Dalai-Lama wiedererkennen muß. 1895 übernahm der Dalai-Lama die Macht, und der Regent Demo Rinpoche trat zurück. Man fand vielleicht nicht ganz zufällig, d. h. durch eine politische Intrige zuvor manipuliert, den Namen des Dalai-Lama auf einem Stück Papier, das in einem Paar Schuhe eingenäht war. Der ehemalige Regent bekannte, der Urheber dieses schwarz-magischen Ritus zu sein, denn er habe dem Dalai-Lama nach dem Leben getrachtet, um selbst an der Macht

---

55 Dies behaupten wiederholt und auf historisch nicht nachvollziehbare »metapolitische« Erwägungen gestützt Trimondi (Röttgen), a. a. O., bes. S. 425 ff.

bleiben zu können. Das bedeutete für ihn lebenslange Haft und den Einzug aller Güter.[56]

Bereits um 1850 hatte Großbritannien Ladakh in den Staat Kashmir eingegliedert, und sowohl das Gurkha-Territorium um Almora als auch Darjeeling waren britisch geworden. Tibet, besorgt um die Sicherheit seiner Grenzen, verweigerte jeden Kontakt mit den Briten. 1888 kam es zu einer ersten militärischen Konfrontation zwischen Tibet und England am Lungthur-Grenzposten. Während die vier Kabinettsminister des Kashag Verhandlungen mit den Engländern aufnehmen wollten, hintertrieben die Repräsentanten der Großklöster genau dies durch den Tsongdu (Nationalversammlung aus Repräsentanten der Gelugpa-Großklöster und der Regierung). Wer im Kashag oder auch sonst pro-britisch war, wurde verfolgt, so z. B. Kalon Shatra, der frühere Repräsentant in Darjeeling, der über ein Jahr lang interniert war, weil ihn die Klöster der Kollaboration mit England bezichtigten. Man argumentierte, daß durch den Kontakt mit den Briten der tibetische Lebensstil und die Religion in Gefahr seien. *Die Strategie der Großklöster war es, jede Modernisierung der Gesellschaft zu verhindern.*

Großbritannien jedoch wollte den mutmaßlichen russischen Einfluß in Tibet eindämmen und das Land für die Handelswege öffnen. Zu diesem Zweck schickte man 1903 von Britisch-Indien aus ein Militärkontingent unter General Younghusband nach Zentraltibet. Als sich 1904 die Truppen Lhasa näherten, floh der Dalai-Lama ins mongolische Exil nach Urga, wo er offensichtlich um russische Hilfe bemüht war.[57] Der daraufhin eingeleitete Versuch des chinesischen Kaisers, den Dalai-Lama abzusetzen, blieb erfolglos. Am 7. September 1904 kam es zwischen Tibet und Großbritannien zu einem Vertrag, wobei Tibet durch den Großabt von Ganden, den Ganden Tripa, repräsentiert war, den der Dalai-Lama vor sei-

---

56 M. C. Goldstein, A History of Modern Tibet, 1913-1951, Berkeley: University of California Press 1989, S. 42 f.

57 Goldstein, a. a. O., S. 45.

ner Flucht als Regenten eingesetzt hatte. In Artikel 9 heißt es, daß das Territorium Tibets unantastbar sei und keine ausländische Macht sich in die inneren Angelegenheiten Tibets einmischen dürfe. Die Regierung in Lhasa war aber zu schwach, um die Selbständigkeit des Landes sofort durchzusetzen. China war kein Signatarstaat dieses Vertrages und setzte 1910 Truppen nach Lhasa in Bewegung, die zunächst Osttibet überrannten. Alle Appelle des Dalai-Lama, eine Verhandlungslösung zu suchen, blieben ungehört. Während des Mönlam-Festes marschierten die chinesischen Truppen mordend und brandschatzend in Lhasa ein. Der Dalai-Lama, erst kürzlich aus dem Exil zurückgekehrt, versuchte zuerst zu verhindern, daß zurückgeschossen wurde, weil er nach wie vor an eine Verhandlungslösung glaubte.[58] Schließlich floh er nach Kalimpong und Darjeeling auf britisches Gebiet. Er hoffte, daß die Briten zwischen Tibet und China vermitteln würden. Nach der bürgerlichen Revolution von 1912 und der Abdankung der Manchu-Dynastie fehlte es den chinesischen Truppen in Lhasa an Nachschub, so daß Tibet 1912 einen Sieg erringen und die Chinesen des Landes verweisen konnte. Die chinesischen Truppen zogen über Indien ab. Der Dalai-Lama erklärte gegenüber dem chinesischen Präsidenten Yüan Shih-kai die Unabhängigkeit Tibets und kehrte im Januar 1913 nach Lhasa zurück.[59]

Mit Hilfe seines Vertrauten und Ministers (Kalon) Tsarong entwarf nun der 13. Dalai-Lama ein Programm zur Modernisierung des Militärs und der Regierung. Bereits 1915 sandte er den probritischen Tsarong zu Sir Charles Bell, dem britischen Gesandten in Sikkim, mit dem erklärten Ziel, den chi-

---

58 Goldstein, a. a. O., S. 55 ff. Die Ambane hatten den Vorschlag unterbreitet, daß der Dalai-Lama seine Rolle als religiöser Führer Tibets beibehalten, die politische Souveränität aber aufgeben solle. Durch den militärischen Angriff der Chinesen wurden alle Verhandlungsmöglichkeiten zunichte gemacht.

59 Diese »Unabhängigkeitserklärung« ist in Übersetzung abgedruckt bei Goldstein, a. a. O., S. 60 f.

nesischen Druck an der Grenze in Osttibet aufzufangen – Tibet konnte die Truppen nicht mehr bezahlen – und militärisches Gerät von Großbritannien zu kaufen. Tibet fürchtete, die Briten könnten durch den Krieg in Europa so sehr gebunden sein, daß sie Zentralasien vernachlässigen würden und China erneut in Tibet einfallen könnte.[60] Die Regierung von Britisch-Indien lehnte jedoch jedes weitergehende Engagement in Tibet ab.[61] Auch erhielt Tsarong nicht die von der tibetischen Regierung gewünschte Menge an Maschinengewehren zur Verteidigung Tibets gegen die Chinesen; immerhin reichten aber die erworbenen 5000 Maschinengewehre aus, um 1917 und 1918 die chinesischen Truppen weiter nach Osten zurückzudrängen und einen Waffenstillstand mit China auszuhandeln.[62] Angesichts der andauernden chinesischen Bedrohung wollte Tsarong die tibetische Armee auf das Dreifache verstärken (15 000 Mann), was aber wirtschaftlich nicht möglich war, ohne zusätzliche Steuern einzuführen, die vornehmlich die Klöster und die weltlichen Großgrundbesitzer getroffen hätten. Mit seinen Plänen zog Tsarong, der Generalstabschef, Kalon und enger Vertrauter des Dalai-Lama zugleich war und dadurch erhebliche Macht besaß, den Unmut der konservativen Äbte auf sich. Denn eine Vergrößerung der Armee hätte Tibet gegenüber China gestärkt, inner-tibetisch aber die Machtbalance zwischen Klöstern, Regierung und Dalai-Lama zugunsten der Regierung verschoben und eine gewisse »Säkularisierung« mit sich gebracht.[63] Auch Tsarongs Absicht, Tibet mittels britischer Werte- und Kulturmuster[64] zu modernisieren, stieß auf Widerstand, ebenso seine Idee, die tibetische Armee gegen China dadurch zu stärken, daß Tau-

---

60 Goldstein, a. a. O., S. 77 ff.

61 Die diplomatische Note als Antwort auf das Gesuch Bells ist abgedruckt bei Goldstein, a. a. O., S. 80 f.

62 Goldstein, a. a. O., S. 83.

63 Goldstein, a. a. O., S. 91.

64 Dazu gehörten neben einer modernen Armee und Gewaltenteilung im Staat westliche Kleidung, Speisen, Begrüßung durch Händegeben, westliche Sportarten usw.

sende der ungebildeten »Kämpfer-Mönche« (*dobdo*) aus den
Großklöstern Drepung, Sera und Ganden in die tibetische Armee eingegliedert werden sollten, wodurch der Einfluß der
Gelugpa-Klöster erheblich reduziert worden wäre. Während
des Mönlam-Festes 1921, als sich 20 000 Mönche der Großklöster in Lhasa aufhielten, kursierten Gerüchte, daß eine militärische Auseinandersetzung zwischen den Mönchen und
der Armee bevorstand und Tsarong sowie ein britischer Arzt,
R. S. Kennedy, der zum Indian Medical Service gehörte und
Sir Charles Bell begleitet hatte, ermordet werden sollten. Dem
Dalai-Lama gelang es, durch drastische Strafandrohungen
den Frieden in Lhasa zu sichern.[65] Doch in der Folgezeit gewann die konservative Fraktion zunehmend an Einfluß, und
1925 verlor Tsarong den Oberbefehl über die Armee, blieb
aber noch bis 1930 Mitglied des Kashag.

Ein weiteres Ereignis dieser Jahre verdeutlicht, daß auch
der 13. Dalai-Lama keineswegs über absolute Macht verfügte,
alles andere als ein »Gottkönig« war und das Verhältnis von
Religion und Politik auf einem instabilen Gleichgewicht unterschiedlicher, miteinander konkurrierender gesellschaftlicher
Kräfte beruhte: 1920/21 kam es zu einer Konfrontation des
Dalai-Lama mit den Mönchen des Drepung Loseling College,
die beinahe zum offenen Bürgerkrieg eskalierte. Grund war
die Verhaftung einiger Verwalter des Klosters wegen Ver-
mögensdelikten. Die Regierung des Dalai-Lama hatte eine
Änderung des Steuersystems beschlossen, um die Staatskasse
zu füllen, was wegen der schon erwähnten Vergrößerung des
Militärs und anderer Modernisierungsmaßnahmen notwen-
dig geworden war. Drepung Loseling mit seinen 4000 bis 5000
Mönchen revoltierte gegen diese Politik des Dalai-Lama, und
die Mönche verlangten die Freilassung ihrer festgesetzten
Verwalter: Sie zogen in die Sommerresidenz des Dalai-Lama,
Norbulingka, und bahnten sich gewaltsam den Weg bis in die
inneren Höfe der Anlage, um den Dalai-Lama zu sprechen.
Dieser taktierte und versuchte Zeit zu gewinnen, weil er wuß-

---

65 Goldstein, a. a. O., S. 95 ff.

te, daß das in Lhasa verbliebene Militärkontingent zu schwach war, um es mit den Mönchen aufzunehmen. Als die Mönche abgezogen waren, ließ er durch Tsarong Truppen zusammenziehen und Drepung Loseling umstellen. Dies war die erste direkte Konfrontation der Armee mit den Mönchen eines Großklosters. Die Mönche versuchten vergeblich, Unterstützung aus Sera, Ganden und dem Nachbar-Kolleg Drepung Gomang[66] zu erhalten und mußten sich schließlich ergeben. Ihre Anführer wurden bestraft, die Mehrzahl der Mönche aber blieb unbehelligt, da der Dalai-Lama den offenen Konflikt mit den Großklöstern in Zukunft vermeiden und seine Reformprogramme vorsichtiger umsetzen wollte.[67]

Auch mit dem mächtigen Panchen-Lama in Shigatse kam es zum Streit über die Erhöhung der Steuern. Das Kloster Tashilhünpo gehörte zu den landreichsten Großgrundbesitzern Tibets überhaupt, und so verlangte die Regierung in Lhasa, daß Tashilhünpo höhere Abgaben zu zahlen und insgesamt ¼ der Ausgaben für die Armee zu übernehmen habe. Der Panchen-Lama weigerte sich, diese Umstrukturierungen mitzutragen und floh im Dezember 1923 in die Mongolei und später nach China, um Unterstützung gegen Lhasa einzuwerben. Die Regierung des Dalai-Lama sandte Truppen, um ihn an der Flucht zu hindern, kam aber zu spät. So setzte der Dalai-Lama seinen eigenen Administrator (Dzasa-Lama) zur Verwaltung von Tashilhünpo ein, der die geforderten Steuern eintreiben sollte.

In einem ausführlichen Briefwechsel zwischen den beiden führenden Lamas der Gelugpa-Schule wird deutlich, daß beider Hauptanliegen durchaus der Schutz der Religion war, d. h. die Frage, wie die buddhistische Geisteshaltung authentisch

---

66 J. Hopkins, Tibetische Klosterkollegien, in: Th. Dodin/H. Räther (Hg.), Mythos Tibet, S. 254 ff., weist darauf hin, daß traditionell (und teilweise auch heute noch) die Loyalitäten der Mönche in Tibet sehr stark »parochialisiert«, d. h. an die jeweiligen Unterabteilungen (»Colleges«) der Klöster gebunden sind und sich kaum auf das Gesamtkloster, geschweige denn auf andere Klöster oder die Gesamtschule (Gelugpa), beziehen.

67 Goldstein, a. a. O., S. 104 ff.

überliefert und lebensgestaltend eingesetzt werden könne: durch strikte Bewahrung des Überlieferten oder durch behutsame religionspolitische Modernisierung und Umgestaltung.[68] Es ging bei diesem langen Streit zwischen Dalai-Lama und Panchen-Lama letztlich um zwei Probleme: (1) inwieweit die Regierung in Lhasa Autorität auch über die Provinz Tsang und besonders über das Kloster Tashilhünpo habe, (2) um die neue Politik einer vorsichtigen Modernisierung des Staates, die der Dalai-Lama angestoßen hatte.

Denn der Dalai-Lama war über die Reform des Militärs hinaus auch an einer sozialen und bildungspolitischen Modernisierung des Landes interessiert. Er ließ das Strafrecht modernisieren (z. B. wurde die Strafe der Amputation verboten) und 1924 in Gyantse eine erste englische Schule errichten, die aber drei Jahre später auf Druck der Klöster wieder geschlossen werden mußte. Die Klöster wollten sich ihr Bildungsmonopol erhalten, aber der 13. Dalai-Lama erreichte zumindest eine straffe Kontrolle der Mönchsausbildung, die er selbst überwachte. In Lhasa wurde eine Polizei aufgebaut, was zu Rivalitäten mit der Armee führte.[69] Zwischen Lhasa

---

68 Goldstein, a. a. O., S. 110 ff. Beide Kontrahenten vermeiden es, in ihren offenen Schreiben einander gegenseitig die Schuld zu geben, sondern sie wälzen die Differenzen auf Meinungsunterschiede zwischen den Untergebenen ab. Der Dalai-Lama insistiert aber darauf, die spirituelle und weltliche Macht über ganz Tibet auszuüben, und außerdem schulde ihm der Panchen-Lama Respekt, weil er der Jüngere und sein Schüler sei. Des weiteren rügt der Dalai-Lama, daß der Panchen-Lama heimlich geflohen sei und damit sein Kloster verwaist zurückgelassen habe. Dies entspreche nicht seinen Pflichten als führender Lama und müsse unweigerlich zu karmischen Konsequenzen führen. (Der Briefwechsel ist abgedruckt bei Goldstein, a. a. O., S. 115 ff.)

69 Als Armeeangehörige in den Straßen von Lhasa bei einem Streit einen Polizisten erstachen, ging Tsarong mit Härte gegen diesen Übergriff vor: Trotz der strafrechtlichen Bannung der Amputation durch den Dalai-Lama ließ er das Bein des schuldigen Soldaten amputieren, woraufhin dieser starb. Die Gegner Tsarongs

und Gyantse wurde mit britischer Hilfe eine telegraphische Verbindung installiert, und ein Wasserkraftwerk sollte errichtet werden. Ferner wurde beabsichtigt, die Verkehrswege auszubauen, Motorfahrzeuge einzuführen sowie Tibet an die internationale Politik anzubinden. Tibet sollte auch Mitglied im Weltpostverein werden.[70]

Als der 13. Dalai-Lama 1933 starb, war die politische Lage in Tibet äußerst instabil. Es brachen Machtkämpfe aus, die allerdings schon lange geschwelt hatten.[71] Zwar hatte der Dalai-Lama zahlreiche Reformen eingeleitet, doch konnten sie letztendlich nicht konsequent umgesetzt werden. Er scheiterte an der Übermacht der Klöster und an der konservativen Grundhaltung der mächtigen Äbte von Drepung, Ganden und Sera. Ein weiterer Grund könnte aber auch der Regierungsstil des 13. Dalai-Lama gewesen sein, der an den Institutionen vorbei zahlreiche Neuerungen einführte, die auf ihn bezogen blieben und kaum das System veränderten. Obwohl der 13. Dalai-Lama eine starke Persönlichkeit war,[72] kann in keiner Weise davon gesprochen werden, daß er mit absoluter

---

nutzten dies, um Mißtrauen gegen ihn zu säen. Die Armeekommandierenden stellten sich hinter Tsarong und gegen eine offizielle Untersuchung des Falles. Der Dalai-Lama hielt sich zurück, denn das Verhältnis der staatlichen Institutionen zur Armee, die immer engere Kontakte zu den Briten geknüpft hatte, war prekär. (Goldstein, a. a. O., S. 133 f.)

70 Goldstein, a. a. O., S. 121.

71 Shakabpa, a. a. O., S. 275.

72 W. W. Rockhill, amerikanischer Gesandter in China, hat den 13. Dalai-Lama in Beijing 1908 mehrmals getroffen und beschreibt ihn so: »Er ist ein Mann von unbezweifelbarer Intelligenz und Fähigkeit, von schneller Auffassungsgabe und Charakterstärke … Er schien tief geprägt zu sein von den großen Verantwortungen seiner Aufgabe als ›höchster Papst‹ seiner Religion … mehr vielleicht dadurch als von jenen Aufgaben zeitlich-politischer Art. Er ist temperamentvoll und impulsiv, aber fröhlich und freundlich.« (W. W. Rockhill, The Dalai-Lamas of Lhasa and Their Relations with the Manchu Emperors of China, Leyden 1910, S. 91 f.)

Machtfülle ausgestattet gewesen wäre.[73] Ganz im Gegenteil: Die ständigen innertibetischen Machtkämpfe während seiner Regentschaft, so z. B. die Rivalität mit dem Panchen-Lama, der sich während vieler innen- und außenpolitischer Auseinandersetzungen mehr oder weniger direkt gegen den Dalai-Lama gestellt hatte, haben die tibetische Politik erheblich beeinflußt.

Diese Machtkämpfe nahmen nach dem Tod des 13. Dalai-Lama eher noch zu:[74] Seine drei Vertrauten Lungshar, Tsarong und Khunphela versuchten in jeweils wechselnden Allianzen und staatsstreichartig die Oberhand zu gewinnen, was zeitweise zu Verhaftungen und Gewalt (Mord an dem Regenten Reting Rinpoche) sowie Aufständen führte. Politisch liberal denkende oder kritische Reformer wie Gendün Chöpel (1905-1951)[75] und Phuntsog Wangyal (geb. 1921) hatten keine Chance: Gendün Chöpel war ein bedeutender Sanskritgelehrter und nationalistisch gesinnter Historiker, der 1946 aus Indien nach Tibet zurückkehrte, um als Modernisierer zu wirken. Er wurde wegen politischer Umtriebe und Verbindungen zur »Tibet Improvement Party« 1948 verhaftet und später politisch marginalisiert. Auch er strebte eine Modernisierung Tibets an und stand zu diesem Zweck mit dem Führer der chinesischen bürgerlichen Revolution, Sun Yat Sen, und indischen Kommunisten in Verbindung. Phuntsog Wangyal, der 1954 als Übersetzer den 14. Dalai-Lama auf dessen Reise nach China begleitete, brach mit der tibetisch-buddhistischen Tradition und wurde Kommunist. Er lebte in Beijing, wurde dann

---

73 Die Behauptung Trimondis (Röttgen), a. a. O., S. 427 ff., der Dalai-Lama und der buddhistische Staat seien eins, ist falsch. Wie bereits unsere knappen Ausführungen zeigen, hat es selbst zur Zeit des 5. und 13. Dalai-Lama, die starke Herrscher mit überdurchschnittlicher Machtfülle waren, mehrere konkurrierende Zentren der politischen Macht in Tibet gegeben. Dies trifft noch mehr auf die Regierungszeit der anderen Dalai-Lamas zu.

74 Shakabpa, a. a. O., S. 274 ff.

75 Dazu E. Hessel, Gendün Chöpel. Narr, Heiliger und Rebell, in: Chökor 23 (1998), S. 41 ff.

aber während der Kulturrevolution verfolgt, weil er eine Art »sozialdemokratische Erneuerung« Tibets anstrebte. Trotz behutsamer Reformversuche kam es in Tibet nicht zu dem Mentalitätswechsel, der für weitreichende Reformen notwendig gewesen wäre.

Modernisierung und Strategien des Kulturwandels: Religion und Politik unter dem 14. Dalai-Lama

Der 14. Dalai-Lama, Tenzin Gyatso, wurde 1935 geboren. Seine Geschichte ist bekannt und muß hier nicht erneut dargestellt werden.[76] Es sei nur darauf hingewiesen, daß er die Regierung zu einer Zeit übernahm, als Tibet unter dem Druck des chinesischen Militärs seine Eigenstaatlichkeit, die nicht lange gewährt hatte, bereits wieder zu verlieren begann.

Während der Kolonialzeit des 19. Jahrhunderts hatte Tibet zwischen der britischen Einflußsphäre im Süden (Indien) und russischen Interessen in Zentralasien sowie China im Osten gestanden. Mit Rücksicht auf China und wegen der Rivalität zu Rußland versuchten die Briten zwar, Tibet als neutrales Terrain von (russischen) Fremdeinflüssen fernzuhalten, gleichzeitig spielte aber – vor allem nach dem Sturz der Manchus 1912 – der Ausgleich mit China eine wesentliche Rolle in der britischen Politik. Das unabhängige Indien übernahm nach 1947 die britischen Positionen in der Tibet-Politik, gewährte zwar den Flüchtlingen Asyl, untersagte ihnen aber politische Aktivitäten von indischem Territorium aus und erkannte die politische Herrschaft Chinas in Tibet de facto an. Lediglich während der Zeit des Kalten Krieges unterstützten die Vereinigten Staaten (CIA) in geringem Maße

---

76 Dalai-Lama, Das Buch der Freiheit. Autobiographie des Friedensnobelpreisträgers, Bergisch-Gladbach: Lübbe 1990; C. B. Levenson, Ein Dalai-Lama wird geboren. Wiedergeburt und Berufung des 14. Dalai-Lama, Freiburg: Herder 1998; M. v. Brück, Denn wir sind Menschen voller Hoffnung, München: Kaiser 1988, S. 34-41.

die tibetische Widerstandsbewegung gegen das chinesische Militär, nicht um die Unabhängigkeit Tibets zu erzwingen, sondern in erster Linie um China zu schwächen. Als dann die Nixon-Regierung in den 70er Jahren die Annäherung der USA an China betrieb, hörte die Unterstützung auf.

Politisch spielt Tibet seit dem Ende des Kalten Krieges keine Rolle mehr als Druckmittel gegen den chinesischen Kommunismus. Zwar wird die Menschenrechtsfrage von amerikanischen und europäischen Diplomaten bei China-Besuchen regelmäßig angesprochen, aber erstens bezieht sich dies auf die Situation in China allgemein (einschließlich Sinkiang und Tibet), zweitens bleibt die Androhung von Sanktionen unverbindlich. Wirtschaftlich hat Tibet kaum strategische Bedeutung für die Außenwirtschaft der USA und Europas. Im Gegenteil, China gilt als wirtschaftlich und politisch aufstrebende Großmacht, und da China regelmäßig droht, bei »Einmischung in die inneren Angelegenheiten« die Wirtschaftsbeziehungen abzukühlen, fand und findet der Westen keine konsistente Strategie in der Tibet-Politik, sofern man es denn überhaupt für notwendig erachtet, eine solche zu formulieren.

Politische Modernisierung

Der 14. Dalai-Lama wuchs auf wie die anderen Dalai-Lamas auch: in klösterlichen Traditionen geschult und dabei weitgehend isoliert von der Außenwelt. Erst allmählich konnte er sich mit der Weltpolitik vertraut machen. Im Zusammenhang mit seinem Besuch in Beijing 1954 zeigte er sich von den sozialistischen Ideen Maos zunächst durchaus beeindruckt und versuchte, entsprechende Reformen in Tibet einzuleiten, die von den Chinesen systematisch sabotiert und abgebrochen wurden. Unter den Gegebenheiten des Exils lernte er durch Begegnungen und Studien die anderen politischen und religiösen Traditionen der Welt kennen. Hier kam er mit den Ideen der Demokratie, der Menschenrechte und des Pluralismus der Religionen in Berührung, vor allem auch mit dem Ideal der Gewaltlosigkeit, wie es Mahātma Gandhi für

den politischen Unabhängigkeitskampf Indiens formuliert
hatte. Er übernahm diese Ideen und interpretierte sie auf
dem Hintergrund des Buddhismus so, daß sie für die tibetische Kultur und Politik im Exil fruchtbar gemacht werden
sollten. Sein Programm der Demokratisierung der tibetischen
Gesellschaft und der politischen Institutionen im Exil wurde allmählich umgesetzt, auch gegen den Widerstand der alten Klosterinstitutionen und einflußreicher Familien, die oft
auch mit den Hierarchien der Großklöster verbunden waren
und die auch im Exil wichtige Positionen innehaben, aber
auch zum Teil gegen das Unverständnis der breiten Bevölkerung, die im Dalai-Lama Chenrezig (*Avalokitesvara*), den Bodhisattva der Barmherzigkeit, verehrt, dem sie ein reiferes
Urteil zutraut als einem mit wechselnden Mehrheiten operie-
renden Parlament. Der Dalai-Lama läßt sich dadurch nicht
beirren. Auf dem Hintergrund der tibetischen Geschichte
mit ihren Intrigen und Machtkämpfen weiß er, daß die tibetische Kultur nur überleben kann, wenn sie modernisiert wird
und damit auch die Ideale der Demokratie annimmt, damit
die Menschen mehr Selbstverantwortung lernen und die gesellschaftlichen Entscheidungsprozesse transparenter werden.
Schließlich sind Transparenz und Selbstverantwortung auch
uralte buddhistische Tugenden. Daß eine alte und von selbst-
bewußten Traditionen geprägte Kultur solche Umwälzungen
nur behutsam ertragen kann, ohne dabei auseinanderzubre-
chen, liegt auf der Hand. Die Exilsituation eröffnet dafür einerseits Chancen: die festgefahrenen Strukturen sind angesichts der Machtlosigkeit der Institutionen aufgeweicht, was
Reformen zugute kommt – man denke an die steckengeblie-
bene Reformpolitik des 13. Dalai-Lama. Andererseits ist die
Modernisierung der Gesellschaft aber durch die Probleme
im Exil erheblich erschwert: die kulturelle Identität der Exil-
tibeter hängt an ihrer Religionskultur, die wiederum nur durch
ihre Institutionen aufrechterhalten werden kann – ein gewisser konservativer tibetischer Nationalismus ist die Folge. Der
Dalai-Lama geht dabei mit Augenmaß und der Fähigkeit zur
Selbstkorrektur (wie im Falle des Aufgebens der Forderung

nach totaler Eigenstaatlichkeit gegenüber China) vor. Er hat
für die im Exil lebenden Tibeter bereits 1961 ein Parlament
geschaffen und 1963 eine demokratische Verfassung in Kraft
gesetzt, die seine Kompetenzen beschneidet und in demokratische Strukturen einbindet. Daß die praktische Umsetzung
schwierig ist und daß die Herausbildung einer demokratischen
Mentalität Zeit, Bildung und wirtschaftliche Entwicklungs-
möglichkeiten der betroffenen Menschen voraussetzt, darf
nicht übersehen werden.[77] Immerhin gibt es mit dem Tibetan
Youth Congress (TYC) seit den 80er Jahren eine Opposition gegen die Politik der Verständigung mit China,[78] die für den Dalai-Lama unbequem ist, die er aber ermutigt, um Demokratie
einzuüben. Daß es, wie überall auf der Welt, so auch in der tibetischen Exilgemeinde, immer wieder auch zu Machtmiß-
brauch und Korruption kommt, ist unbestritten und wohl unvermeidlich.[79]

Die in diesem Buch analysierte Kontroverse um die Gottheit Shugden hängt mit dieser Rolle des Dalai-Lama als Modernisierer zusammen. Er geht davon aus, daß die Rückbesinnung

---

77 Die Mitglieder der Regierung (Kashag) wurden zunächst bestimmt, jetzt aber werden sie von dem demokratisch gewählten
   Parlament gewählt. Die Einübung der Demokratie braucht Zeit
   und hat mit spezifischen Schwierigkeiten zu kämpfen: a) unter
   den ca. 130 000 im indischen Exil lebenden Tibetern gibt es nur
   ca. 400 in der Verwaltung ausgebildete Menschen, die entsprechende Positionen übernehmen können, b) die Exilgemeinschaft
   ist wenig homogen, da die Menschen aus sehr unterschiedlichen
   Gegenden Tibets gekommen sind, c) es herrscht ein gewisses
   Mißtrauen angesichts der Tatsache, daß Flüchtlinge von den Chinesen eingeschleust sein könnten, d) es gibt noch wenig Erfahrung und Übung in demokratischer Kommunikation.
78 Hierin spiegelt sich ein Generationenkonflikt.
79 Der Konfliktfall um Shugden wird unten gesondert untersucht
   werden. Dieser und andere Einzelfälle werden sehr vorsichtig in
   der tibetischen Presse angesprochen. Das »Tibet Journal« und
   die Zeitung »Tibetan Review« in Dharamsala publizieren regelmäßig Kritisches zur tibetischen Geschichte und Gegenwart.

auf die Wurzeln des Buddhismus den Maßstab setzen muß, unter dem überholte, spalterische oder gar gefährliche Praktiken der tibetisch-buddhistischen Tradition beurteilt und gegebenenfalls überwunden werden müssen, wenn der Buddhismus innen- wie außenpolitisch zur Wohlfahrt und zum Frieden unter den Menschen beitragen soll.

Emanzipation der Frauen

Auch die Haltung des 14. Dalai-Lama zu einer Veränderung der Rolle der Frauen in der tibetischen Gesellschaft gehört in diesen Zusammenhang. Es ist hier nicht der Ort, die soziale und religiöse Stellung der Frauen in Tibet darzustellen: die regionalen Unterschiede, die soziologischen Determinanten (Nomaden, Halbnomaden, Städter), die Differenzen zwischen der Zeit der Einführung des Buddhismus (7./8. Jahrhundert) und der letzten Jahrhunderte sind erheblich. Außerdem ist zu berücksichtigen, daß der tibetische Buddhismus die ambivalente Haltung der indischen (Mahāyāna)-Buddhisten zur Frau übernommen hat: Einerseits besitzt die Frau wie alle Lebewesen die volle Fähigkeit zur Buddhaschaft, andererseits ist ihre soziale Stellung so, daß sie dieses Potential im Leben als Frau nur unter Hindernissen verwirklichen kann.[80] So hatte der Buddha zwar einen Frauenorden gegründet, gleichzeitig aber stellte die kommentierende Mönchsliteratur fest, daß dadurch die Wirksamkeit des *dharma* zeitlich begrenzt würde. Ursache ist die allgemein verbreitete Geringschätzung der Frau in den indischen Kulturen jener Zeit, weil für den brahmanischen Hinduismus die Frau Ausdruck des Begehrens und der Unkontrolliertheit der Triebe war.[81] Im Mahāyāna ist diese mehrschichtige Haltung weitergeführt worden: *Śāntideva* betet, daß

---

80 Vgl. D. Paul, Die Frau im Buddhismus, Hamburg: Papyrus 1981.

81 Im frühen Buddhismus wie im Mahāyāna haben die Mönche die sogenannten »Ekelbetrachtungen« entwickelt, um ihre Begierden nach sinnlicher Berührung von Frauen zu zügeln, weil Begierde Anhaften fördern würde. Die Distanzierung vom Körper und sei-

alle Frauen als Männer wiedergeboren werden mögen,[82] obwohl lange zuvor das *Vimalakīrti-nirdeśa-sūtra* mit beißender
Ironie den Dünkel der Mönche (in Gestalt Śāriputras) attak-
kiert hatte, weil dieser auf seine männliche Geburt stolz war
und nicht verstehen konnte, daß eine Göttin ihr weibliches
Geschlecht nicht ablegen wollte: Das Sūtra erzählt, wie sich
die Göttin dank ihrer magischen Kräfte in einen Mann und
Śāriputra in eine Frau verwandelt, nur um festzustellen, daß
auf der spirituellen Ebene und im Grunde der Dinge diese
Unterscheidung nicht gültig sei.[83] Auch Śāntideva weiß natürlich, daß in letztgültiger Erkenntnis alle Dinge substanzlos
sind und damit der Unterschied von Weiblichem und Männ-
lichem einem Traumbild gleicht, das verfliegt, wenn der Mensch
zur Weisheit erwacht.[84] Dennoch: die Frau hatte im tibetischen Buddhismus (wie in vielen Kulturen) eine untergeordnete Stellung inne. Allerdings wäre es falsch, von einer grund-
sätzlichen buddhistischen »Misogynie« zu sprechen, da der
Mensch durch die Frau geboren werde, das menschliche Leben aber leidvoll sei, durch die Frau also Unheil komme.[85]

Genau das Gegenteil ist der Fall:[86] Frauen als Mütter genie-

---

ner Vergänglichkeit betrifft allerdings den männlichen wie den
weiblichen Körper. Vgl. z. B. Śāntideva, Bodhicaryāvatāra 8.

82 Śāntideva, Bodhicaryāvatāra 10, S. 30.

83 M. v. Brück, Weisheit der Leere. Sūtra-Texte des indischen Mahāyāna-Buddhismus, Zürich: Benziger 1989, S. 267 ff.; (Neuausgabe München: Kösel 2000).

84 Śāntideva, Bodhicaryāvatāra 9, S. 88.

85 Dieses Fehlurteil, das in dem Buch von Trimondi (Röttgen,
a. a. O., S. 32 ff.) ständig wiederholt wird, zeigt, daß hier wesentliche Grundlagen der buddhistischen Kultur Tibets nicht zur
Kenntnis genommen werden, daß nämlich das menschliche Leben als Möglichkeit zur Freiheit und damit zur geistigen Befreiung betrachtet wird.

86 So z. B. Śāntideva, Bodhicaryāvatāra 4, S. 15-20; Padmasambhava,
Die Fragen des Nyang Wen Tingzin Zangpo, in: Guru Padma-
sambhava, Die Geheimlehre Tibets (Hg. K. Scherer), München:
Kösel 1999, S. 71 f.

ßen höchste Wertschätzung, weil sie zur menschlichen Geburt verhelfen, die notwendig ist, um in Freiheit zur geistigen Reife, d. h. zur Buddhaschaft zu erwachen!

Die Rolle der Frau in der tibetisch-buddhistischen Kultur war alles in allem nicht mehr und nicht weniger eingeengt als in anderen asiatischen (und europäischen) Kulturen der Vergangenheit auch. Gewiß gab es einzelne Yoginis, die sich durch ihre hohe Spiritualität einen Namen gemacht hatten – allen voran die Gefährtin Padmasambhavas, Yeshe Tsögyal, und die berühmte Macik Labdrön (1055-1149)[87] – und als Lehrerinnen und Vorbild für Frauen und Männer galten und weiterhin gelten.[88] Und wenn es auch keinen Orden für vollordinierte Frauen in Tibet gab, so doch eine ganze Anzahl von Nonnen-Klöstern, die ein bestimmtes Maß an spiritueller und kultischer Praxis ermöglichten, wodurch sich Frauen eine gewisse Unabhängigkeit und Bildung sichern konnten.[89] Allerdings lag die Traditionsbildung, die Erstellung und Verbreitung der Kommentarliteratur, die Ausbildung und Pflege der Gelehrsamkeit und damit die Macht eindeutig in den Händen der Mönche bzw. mönchischen Großklöster.

Genau an dieser Stelle hat der 14. Dalai-Lama bereits gravierende Veränderungen eingeleitet, und zwar nicht nur durch den Hinweis auf die Gleichwertigkeit der Geschlechter und die Verantwortung, die Frauen in der Gesellschaft tragen, son-

---

87 K. Kollmar-Paulenz, Ma gcig lab sgron ma – The Life of a Tibetan Woman Mystic between Adaptation and Rebellion, in: The Tibet Journal, Vol. 23 Nr. 2, Sommer 1998, S. 11-32; T. Allione, Woman of Wisdom, London: Routledge & Kegan Paul 1984.

88 M. Shaw, Passionate Enlightenment. Women in Tantric Buddhism, Princeton: Princeton Univ. Press 1994; A. Herrmann-Pfandt, Ḍākinīs. Zur Stellung und Symbolik des Weiblichen im Tantrischen Buddhismus, Bonn: Indica et Tibetica Verlag 1992.

89 H. Havnevik, Tibetan Buddhist Nuns. History, Cultural Norms and Social Reality, Oslo: Norwegian University Press 1990; L. Dechen, Nonnen in der tibetischen Tradition, in: Karma Lekshe Tsomo (Hg.), Töchter des Buddha, München: Diederichs 1991, S. 138 ff.

dern durch strukturelle Reformen.[90] Um den Nonnen das gleiche Ansehen und die gleichen Bildungschancen zu geben wie
den Männern, sei es seiner Meinung nach unerläßlich, daß die
vollgültige Frauenordination (*bhikṣuṇī*) wiederhergestellt werde. Der Dalai-Lama hat Studien in Auftrag gegeben, durch
die eine ununterbrochene Nonnenordination bis zurück
zum Buddha festgestellt werden konnte, die in der chinesischen buddhistischen Tradition noch lebendig ist. Er hat
daraufhin angeregt, daß sich tibetische Nonnen in diese chinesischen Nonnenklöster in Taiwan begeben, dort ordinieren
lassen und an der Buddhist School of Dialectics in Dharamsala sowie am Institute for Higher Buddhist Studies in Sarnath
studieren.[91] Damit ist innerhalb des tibetischen Buddhismus
die Voraussetzung für eine neue soziale Rolle der Frauen geschaffen worden.[92]

Das interreligiöse Engagement des Dalai-Lama

Interreligiöse Kommunikation beginnt mit Studium und Verstehen der eigenen wie der jeweils anderen Tradition. Die tibetischen Buddhisten hatten, von Ausnahmen abgesehen, erst
in der Exilsituation Gelegenheit, andere Religionen wirklich
kennenzulernen. Die frühe Begegnung des Buddhismus mit
dem militärisch überlegenen Islam, die zur Auslöschung des
Buddhismus beitrug und zur Zerstörung der Klosteruniversitäten von Nālanda und Vikramaśīla (Ende des 12. Jahrhunderts) führte, hat traumatische Erinnerungen in der Literatur

---

90 Dalai-Lama, Eröffnungsvortrag auf der Ersten Internationalen
   Konferenz Buddhistischer Nonnen, in: Karma Lekshe Tsomo
   (Hg.), Töchter des Buddha, a. a. O., S. 33: Der Dalai-Lama betont
   hier, daß Frauen für ihre Rechte kämpfen sollten nicht aus Stolz
   und Eifersucht, sondern im Bewußtsein ihrer großen Verantwortung für die Gesellschaft.
91 Bhiksuni Jampa Tsedroen, Die Bedeutung der Konferenz, in:
   Karma Lekshe Tsomo (Hg.), Töchter des Buddha, a. a. O., S. 43.
92 Dalai-Lama, a. a. O., S. 38.

(z. B. im Kālacakra-Tantra[93]) hinterlassen, und doch konnte in Lhasa eine marginale islamische Bevölkerungsgruppe jahrhundertelang ungestört leben. Zu Kontakten mit dem Christentum[94] kam es erst durch den Jesuiten António de Andrade im Jahre 1624,[95] später durch die Kapuziner und Jesuiten im 18. Jahrhundert. Doch die Kontakte blieben ohne nachhaltigen Eindruck auf die tibetische Kultur. Erst im Exil nach 1959 kamen tibetische Lamas in den Westen und trafen auf Schüler, die christlich geprägt waren. Im indischen Exil begegneten die Tibeter Hindus, Muslimen und nicht selten auch Menschen von Hilfsorganisationen, die aus christlicher Motivation handelten. Der Dalai-Lama persönlich war von Mutter Teresa tief beeindruckt und stellte sie wiederholt als sein Vorbild dar. Er hat 1981 Vorlesungsreihen über Hinduismus und Christentum in tibetischen Klöstern ebenso angeregt und durchführen lassen[96] wie Programme des Austauschs von tibetisch-buddhistischen und christlichen Mönchen und Nonnen.[97] Er selbst hat an interreligiösen Gebetstreffen (Madras 1985, Assisi 1986, Kirchentag München 1993 u. a.) teilgenommen und buddhistische Betrachtungen zu Texten aus den Evangelien geschrieben.[98] Die Motivation zum Dialog ist für den Dalai-Lama vor allem die gemeinsame Verantwortung der Religionen für die Zukunft der Menschheit.[99] Auf der Grundlage einer gemeinsamen Menschlichkeit müßten alle Religionen

---

93 Insofern ist eine neue Friedenszeit und Blüte des Buddhismus im Kālacakra-Tantra mit einem Sieg über den feindlichen Islam verbunden, der den Buddhismus ausrotten wollte.

94 M. v. Brück/Wh. Lai, Buddhismus und Christentum. Geschichte, Konfrontation, Dialog, München: C. H. Beck 1997, S. 46 f.

95 R. Kaschewsky, Das Tibetbild im Westen vor dem 20. Jahrhundert, in: Th. Dodin/H. Räther (Hg.), Mythos Tibet, a. a. O., S. 17 ff.

96 v. Brück/Lai, a. a. O., S. 52 ff.

97 v. Brück/Lai, a. a. O., S. 538 ff.

98 Dalai-Lama, Das Herz aller Religionen ist eins. Die Lehre Jesu aus buddhistischer Sicht, Hamburg: Hoffmann & Campe 1997.

99 v. Brück/Lai, a. a. O., S. 516-528.

zusammenarbeiten, um friedensstiftend zu wirken und die Erziehung der Jugend im Geist des Humanismus zu befördern
sowie durch allgemein akzeptable Methoden des Geistestrai-
nings (Meditation) die Entwicklung eines guten Herzens
wie auch materiellen Wohlstand ausbalanciert zu ermöglichen.[100] Dabei erachtet er es für weder hilfreich noch nötig,
das Verstehen der schwierigen Symbolwelt (Tantra) und Philosophie des Buddhismus zur Voraussetzung zu machen, weil
sich diese besonderen komplizierten Systeme in den Religionen dem Verstehen nur nach langem und eingehendem Studium erschließen.[101] Aber gerade das Besondere ist es, was
eine Religion im Austausch mit anderen einbringen kann,
und genau dies tut der Dalai-Lama auch. Seit Jahren gibt er
Kālacakra-Initiationen für Tibeter, Europäer und Amerikaner, um den Weltfrieden zu fördern, weil dieses Tantra die Synthese der Widersprüche, der Differenzen in Raum und Zeit,
zum wesentlichen Inhalt hat. Die Folge davon war allerdings
auch, daß Mißverständnisse und Fehlinterpretationen des tibetischen Buddhismus aufkommen konnten: Denn die Einweihungen in das Kālacakra-Tantra wurden Tausenden von
Menschen gegeben,[102] die weder die intellektuellen Voraussetzungen des Verstehens dieser komplexen Symbolik mitbrin-
gen noch die Fähigkeit zur konzentrierten Visualisierung ausgebildet haben, ohne die eine Bewußtseinstransformation, um
die es im Tantra geht, nicht möglich ist. Das war der Grund
dafür, daß in der Tradition tantrische Einweihungen nur Menschen zuteil wurden, die sich jahrelang darauf vorbereitet hat-

---

100 v. Brück/Lai, a. a. O., S. 527 f.

101 Tantra wird im interreligiösen Dialog nicht ausgeklammert, wohl
   aber hinter die zuerst notwendige Verständigung über die Interpretation der Sūtras gestellt. Denn Tantra darf im Buddhismus
   durchgängig nur auf dem Hintergrund von Sūtra interpretiert
   werden, was Trimondi nicht berücksichtigen. Tantra kann leicht
   mißverstanden werden, wenn es nicht in diesem hermeneutischen und historischen Kontext studiert wird.

102 Eine Liste der Kālacakra-Einweihungen der letzten Jahre bieten
   Trimondi (Röttgen) a. a. O., S. 347.

ten. Die heutigen Massenveranstaltungen wandeln das ursprüngliche Ritual der gezielten Bewußtseinstransformation in einen allgemeinen Segen um, was sinnvoll sein mag oder nicht, jedenfalls aber Fehldeutungen Vorschub leisten kann.

Der Dalai-Lama lehnt es ausdrücklich ab, daß Menschen aus Überdruß an ihrer ursprünglichen Religion zum Buddhismus konvertieren und leichtfertig die Religion wechseln. Er will vielmehr dazu ermutigen, daß Menschen zu Erkenntnis und Hoffnung gelangen, wo immer sie religiös beheimatet sind, damit die Wahrnehmung der Verantwortung für alle Lebewesen durch die Entwicklung eines guten Herzens wächst, was sich auch auf politischer Ebene auswirken wird.[103] Gleichzeitig ist er davon überzeugt, daß der Buddhismus allen Menschen Wege anbieten kann, ein glücklicheres Leben zu führen.[104] In diesem Sinne interpretiert er die buddhistische Tradition in unorthodoxer Weise für Menschen in den modernen Industriegesellschaften – Buddhisten, Christen, Atheisten – praktisch und meist ohne auf den komplexen philosophischen Überbau einzugehen, der, so meint er, zwar für Buddhisten und für eine Vertiefung in den Buddhismus unerläßlich sei, nicht aber unbedingt für alle Menschen. Religionen können und sollen durchaus auch voneinander lernen – das Christentum zeige den Buddhisten praktische Formen der Nächstenliebe, während Christen von Buddhisten Meditation lernen könnten, wobei jede Religion aber ihren eigenen Formen und Traditionen verpflichtet bleibe. Für die Vorstellung einer Konversion der gesamten Menschheit zum Buddhismus, womöglich noch gewaltsam, gibt es weder in seinen Schriften noch in seinem Verhalten auch nur den geringsten Anhaltspunkt.[105]

103 v. Brück/Lai, a. a. O., S. 526.

104 So hieß die Großveranstaltung mit Belehrungen des Dalai-Lama über Tsongkapas Lamrim in der Lüneburger Heide im September 1998 nicht zufällig »Buddhas Weg zum Glück«.

105 Die entsprechende Behauptung von Trimondi (Röttgen), a. a. O., S. 344 ff., ist rein spekulativ. Die eschatologischen Bilder des Kā-

Politischer Dialog

1949 hatten in China die Truppen Mao Zedongs die Macht
übernommen, und im Oktober 1950 kündigte Radio Beijing
die »Befreiung« Tibets an, nachdem die Volksbefreiungsarmee
bereits seit September 1950 in Osttibet, vor allem in der Gegend von Chamdo, vorgedrungen war.[106] Dem indischen Bot-
schafter in der chinesischen Hauptstadt, S. K. M. Panikkar,
war noch in der letzten Woche des August 1950 versichert worden, China werde gegenüber Tibet keine Gewalt anwenden.
Angesichts der Bedrohung wurde dem erst fünfzehnjähri-
gen Dalai-Lama am 17. November 1950 die volle Staatsgewalt
übertragen.[107] Gleichzeitig besetzte ein chinesisches Militärkontingent von Khotan aus westtibetisches Gebiet, nachdem
die Truppen offensichtlich unbemerkt durch indisches Territorium im Aksai Chin marschiert waren. In einer Protestnote
vom 26. Oktober 1950 bedauerte Indien den Einsatz von Gewalt und bemerkte in einer weiteren Note vom 31. Oktober,
daß die Autonomie Tibets respektiert werden müsse. China

---

lacakra-Tantra, die auf dem dualistischen Mythos des End-
kampfes des Guten gegen das Böse beruhen, als real-historische
Ideologie interpretieren zu wollen ist methodologisch falsch
und angesichts der gegenwärtigen historischen Situation der Tibeter absurd. Es hat in der Geschichte der Dalai-Lamas mit ihrer
durchaus auf Macht und Ausübung von Gewalt beruhenden Politik nie einen Bezug auf diesen Mythos gegeben.

106 Knapp dargestellt wird die jüngste Geschichte Tibets in: H.
Forster-Latsch/P. L. Renz, Tibet. Land, Religion, Politik, Frankfurt a. M.: Suhrkamp 1999, bes. S. 100 ff.

107 Die Situation in Osttibet und besonders in Kham war kom-
pliziert: Nach 1945 hatten verschiedene Stammesgruppen und
ihre Führer versucht, eine Autonomie von der tibetischen Zen-
tralregierung in Lhasa zu erkämpfen und dabei auch mit Chinesen paktiert. Später allerdings ging von hier der Guerillakampf
gegen die chinesische Besetzung Tibets aus. Vgl. H. Forster-
Latsch/P. L. Renz, a. a. O., S. 125 ff. und S. 118 ff.

verbat sich die Einmischung in innere Angelegenheiten. Am 7. November appellierte die tibetische Regierung an die Vereinten Nationen und bat um Verurteilung der chinesischen Aggression. Doch der britische Gesandte bei den Vereinten Nationen zog sich aus der Affäre, indem er erklärte, die Verhältnisse seien unübersichtlich und der legale Status Tibets wäre unklar. Indien schloß sich dem britischen Ersuchen, die Tibetfrage zu vertagen, an. Für neun Jahre sollte sie nicht wieder auf die Tagesordnung der Vereinten Nationen gesetzt werden. In einem letzten Versuch sandte die tibetische Regierung am 11. Dezember 1950 ein Telegramm an die Vereinten Nationen mit dem Vorschlag, eine Kommission nach Tibet zu entsenden, um die Tatsachen zu erkunden. Es gab keine Antwort. Nicht nur die Isolation Tibets, sondern auch die diplomatische Schwäche der betreffenden Staaten und Rücksichten gegenüber China, die vertraglichen Vereinbarungen widersprachen (Simla-Abkommen vom 7. 9. 1904), sind mitverantwortlich für die tibetische Tragödie.

Schon bald nach der Übernahme der Regierungsgewalt und noch vor seiner Reise nach Beijing hatte der 14. Dalai-Lama auf dem Hintergrund der Pläne des 13. Dalai-Lama erste Schritte in Richtung eines Reformprogramms für Tibet unternommen: die Befreiung vieler Bauern aus der Schuldknechtschaft sowie eine Demokratisierung der Verwaltung waren dabei die Schwerpunkte.[108] Alle eigenständigen tibeti-

---

108 Das tibetische System war eine Art »Feudalsystem«, in dem wenige Großgrundbesitzer-Familien, die Klöster und die Regierung das bebaubare Land besaßen und teilweise an die Knechte weiter verpachteten. Der Landbesitz war erblich und Hauptquelle des Reichtums. Die Knechte mußten einen Teil ihrer Arbeit als »Steuer« frei verrichten, konnten aber über das übrige Land frei verfügen, mit der Ausnahme des Verkaufsrechtes. Einige Knechte waren durchaus wohlhabend. Das System wird dargestellt bei: R. A. Stein, Tibetan Civilization, London: Faber & Faber 1962; I. Epstein, Tibet Transformed, Beijing 1983; M. Goldstein, a. a. O., S. 3 ff. Das tibetische Strafrecht war bereits vom 13. Dalai-Lama liberalisiert worden. Es gab abgesicherte

schen Reformbemühungen wurden aber von den Chinesen systematisch boykottiert.

Der Dalai-Lama ließ in Beijing Verhandlungen führen, die sich in einem Vertrag vom 23. Mai 1951 niederschlugen (17-Punkte-Abkommen), in dem China garantierte, daß die Tibeter unter Oberhoheit der maoistischen Truppen kulturell-religiös relativ autonom leben könnten. Tibet mußte unter militärischem Druck anerkennen, daß es Teil Chinas sei. Am 9. September 1951 besetzten chinesische Truppen die tibetische Hauptstadt Lhasa. Die Repressionen der Besatzungsarmee nahmen ständig zu, weshalb der Dalai-Lama im September 1954 selbst nach Beijing reiste, um mit Mao zu verhandeln. Er versuchte zu vermitteln, um einen akzeptablen Status für Tibet zu erreichen. Jahrelang gelang es ihm, die aufgebrachten Tibeter von Gegengewalt abzuhalten, bis schließlich am 10. März 1959 doch ein Aufstand in Tibet losbrach. Anlaß war die Absicht der chinesischen Militärbehörden, den Dalai-Lama ohne Begleitung in ein Militärcamp außerhalb der Stadt zu locken. Die Tibeter sahen darin den Versuch, ihr Oberhaupt gefangenzunehmen und die letzte Hoffnung für Tibet auszulöschen. Die Kämpfe dauerten mehrere Tage. Chinesische Artillerie zerstörte Teile der Stadt und vor allem den Palast des Dalai-Lama, mit der Absicht, ihn zu töten.

Dieser war jedoch nach langem Zögern und auf Drängen seiner Berater am 17. März 1959 nach Süden geflohen. Er beglaubigte eine provisorische Regierung in Lhasa und wollte zunächst sein Lager in Südtibet aufschlagen. Chinesische Luftangriffe und ein Verfolgungskommando trieben ihn in einem langen Marsch, bei dem viele seiner Landsleute ums Leben kamen, über die verschneiten Himalaya-Pässe nach Indien. Am 31. März 1959 erreichte er die Grenze, und der indische

---

Rechtsmittel und im Prinzip die Möglichkeit, an den Dalai-Lama zu appellieren, was allerdings in der Praxis durch die Bürokratie erschwert wurde. (Vgl. R. R. French, The Golden Yoke: The Legal Cosmology of Buddhist Tibet, Ithaca: Cornell Univ. Press 1995.)

Premierminister Nehru bot den tibetischen Flüchtlingen Exil an.

Der 14. Dalai-Lama steht seither einer Exilregierung vor, die international nicht anerkannt ist. Bereits im März 1963 verkündete er eine demokratische Verfassung für die Exil-Tibeter in Indien, die auch als Vorbild für ein freies Tibet gedacht ist.

In Tibet selbst wurden durch die Kommunistische Partei Chinas Landreformen durchgeführt, die dem chinesischen Modell entsprachen[109] und zu Hungersnöten führten. Die Bevölkerung war und ist unvorstellbaren Repressalien ausgesetzt.[110] Es kam zu mehreren Aufständen, von denen fünf größere weltweit bekannt wurden.[111] Durch diese Unterdrückung wurden die Mönche und Nonnen politisiert und zu Trägern des Widerstandes gegen die chinesische Besatzung.[112] Die Exil-Tibeter versuchten, unter Führung des 14. Dalai-Lama eine Politik des Dialogs mit China zu entwickeln, wobei sie

---

109 Forster-Latsch/Renz, a. a. O., S. 110 ff.

110 Dazu die Dokumentationen: Tibet – Traum oder Trauma? (Hg. Gesellschaft für bedrohte Völker und Verein der Tibeter in Deutschland): Göttingen/Wien: pogrom 1987; P. Kelly/ G. Bastian/P. Aiello, The Anguish of Tibet, Berkeley: Parallax Press 1991.

111 Forster-Latsch/Renz, a. a. O., S. 109 ff.

112 Der Soziologe und Tibetologe R. D. Schwartz vertritt die vergleichende These (Buddhism, National Protest, and the State in Tibet, in: P. Kvaerne (Hg.), Tibetan Studies. Proceedings of the 6th Seminar of the International Association for Tibetan Studies, Oslo 1994, S. 728 ff.), daß die koloniale Unterdrückung (in Birma und Sri Lanka durch die Engländer, in Tibet durch die Chinesen) die buddhistischen Mönche politisiert habe und damit neue Strukturen von Religion und Politik im Zuge der politischen Modernisierung entstanden seien. Das ist für Tibet richtig, wenn man damit den monastischen Widerstand gegen den Status quo in der Gesellschaft meint. Politisiert waren die Mönche in Tibet auch zuvor, allerdings meist im Sinne der Erhaltung des Status quo hinsichtlich der Macht der jeweiligen Klöster, denen sie angehörten.

gleichzeitig durch kulturelle und vor allem religiöse Kontakte mit dem Westen die internationale Öffentlichkeit auf Tibet aufmerksam machten. Ab 1979 entsandte der Dalai-Lama mehrere Delegationen nach Beijing und Tibet, um die Lage zu erkunden und Möglichkeiten für Verhandlungen mit China auszuloten.[113] Er fordert seit 1987 von China: (1) Einrichtung einer Friedenszone in Tibet, (2) Beendigung der Umsiedlungspolitik, die Tibet als Nation auszulöschen droht, (3) Einhaltung der fundamentalen Menschenrechte, einschließlich des Rechtes auf kulturelle und religiöse Selbstbestimmung, (4) Ende der Ausbeutung der Natur und der Lagerung von Atomwaffen, (5) Beginn über Verhandlungen über den zukünftigen Status Tibets und das Verhältnis Tibets zu China.[114] Seine Straßburger Thesen von 1988, in denen der Dalai-Lama China anbietet, die Außenpolitik und die Verteidigung Tibets zukünftig von China verantworten zu lassen, sind kein Ausverkauf der Interessen Tibets, wie einige tibetische Gegner und neuerdings eine deutsche Publikation[115] behaupten, sondern nüchterne Realpolitik. Der 14. Dalai-Lama hat unter dem Druck der politischen Situation und auf Grund seiner konsequenten Interpretation des Buddhismus als eines Weges der prinzipiellen Gewaltlosigkeit Abschied von dem Gedanken genommen, Tibet jemals wieder in die politische Unabhängigkeit zu führen. Ausgerechnet ihm vorzuwerfen, er opfere die Interessen Tibets und zeichne verantwortlich für das alte überlebte

---

113 Dalai-Lama, Das Buch der Freiheit, a. a. O., S. 277 ff.

114 Der Fünf-Punkte-Friedensplan wurde vom Dalai-Lama anläßlich einer Rede auf dem Capitol Hill in Washington am 21. September 1987 vorgetragen. Vgl. Dalai-Lama, Das Buch der Freiheit, a. a. O., S. 303 f. Zwar hat der Dalai-Lama den Verzicht auf Unabhängigkeit 1991 vorsichtig wieder in Frage gestellt, weil die chinesische Seite keinerlei Gesprächsbereitschaft gezeigt habe, das Problem aber für Verhandlungen offengelassen. Vgl. W. v. Erffa, Das unbeugsame Tibet, Osnabrück: A. Fromm 1992, S. 140 f.

115 Trimondi (Röttgen), a. a. O., S. 539.

tibetische Feudalsystem, ist unverständlich.[116] Beijing antwortet allerdings seit Jahrzehnten mit einer Hinhaltetaktik und weiteren Repressionen in Tibet. Auch anläßlich des 40. Jahrestages des Volksaufstandes in Tibet, am 10. März 1999, hat der Dalai-Lama China erneut zum Dialog aufgerufen und erklärt, nicht die Unabhängkeit Tibets anzustreben, sondern »echte Autonomie für Tibet, Erhalt und Förderung seiner einzigartigen kulturellen und religiösen Integrität sowie die wirtschaftliche und soziale Entwicklung« der Tibeter.[117] Dies bedeutet eine Entflechtung von Religion und Politik in einem zukünftigen Tibet, wobei der Dalai-Lama selbst kein offizielles politisches Amt mehr beanspruchen will, sobald eine akzeptable Lösung für die Tibet-Frage gefunden ist.[118] Denn historisch gesehen hat die Institution des Dalai-Lama Tibet zwar eine gewisse Einheit gebracht und kulturelle Blütezeiten beschert, doch die enge Verbindung von Religion und Politik in der Institution des Dalai-Lama hat auch zu Interessenkonflikten und immer wieder auch zur Verwässerung der religiösen Ideale geführt.[119]

---

116 Ebd. Für den gewaltfreien Befreiungskampf und das Streben nach interreligiöser Verständigung erhielt der 14. Dalai-Lama 1989 den Friedensnobelpreis.

117 Pressemitteilung epd (Frankfurt a. M.) Nr. 11, 18. März 1999, 20.

118 Pressemitteilung epd, 18. März 1999, ebd.

119 So wie Tsongkhapa mit der Begründung der Gelugpa eine Reform des Buddhismus in Tibet initiierte, so haben die Strategien des Kulturwandels, die der 13. und der 14. Dalai-Lama entworfen haben, eine Basis für den Anschluß Tibets an die Moderne geschaffen. Daß die enge Verknüpfung von Religion und Politik in der Institution der Dalai-Lamas Probleme für die Reinheit der Religion geschaffen hat, ist eine gut begründete These von M. Hermanns, Mythen und Mysterien der Tibeter, Stuttgart: Magnus Verlag 1955, S. 372 ff. Hermanns überzeichnet zwar, weil die Quellenlage in vielen Fällen nicht eindeutig ist, aber sein Geschichtsbild zeigt die Dramatik dennoch deutlich, wenn er meint: Die chinesischen Ambane in Lhasa versuchten, die Auswahl der Wiedergeburten des Dalai-Lama zu beeinflussen und zu verhindern, daß sie in mächtigen Familien aufgefunden wurden; mehr-

Tibet soll nach den Vorstellungen des 14. Dalai-Lama und gemessen an den Modellen, die wir zu Beginn dieses Kapitels vorgestellt hatten, ein modernes demokratisches Staatswesen anstreben, bei dem eine größtmögliche Trennung von religiösen und staatlichen Institutionen vorgesehen ist, wenngleich es diesbezüglich auch in Europa und Amerika ein Standardmodell weder gibt noch geben kann. Die amerikanische *Zivilreligion* und die unterschiedlichen europäischen Modelle des *säkularen Staatswesens* sowie die alte tibetische *Gesellschaftsreligion* sind keine Norm für andere Gesellschaften unter den heutigen Bedingungen der Moderne, der Demokratie und der religiösen Pluralität. Tibet wird eigene Wege und Strategien des Kulturwandels erproben müssen.

Der 14. Dalai-Lama ist innenpolitisch und außenpolitisch ein Reformer, indem er das Ideal der prinzipiellen Gewaltlosigkeit auch auf die politische Strategie seiner Regierung angewendet hat, ganz im Unterschied zur früheren Geschichte

mals machten dabei die chinesischen Beamten gemeinsame Sache mit den tibetischen (Interims)-Regenten, um zu verhindern, daß die Dalai-Lamas selbständig wurden. So kam es zu Intrigen und (wahrscheinlich) Morden im Potala – der 6. und der 8. Dalai-Lama seien ermordet worden; der 9. Dalai-Lama sei 1815 elfjährig ebenfalls vom Regenten ermordet worden, über dem 10. Dalai-Lama habe man 1837 das Schlafzimmer einstürzen lassen, so daß er erschlagen wurde, und auch der 11. Dalai-Lama starb 1855 eines frühen Todes, obwohl man die Chinesen zu Hilfe gerufen hatte, um seine Ermordung zu verhindern; der 12. Dalai-Lama sei 1874 vergiftet worden; auch der 13. Dalai-Lama sollte ermordet werden, kam aber den Anschlägen des Regenten zuvor, indem der Regent verhaftet wurde. Der 13. Dalai-Lama sei erstmals wieder ein starker Politiker gewesen, der sich nun aber gegen Chinesen und Engländer zu wehren hatte. Deshalb trat er mit Rußland in Verbindung; einer solchen möglichen Allianz kam aber General Younghusband mit seinem Einmarsch in Lhasa 1904 zuvor, weshalb der Dalai-Lama in die Mongolei und nach China fliehen mußte. Als dann die Chinesen 1910 in Lhasa mordend und zerstörend einfielen, floh der 13. Dalai-Lama zu den Engländern. Auch er war mithin kein absoluter Herrscher.

Tibets, in der Gewalt zur Durchsetzung politischer Ziele legitim war.[120] Und er ist auch religiös ein Reformer, wie wir an der Shugden-Kontroverse zeigen werden, indem er Riten und Gebräuche am Maßstab der ursprünglichen buddhistischen Grundsätze überprüfen und messen will.

Die Faszination des tibetischen Buddhismus im Westen, der Hollywood-Boom um Tibet und die Vermarktung des Images des Dalai-Lama hat mehrere Seiten: Einerseits hat die Popularität des Dalai-Lama die politische Wirkung, weltweit Sympathien mit Tibet zu erzeugen und Druck auf die Regierungen auszuüben, die Menschenrechtsfrage bezüglich Tibets wachzuhalten. Man mag die oft klischeehafte Wahrnehmung Tibets und das ungenaue Bild des tibetischen Buddhismus in der westlichen Öffentlichkeit beklagen, und die Frage ist berechtigt, ob dies langfristig der tibetischen Sache nützt.[121] Ein realistisches Bild von Tibet und seiner Geschichte, besonders ein genaueres Verstehen des tibetischen Buddhismus, ist Voraussetzung dafür, daß Meinungsmacher Tibet nicht entweder als Himmel auf Erden glorifizieren oder umgekehrt den tibetischen Buddhismus als atavistisch-sexualmagisches System, das die westliche Welt bedrohe, abwerten.[122] Das Klischee wird dann nur durch klischeehafte Gegenpropaganda abgelöst.

---

120 Dies widerspricht nicht dem mahāyāna-buddhistischen Grundsatz, wonach politische Gewalt, wo sie zur Verhinderung größerer Gewalt nützlich sein kann, nach Abwägung aller Faktoren legitim sein kann (z. B. Upāyakauśalyasūtra III, S. 132-137).

121 Im Sinne einer kritischen Versachlichung des Tibet-Bildes im Westen argumentiert auch Loden Sh. Dagyab Rinpoche, Die Problematik der Nutzung des Tibet-Bildes für die Verbreitung des Buddhismus im Westen, in: Th. Dodin/H. Räther (Hg.), Mythos Tibet, a. a. O., S. 325.

122 Irreführend ist es, wenn Trimondi (Röttgen), a. a. O., S. 538 durch ein ungenaues Quellenzitat mit dem Verweis auf »Insiderkreise« behaupten, daß der Dalai-Lama das tibetische Schicksal der Vertreibung aus der Heimat begrüße, weil dadurch seine Gelüste zur Weltbeherrschung schneller in Erfüllung gingen, insofern der

3. BILANZ

Alles Leben ist leidvoll, voller Frustration und Unwissenheit. Das ist eine Grundüberzeugung des Buddhismus, die selbstredend auch für die Politik im allgemeinen und für die tibetische Politik im besonderen gilt. Der »Mischmasch aus Irrtum und Gewalt« (Goethe) ist nicht nur ein Urteil über die europäische Kirchengeschichte, sondern über die Geschichte des Menschen in allen Religionen und Kulturen. Allerdings ist dies ein zutreffendes, nicht aber ein hinreichendes Urteil. Denn neben Egozentrismus bzw. Machtkampf, Begierde und Haß – den drei buddhistischen Grundgiften, die das menschliche Leben zersetzen und die überwunden werden müssen – gibt es auch Weisheit, Barmherzigkeit und Engagement für eine menschenfreundliche Gestaltung der politischen Verhältnisse. Um diese positiven Kräfte zu stärken, vor allem um den Menschen aus seiner Ignoranz und »selbstverschuldeten Unmündigkeit« (Kant) zu befreien, hat der Buddha den *dharma* gelehrt. Denn die Unmündigkeit und Knechtschaft ist nur sekundär in den äußeren politischen Strukturen der Gesellschaft begründet. Sie ist primär eine Folge der Unfähigkeit des Menschen, sein Bewußtsein, die Gedanken, die Emotionen und das Verhalten zu kontrollieren. Dieser Mangel an geistiger Disziplin ist die Wurzel allen Übels, das sich auch in der gesamten physischen und psychischen Desintegration

tibetische Buddhismus nun auf diese (tragische) Weise die gesamte Welt erobere. Die Autoren zitieren als Beleg ein Buch von D. Lopez (Prisoners of Shangri-La, a. a. O., S. 203), das diese These jedoch als »Amalgam von christlichen, theosophischen und New-Age-Phantasien« (203) und als Hypothese eines amerikanischen Tibetologen (Robert Thurman) ausweist, von der sich der Dalai-Lama selbst ausdrücklich distanziert hat (Lopez, a. a. O., S. 274) – was die Autoren geflissentlich verschweigen. So werden methodische Fehler, ungenaues Zitieren, Textentstellung und freie Spekulation zu einem Geflecht an Fehlinterpretationen, die keinerlei Rückhalt im Faktischen haben.

der lebendigen Energien, die im Menschen wirksam sind, äußert. Eine Integration oder Bündelung dieser inneren Kräfte und Potentiale auf das Ziel einer geeinten Bewußtheit hin, die die Dinge projektionsfrei so wahrnimmt, wie sie sind, ist darum das wichtigste Ziel der buddhistischen Praxis – im Sinne des Begriffs *nirvāṇa*, Auslöschung des Ich-Wahnes. Der tibetische Buddhismus hat für diese Praxis eine reiche Symbolwelt vorgefunden und weiterentwickelt, die auf dem indischen, dem tibetischen und dem chinesischen kulturellen Erbe beruht. Alle Übungen der tantrischen Praxis dienen der Bewußtwerdung, Koordinierung und Nutzung dieser Energien, die in jedem Menschen sind, damit der Weg zu einem Befreiungs-Bewußtsein möglichst zügig (in diesem einen Leben nämlich) vollendet werden kann. Auf diese Weise soll, nach buddhistischer Überzeugung, die Unwissenheit und Gewalt im Umgang der Menschen mit sich selbst, miteinander und mit allen anderen Lebewesen überwunden werden. Die nüchterne Bilanz der Geschichte Tibets bedeutet für den tibetischen Buddhismus nicht, daß die Lehre des Buddha wenig bewirkt hätte, sondern daß sie immer neu praktiziert, kreativ angewendet und von Fehlentwicklungen gereinigt werden muß – siehe die tantrische Praxis im nächsten Kapitel.

III.
MAHĀYĀNA UND TANTRA

I. MAHĀYĀNA-BUDDHISMUS IN TIBET

Der tibetische Buddhismus ist durchdrungen vom Tantrismus. Der Tantrismus ist eine der Hauptströmungen in der indischen Religionsgeschichte, die bereits die spätvedische Literatur beeinflußt und seit etwa dem 3./4. Jahrhundert n.Chr. sehr unterschiedliche hinduistische wie mahāyāna-buddhistische indische philosophische Systeme und religiöse Kulte beeinflußt hat. Der Tantrismus beinhaltet eine sakramentale Sicht der Wirklichkeit, d. h. jede materielle, psychische und geistige Erscheinung wird zum Symbol für die »göttliche« Wirklichkeit und somit zum Heilsmittel.

Voraussetzung für das Verständnis des tantrischen Buddhismus in Tibet ist ein intensives Studium des indischen Mahāyāna-Buddhismus, der in den Mahāyāna-Sūtras als maßgeblichen Schriften wurzelt. Denn alle Tantras können nur, so lesen wir in der gesamten tibetischen Kommentarliteratur, von den Sūtras her interpretiert werden. Ja, die gesamte Ausbildung im tibetischen Klostersystem aller Schulen, besonders aber der mit dem Dalai-Lama verbundenen Gelugpa-Schule, ist so konzipiert, daß erst dem genauen Studium der Mahāyāna-Sūtras und ihrer Kommentare das Studium der Tantras folgen darf. Demnach darf also nur der Tantra studieren und später auch praktizieren, der die Ausbildung in den Sūtras erfolgreich absolviert und die entsprechenden Gelübde abgelegt hat. Von daher sind Deutungen, die diesen Hintergrund ignorieren, prinzipiell falsch.[1]

Die Anfänge des Mahāyāna sind noch immer nicht voll-

---

1 Die Sexualsymbolik des Tantrismus wird im Mahāyāna auf dem Hintergrund der gegenseitigen Durchdringung aller Erscheinungen (*pratītyasamutpāda*) zu einer Metapher für die wechselseitige Abhängigkeit der Dinge: Männlich ist nicht das, was es ist, ohne den Gegenpol und umgekehrt. Hierarchiebildungen sind in die-

ständig bekannt.[2] Aber es lassen sich drei Faktoren erkennen, die etwa seit dem 3. Jahrhundert v.Chr. zur Entstehung des »Großen Fahrzeugs« beigetragen haben:

– eine weniger legalistische Auslegung der Mönchsregel (*vinaya*) durch die Mahāsāṃghikas auf dem sogenannten 2. buddhistischen Konzil von Vaiśāli (383 v.Chr.) und dem 3. Konzil von 367 v.Chr.,
– der von Kaiser Aśoka staatlich geförderte Stūpa-Kult der Laien,
– die Bewegung der »Waldeinsiedler« (*āraññikas*), die schon am 1. Konzil nicht teilnahmen und sich durch strengere Askese und Meditation von den übrigen Mönchen unterschieden. Von diesen Einsiedlern ist nur wenig bekannt. Es könnte zu den im Pāli-Kanon erwähnten *pratyekabuddhas* eine Verbindung bestehen, die als unmittelbare Anwärter auf die Buddhaschaft die totale Selbsthingabe (*dāna*) unabhängig vom Orden (*saṃgha*) als Eremiten praktizierten. Solche Asketengruppen könnten später mit dem universalen Laienideal des *bodhisattva* in Berührung gekommen sein und dessen Entwicklung mitgeprägt haben.

Der frühe Buddhismus war keine reine Mönchsreligion, denn der *saṃgha* umfaßte Mönche (*bhikṣus*), Nonnen (*bhikṣunīs*), männliche Laien (*upāsakas*) und weibliche Laien (*upāsikās*). Besonders auf die Rolle der Frauen muß hier eingegangen werden, denn sie sollte sich im späteren Tantrismus in ganz neuer Weise gestalten. Schon im frühen Buddhismus kann von einer speziell buddhistischen »Misogynie«[3] keine Rede sein, da der

---

sem Sinne allenfalls konventionell gegeben, sie sind aber spirituell aufzuheben.

2 M. v. Brück, Einführung in den Buddhismus, Frankfurt a. M.: Verlag der Weltreligionen 2007, S. 223 ff.

3 Diese These wird von Trimondi (Röttgen), a. a. O., S. 29 ff., anhand von durchaus richtigen Textzitaten wiederholt vorgetragen, nicht aber im Kontext der indischen Sozial- und Kulturgeschichte interpretiert. Daß in der sozialen Praxis die Frauen in buddhistischen Gesellschaften nicht wesentlich anders behandelt wurden

Buddhismus erstmals die *geistige* Gleichwertigkeit der Frau (sie konnte ebenso wie ein Mann den *dharma* praktizieren und zum geistigen Erwachen gelangen) betonte, wenngleich die *soziale* Stellung der Frau, den allgemeinen gesellschaftlichen Verhältnissen entsprechend, eine untergeordnete blieb. Aus den Texten geht zwar hervor, daß bestimmte Traditionen im Pāli-Kanon behaupten, die Blütezeit des Buddhismus würde um die Hälfte (auf 500 Jahre) verkürzt werden, wenn ein Nonnenorden die »Reinheit« des Mönchsordens durch seine bloße Existenz beschmutzen würde.[4] Da sich diese Voraussage aber ausschließlich in den Überlieferungen der Sthaviras und nicht bei den Mahāsaṃghikas findet, ist zu vermuten, daß sie nicht auf Buddha Śākyamuni oder den frühen Buddhismus zurückgeht, sondern Niederschlag von Auseinandersetzungen innerhalb des Mönchsordens nach 340 v.Chr. ist.[5] Genau das zeigt aber, daß Frauen im *saṃgha* eine Rolle spielten, die einigen Gruppen von Mönchen mißfiel. Die Ordensregel warnt zwar die Mönche vor den Frauen, und jeder Kontakt mit dem anderen Geschlecht gilt als gefährlich. Entscheidend ist nun aber, daß dies nicht geschah, weil Frauen in sich als gefährlich oder minderwertig angesehen wurden, sondern weil die Frau Begierde erweckt. Nicht die Frau, sondern die Begierde der Mönche ist das Problem.[6] Die uns überlieferten Schriften sind

---

als in brahmanischen oder anderen Kulturen jener Zeit, darf vermutet werden. Aber das ist eine andere Frage.

4 Vinaya, Cullavagga X, 1, S. 6.

5 J. Nattier, Once upon a Future Time. Studies in a Buddhist Prophecy of Decline, Berkeley: Asian Humanities Press 1991, S. 28-33. Nattier errechnet durch Textvergleiche, daß diese Sicht der Dinge zwischen 340 und 200 v.Chr. aufgekommen sein muß. Die relativ späte Datierung dieser Haltung der Mönche zum Nonnenorden ist Konsens in der Forschung mit Ausnahme von I. B. Horner, Women Under Primitive Buddhism, New York: E. P. Dutton 1930, S. 103 ff.

6 So urteilt auch H. Havnevik, die die einschlägige neuere Literatur zum Thema Frau und Buddhismus gesichtet und kommentiert hat. (H. Havnevik, Tibetan Buddhist Nuns, Oslo: The Institute for Comparative Research in Human Culture 1990, S. 28.)

von Mönchen für Mönche geschrieben. Hätten die Frauen die
Möglichkeit zur literarischen Traditionsbildung gehabt, hätten sie, der buddhistischen Logik folgend, vor dem zu engen
Kontakt mit Männern warnen müssen.[7] Es käme einer Ver-
kennung der Grundlagen des Buddhismus gleich, das Problem in der Geschlechterdifferenzierung sehen zu wollen,
da es im Buddhismus allein um die begierdefreie, haßbefreite
und projektionsfreie Wahrnehmung der Erscheinungen geht,
wie sie sind – nämlich »leer«, und das bedeutet, daß die Geschlechterdifferenz nur eine vorläufige, konventionelle Kate-
gorie und Erscheinung (*saṃvṛti*) ist, die sich letztgültig (*param-
ārtha*) als unerheblich für die geistige Befreiung darstellt.
Diese fundamentale buddhistische Einsicht bleibt auch für
den Tantrismus unangefochten gültig. Nonnen wie Laien-
anhängerinnen genossen eine hohe Achtung, wenngleich sie
den Mönchen deutlich nachgeordnet blieben. Jene Texte, die
abwertende Einstellungen gegenüber Frauen erkennen lassen,
sagen sehr wohl etwas über die Geisteshaltung der Mönche
aus, was aber nicht bedeutet, daß Frauen nicht selbständige
Teilhabe an den Riten und Geistesschulungen der buddhisti-

---

7 Allerdings hatten sie diese Möglichkeit kaum. Die sozial niedrigere Stellung der Frauen bürdete ihnen Lasten auf, die es er-
schwerten, daß Frauen – mit Ausnahmen – höhere Bildung erlangen konnten. Deshalb betet Śāntideva, wie bereits im 2. Kapitel angedeutet, daß es den Frauen bessergehen möge – und das kann in
seinem sozialen Kontext nur heißen, daß sie als Männer wiedergeboren werden sollen. Spirituell und unter dem Eindruck der Leerheit aller Erscheinungen (*śūnyatā*) war dies aber bereits zur Zeit
Śāntidevas eine überholte Sicht (Vimalakīrti-nirdeśa-sūtra 6, vgl.
M. v. Brück, Weisheit der Leere, Zürich: Benziger 1987, S. 256 ff.).
Im Umkreis tantrischer Spiritualität verändert sich die Situation
auch im Kult und in der religiösen Anschauung, d. h., die Weiblich-
keit der Frau wird ebenso wie die Männlichkeit des Mannes zum
Mittel der Erzeugung intensiverer Bewußtseinszustände, die dann
das Erwachen zur Buddhaschaft ermöglichen.

schen Tradition hatten,[8] und in der Mahāyāna-Literatur werden auch Frauen als Lehrerinnen erwähnt.[9]

Für die Herausbildung des Mahāyāna war eine weitere Entwicklung von Bedeutung: Nach dem Tod des Buddha wurden seine Reliquien in Reliquienschreinen (Stūpa) verehrt. Um den Stūpa entstand ein zunächst (fast) ausschließlich von Laien getragener Kult, der später von den Mahāsāṃghikas mitvollzogen wurde, und im Pāli-Kanon sowie auf den Votivtafeln der Stūpas finden sich nicht wenige Namen von Frauen als aktiver Förderinnen des Buddhismus. Nach strikter *vinaya*-Auslegung war Mönchen die Errichtung eines Stūpa im Bereich des Klosters ebenso wie die Teilnahme am Kult untersagt, weil gemäß orthodoxer Lehre der Buddha ins *nirvāṇa* eingegangen und somit auch kultischer Verehrung entzogen war. Gewichtiger als dieses dogmatische Argument dürfte die finanzielle Folge dieser Vorschrift gewesen sein: Die Laien, deren Praxis weniger in Meditation und Disziplin als in Gaben für die Mönchsgemeinde bestand, spendeten zunehmend für den Stūpa. Diese Mittel kamen nun nicht mehr der Mönchsgemeinde zugute, was Spannungen verursachte und schließlich die Herausbildung des Mahāyāna begünstigt haben dürfte. Ob Laien, die den Stūpakult verwalteten und sich möglicherweise *bodhisattvas* nannten, eine Art Quasi-Orden ohne die strenge *vinaya*-Regel darstellten und die soziologische Basis für das im Mahāyāna entwickelte Bodhisattva-Ideal abgaben, läßt sich nicht eindeutig sagen.

Viele Merkmale des Mahāyāna sind bereits im frühen Buddhismus angelegt. So ist Mahāyāna weder ein völliger Bruch

---

8 Auf diesen Umstand weist M. Shaw zu Recht hin in ihrem Buch: Passionate Enlightenment. Women in Tantric Buddhism, Princeton: Princeton Univ. Press 1994, S. 13.

9 So z. B. im Avataṃsaka-Sūtra in der Geschichte des Knaben Sudhana, der Meister und Meisterinnen aufsucht, oder im Fall der Tārā, die zu einer Zentralgestalt des tibetischen Buddhismus wurde (S. Beyer, The Cult of Tārā. Magic and Ritual in Tibet, Berkeley: Univ. of California Press 1973). Vier Frauen sind auch unter den 84 klassischen Mahāsiddhas.

mit dem frühen Buddhismus noch die einfache Fortsetzung
der Tradition, sondern die Folge allmählicher Entwicklungen
hinsichtlich soziologischer (Stūpa-Kult, Interpretation der Regel, Waldeinsiedler) und lehrmäßiger (Bodhisattva-Ideal, Lehre von der Leere [*śūnyatā*]) Kriterien. Ein wichtiger Punkt ist
die Neuinterpretation des Ideals des Bodhisattva: Im frühen
Buddhismus galt er als Mensch auf dem Weg zur Befreiung,
und obwohl im Mahāyāna diese Bedeutung gültig blieb, trat
eine weitere hinzu: Der Bodhisattva gilt nun auch als ein schon
befreites Wesen, das seine geistige Kraft einsetzt, um andere
Wesen zu retten. Der Mahāyāna-Bodhisattva strebt die eigene
Befreiung also vor allem an, um anderen Wesen auf dem Weg
zur Befreiung beistehen zu können. Er – oder auch sie, wie
z. B. Tārā – gelobt, nicht eher ins *nirvāṇa* einzugehen, bis alle
lebenden Wesen befreit sind (Bodhisattva-Gelübde). So be-
ginnen alle Übungen damit, daß diese Intention und Motivation, die Entwicklung von *bodhicitta*, geschult wird, besonders
auch im Tantrismus, wo sowohl im Mahāmūdra-System der
Kagyüpa-Schule als auch im »Stufenweg zur Erleuchtung«
(*Lamrim*) der Gelugpa-Schule, der von Tsongkhapa systematisiert wurde, *bodhicitta* die unabdingbare Voraussetzung für alle
tantrischen Übungen ist.[10] Wenn man dies nicht zur Kenntnis
nimmt, wie es leider immer wieder geschieht, kommt man zu
eklatanten Fehldeutungen der tantrischen Praxis.[11] Mahāyāna-
Bodhisattvas sind aber nicht alle von gleicher spiritueller Reife,
denn sie befinden sich auf den zehn unterschiedlichen Stufen
der Verwirklichung (*bhūmi*), die mit den Zehn Vollkommenheiten (*pāramitā*) koordiniert werden. Ursprünglich sprach das
Mahāyāna aber von den »Sechs Vollkommenheiten«, die auf
dem Bodhisattvaweg nacheinander oder gleichzeitig geübt
werden: Selbsthingabe (*dāna*, später oft als Almosengeben ver-

---

10 So z. B. Tsongkhapa, Tantra in Tibet. The Great Exposition of
   Secret Mantra, introduced by H. H. the Fourteenth Dalai-Lama,
   London: Allen & Unwin 1977, bes. S. 18 ff.
11 Die Mißachtung des strikten tibetisch-buddhistischen Interpreta-
   tionsrahmens ist ein methodischer Fehler.

standen), Moralität (*śīla*), Anstrengung (*vīrya*), Geduld (*kṣānti*), Meditation (*dhyāna*) und Weisheit, d. h. Einsicht in das Wesen der Erscheinungen (*prajñā*).

Der Bodhisattva gibt sogar die eigenen positiven Bewußtseinsformungen bzw. »Verdienste« (*puṇya*) hin, um anderen Wesen zu helfen. Dies setzt die für den Mahāyāna-Buddhismus charakteristische Lehre von der »Verdienstübertragung« voraus, die mittels der Lehre von der Leerheit (*śūnyatā*) interpretiert wird: Das sich abgrenzende Ich, das etwas für sich selbst haben will, ist in Wirklichkeit eine Illusion, denn alles, was »Ich« bin, bin ich in gegenseitiger Abhängigkeit von und mit anderen, d. h., »Ich« ist leer von Eigenexistenz. Diese in den Prajñāpāramitā-Sūtras zentrale Einsicht radikalisiert die frühbuddhistische Lehre vom Nicht-Selbst (Pāli *anattā*). Im frühen Buddhismus der Abhidhamma-Literatur galt zwar alles Zusammengesetzte, d. h. die realen Erscheinungen der Wirklichkeit, als vergänglich (*anicca*) und darum als leidvoll (*dukkha*), aber die letzten Grundbausteine (*dhamma*) der Wirklichkeit wurden doch als in sich bestehend verstanden. Die Philosophie des Mahāyāna vollzog nun den Schritt von *pudgalanairātmya* (nichtinhärente Existenz des Ich) zu *dharmanairātmya* (nichtinhärente Existenz auch der *dharmas*), und das ist der Kern der Lehre von *śūnyatā* (Leerheit in bezug auf inhärente Existenz [*svabhāva*]). Leerheit wird durch das Entstehen in gegenseitiger Abhängigkeit (*pratītyasamutpāda*) erklärt, und dadurch erhält in dieser Interpretation *śūnyatā* eine kosmische oder universale Bedeutung, die für den tantrischen Buddhismus wichtig ist: Alles *ist* nur dadurch, indem es mit allem *kommuniziert*. Das Sein der Wirklichkeit ist In- und Miteinandersein aller Erscheinungen.

Das Nicht-aus-sich-selbst-Sein wurde seit Nāgārjuna (2. Jahrhundert n. Chr.) logisch mit der Methode nachgewiesen, daß jede Position, d. h. die Behauptung des Seins wie des Nichtseins, ad absurdum geführt wurde, was spätere Logiker wie Dignāga, Dharmakīrti und Candrakīrti zum *prasaṇgika*-System, der reductio ad absurdum, ausbauten. Demzufolge werden dann der Kreislauf der Geburten (*saṃsāra*) und die Befrei-

ung (*nirvāṇa*), alle Buddha-Länder und die historische Realität
nicht als zwei getrennte Bereiche verstanden, sondern als Bewußtseinszustände, was bereits im Herz-Sūtra (Prajñāpāramit-
āhṛdaya-Sūtra) durch die berühmte Formel der Identität von
Leerheit und Form angedeutet ist.

Durch diese Lehre werden alle Gegensätze relativiert,
denn auch das Helle und das Dunkle, das Gute und das Böse
bedingen einander. Der gesamte Mahāyāna-Buddhismus beruht darauf, diesen Gegensatz auf einer höheren Ebene des
Bewußtseins aufzuheben, d. h. zu integrieren. Im Tantra
nun bedeutet dies insbesondere auch, den Gegensatz von
männlichen und weiblichen Energien zu integrieren, statt
sie gegeneinander auszuspielen, denn jedwede androzentrische oder gynozentrische Dominanz widerspräche den
Grundlagen des Buddhismus.[12] Wie leicht an dieser Stelle fal-
sche Deutungen möglich sind, läßt sich an der Polarität von
Methode (*upāya*) und Weisheit (*prajñā*) zeigen. Methode wird
im Mahāyāna und besonders im Tantra als männliches, Weisheit als weibliches Prinzip verstanden und durch entsprechende Symbole dargestellt. Eins bedingt das andere: die
Methoden, d. h. die Lehrformen des Buddha, bringen die Weisheit, nämlich die Einsicht in die Leerheit, hervor. Aber umgekehrt werden die Methoden angemessen und klug nur durch
Weisheit geprägt. Der klassische Text für das Verständnis von
upāya ist das Lotos-Sūtra[13] (bes. Kap. 2), in dem die verschiedenen Lehren und Gestalten des Buddhismus als Methoden

---

12 Nicht Ausbeutung des einen Geschlechts durch das andere, sondern »Komplementarität und Gegenseitigkeit« (Shaw, a. a. O.,
   S. 11) ist zumindest die Intention der Tantras, wofür M. Shaw eine
   Fülle von Texten (ca. 40) und ikonographische Evidenz sowie
   orale Traditionen anführt. (Shaw, a. a. O., S. 5 ff.) Sie fügt hinzu,
   daß die westlichen Wahrnehmungsmuster der Geschlechterrollen
   weder auf die indische noch auf die (auch Indien gegenüber ganz
   anders geartete) tibetische soziale Konstruktion der Geschlechterdifferenz angewendet werden können.
13 Lotos-Sūtra (Hg. M. v. Borsig), Gerlingen: Lambert Schneider
   1992, bes. S. 57 ff.

dargestellt werden, die der Buddha in dieser Verschiedenheit gelehrt habe, um den Menschen mit ihren verschiedenen Vorverständnissen und Bedürfnissen den Weg zur Befreiung zu zeigen. Anders ausgedrückt: der *upāya*-Gedanke optiert für eine Verantwortungsethik gegenüber einer Gesinnungsethik, was in der berühmten Parabel vom brennenden Haus zum Ausdruck kommt:[14]

> In einem Haus, das von bösen Dämonen bewohnt wird (die Welt der Begierde), spielen Kinder (die Menschen) so selbstvergessen, daß sie nicht einmal aufblicken, als das Haus in Brand gerät. Um sie vor dem Verderben zu retten, ruft der gütige Vater (Buddha), doch vergeblich. Deshalb wendet er in höchster Not ein kluges Mittel an – er verspricht ihnen Spielzeug aller Art, um sie zu bewegen, das brennende Haus zu verlassen.

Daß diese Anschauung nichts mit männlicher Manipulation des Weiblichen zu tun hat,[15] wird schon daran deutlich, daß der Inbegriff aller Methode die Barmherzigkeit (*karuṇā*)

---

14 Lotos-Sūtra, Kap. 3 (v. Borsig, a. a. O., S. 87 ff.).
15 Dies behaupten Trimondi (Röttgen), bes. a. a. O., S. 60-63, ohne daß berücksichtigt wird, daß *upāya* vor allem *karuṇā* ist, die sich im Wunsch der Rettung aller Wesen äußert (Tsongkhapa/Dalai-Lama, Tantra in Tibet, a. a. O., S. 23). Röttgens Behauptung, *upāya* sei ein »Manipulationsinstrument« von »analytischer Kälte und technischer Präzision« (a. a. O., S. 61) zeigt, daß den Ausführungen weder die Kenntnis der Originalsprachen noch der Fachliteratur zugrunde liegt; das Lotos-Sūtra wird nicht einmal zitiert. Die im gesamten tibetischen Buddhismus geläufige Interpretation von *upāya* als *karuṇā* kennen die Autoren nicht. Sie übersetzen aus dem Englischen (*upāya* wird dort gelegentlich mit *skilful means* wiedergegeben) und versteigen sich gar zu dem Begriff »Trick«. Entgegen Röttgens Behauptung, daß die beiden Prinzipien »selten kritisch untersucht wurden« (ebd.), ist zu verweisen auf die umfassende Studie von M. Pye, Skilful means. A Concept in Mahayana Buddhism, London: Duckworth 1978, sowie auf die Textausgabe des Upāyakauśalya-Sūtra: M. Tatz, The Skill in Means Sūtra, Delhi: Motilal Banarsidaß 1994.

ist[16] – die aber ist weiblich. Diese Symbolik kann also nur auf dem Hintergrund des gesamten Systems interpretiert werden.

Im Mahāyāna und Tantrayāna ist Barmherzigkeit (*karuṇā*) die Kardinaltugend, und alle anderen Tugenden und Verhaltensweisen sind an ihr zu messen, denn sie ist der äußere Ausdruck der ursächlichen Interdependenz aller Wesen. Die positive Bewußtseinsformung (*puṇya*) des Bodhisattva wird dann nicht auf ein eigentlich anderes Wesen übertragen, sondern durch Aktualisierung des Bewußtseins der Leerheit aller Erscheinungen, die primär miteinander zusammenhängen, da Individuen keine inhärente Existenz haben (*śūnyatā*), realisiert. Dies führt spontan zur Haltung der Solidarität mit allen Wesen (*karuṇā*). Damit kommt der altruistische Erleuchtungsgeist (*bodhicitta*) zu seinem Ziel.

2. TANTRISMUS

Diese Vorstellungen werden nun im Tantrismus auf besondere Weise symbolisiert und praktiziert. Dabei spielt die Symbolik und Praxis der Polarität der Geschlechter eine wesentliche Rolle, denn hier erfährt der Mensch wie nirgends sonst die Intensität der Überwindung der Gegensätze und ihre Aufhebung in Nicht-Dualität. Da der Tantrismus zahlreiche lokale Religionsformen und dörfliche Riten in sich aufgenommen hat, kommen in ihm sehr alte nichtvedische Gottheiten, Riten und Anschauungen zum Zuge, vor allem auch weibliche Gottheiten und kultische Praktiken von Frauen. Im Tantrismus erfährt die Kraft des Weiblichen eine beispiellose Akzeptanz, die es so in der vedisch-brahmanischen und auch buddhistischen Religionsgeschichte Indiens nicht gegeben hatte. War es im Mahāyāna noch gängige Anschauung, daß Frauen als Männer wiedergeboren werden müssen, um zur Buddhaschaft zu gelangen, so kann im buddhistischen Tantrismus die Frau in ihrem weiblichen Körper unmittelbar Buddha-

---

16 Upāyakauśalyasūtra I, S. 6 ff.

schaft erfahren; folgerichtig werden weibliche Buddhas eingeführt (z. B. Vajrayoginī), die nicht nur Spiegelbild oder ein un-
tergeordneter Aspekt ihrer männlichen Partner sind.[17] Immer
wieder thematisiert Tantra die Nicht-Dualität jenseits der Polaritäten, Spannungen, trennenden Wertungen usw. Die Einigung des Männlichen und Weiblichen ist dabei immer noch
äußerlich, wenn es um den konkreten Mann und die konkrete
Frau geht. Vielmehr bemüht sich der Tantrismus darum, die
polaren Energien, die in jedem Menschen (Mann wie Frau)
angelegt sind, zu integrieren und in die Nicht-Dualität aufzuheben.[18] Wer dies nicht berücksichtigt und die Sexualsymbolik allein auf der grobstofflichen Ebene interpretiert,
kommt zu Fehldeutungen, selbst wenn die Texte »richtig« zitiert werden. Aus diesem Grunde sind die tantrischen Texte
jahrhundertelang nur den Menschen zugänglich gewesen,
die geistig darauf vorbereitet waren im Sinne der Mahāyāna-
Philosophie, wie sie eben dargestellt wurde. Da jedoch viele
Tantras von Männern für Männer geschrieben wurden, können sie uns heute in der Perspektive als einseitig erscheinen.
Es gibt allerdings auch genügend Yoginī-Tantras, die von
Frauen für die Praxis der Frauen geschrieben wurden, und

---

17 M. Shaw, Passionate Enlightenment. Women in Tantric Buddhism, Princeton: Princeton Univ. Press 1995, 27 und 212 A 13
   bringt zahlreiche Belege für diese Entwicklung.
18 Alle tantrischen Übungen wie die Verschmelzung der männlich
   und weiblich gedachten Energien entsprechend den Kanälen entlang der Wirbelsäule (*iḍā* und *pingalā*) gelten für Frauen wie für
   Männer. Auch die Verbindungen der »weißen« und »roten« Energien (Flüssigkeiten) beziehen sich nur im äußeren Symbol und
   der grobstofflichen Praxis auf den männlichen Samen und das
   weibliche Blut, betreffen aber auf feinstofflicher Ebene polare
   Energien, die beide durch Tantra in Männern *und* Frauen zur Verschmelzung gebracht werden, wie z. B. ein Blick in das Tibetische
   Totenbuch lehrt. (XIV. Dalai-Lama, Tibetische Ansichten über
   das Sterben, in: Dalai-Lama, Logik der Liebe, München: Goldmann 1989, 213-228; M. u. R. v. Brück, Die Welt des Tibetischen
   Buddhismus, München: Kösel 1996, S. 48 ff.)

heutige einseitige Interpretationen könnten mehr mit der Wahrnehmung der Geschlechterdifferenz durch heutige Interpreten als mit den Verhältnissen in den tantrischen Kulturen Indiens und Tibets zu tun haben.[19] Nehmen wir aber an, daß eine androzentrische Dominanz bei der Überlieferungsgeschichte der Tantras begründet werden könnte, so läge der Grund in der sozial untergeordneten Stellung der Frau in den alten indischen wie tibetischen Gesellschaften, doch dies ist ein Problem der Überlieferungs*form* und nicht des wesentlichen Inhalts.[20]

Der Tantrismus ist wegen seiner komplexen Symbolwelt und oft undurchsichtigen Sprache immer wieder, auch in jüngster Zeit,[21] unzutreffend gedeutet worden. Heute existiert jedoch eine detaillierte indologische und tibetologische Forschung, und auch die mündliche Überlieferung Tibets ist durch die Präsenz zahlreicher tibetischer Lamas im Westen zugänglich geworden, so daß differenzierte Urteile möglich geworden sind.

---

19 Dies ist die These von M. Shaw, Passionate Enlightenment, a. a. O., S. 36 ff., die eindrucksvoll belegt wird.

20 Trimondi (Röttgen) und andere Kritiker haben Recht, wenn sie darauf hinweisen, daß durch diese Einseitigkeit Mißverständnisse und Mißbrauch auftreten können. Aber auch die selbst betroffene Kritikerin June Campbell behauptet nicht, daß dieser Mißbrauch *unvermeidlich* mit dem tantrisch-buddhistischen Menschenbild verbunden sei. (J. Campbell, Traveller in Space. In Search of Female Identity in Tibetan Buddhism, New York: G. Braziller 1996.) Im Gegenteil: Historisch läßt sich belegen, daß Frauen in der Tantra-Praxis den Männern eher gleichgestellt wurden, was in den monastischen Schulungssystemen Tibets mit Sicherheit nicht der Fall war. (H. Havnevik, Tibetan Buddhist Nuns, a. a. O., S. 33 ff.)

21 Trimondi (Röttgen), a. a. O.

Geschichte und Grundbegriffe

1. Der Begriff *tantra* ist von der Wurzel tan = »ausdehnen« abgeleitet und bezeichnete zunächst jede ausführliche wissenschaftliche Abhandlung, wird dann aber meist allein auf Werke des Tantrismus bezogen. Der Tantrismus stützt sich auf schriftliche und mündliche Überlieferungen, wobei alle Texte und Riten durch Gurus in Initiationen (*dīkṣā*) vermittelt und erläutert werden, wodurch unterschiedliche Schulrichtungen entstanden sind. Die schriftlichen Quellen gliedern sich in Sanskrit-Texte und Schriften in dravidischen oder modernen indischen Sprachen (vor allem Bengali). Eine große Anzahl der indischen Quellen sind ins Chinesische und Tibetische übersetzt und in diesen Sprachen über die Jahrhunderte erhalten worden. Die Texte erscheinen oft schwer verständlich: absichtliche Auslassungen, Kürzel für Mantras und uneinheitliche Symbolsprache sollen den Uneingeweihten und Unreifen von der tantrischen Praxis fernhalten. Die Tantras selbst sind meist anonym, doch die kompendienartige Kommentarliteratur nennt historisch greifbare Autoren. Außerdem sind tantrische Upaniṣaden, Hymnen und rituelle Handbücher bekannt.

2. Es muß zwischen buddhistischen und hinduistischen Tantras unterschieden werden, wobei es jedoch größte Ähnlichkeiten, Abhängigkeiten und wechselseitige Beeinflussungen gibt. Der Legende nach sind die meisten hinduistischen Tantras Lehrreden des Gottes Śiva an seine Gemahlin Devī, die Große Göttin, wohingegen die Śākta-Tantras überwiegend als Dialoge abgefaßt sind, in denen auch die Göttin den Gott belehrt. Diese Texte zeigen, daß die Tantras einerseits in der Tradition der vedischen Ṛṣis, aber andererseits auch in der Geschichte der tamilischen Siddhas verwurzelt sind. Tantrische Elemente (Kult der Muttergottheit, Fruchtbarkeitsriten, mantrische Magie, Schamanismus usw.) finden sich bereits in vorarischen indischen Stammeskulturen, in dravidischen Überlieferungen sowie in der Indus-Kultur. Viele unterschiedliche,

auch lokale Strömungen, vor allem dörfliche Traditionen und
wahrscheinlich auch Überlieferungen von Kulten, die Frauen
vorbehalten waren, haben zu dem geführt, was sich in der Herausbildung von umfassenden Systemen zwischen dem 5. und
10. Jahrhundert n.Chr. als Tantrismus etabliert hat. Der Einfluß des tantrischen Śāktismus auf ganz Indien und auch auf
den indischen Buddhismus fand im 8./9. Jahrhundert einen
eindrucksvollen Niederschlag in Literatur und Kunst.

Im 8. Jahrhundert patronisierten bengalische und assamesi-
sche Könige, vor allem die Pāla-Dynastie, den tantrischen
Buddhismus, der zu dieser Zeit auch nach Tibet kam. Diese
Blüte des tantrischen Buddhismus hatte Rückwirkungen auf
den Hinduismus – seit dem 9. Jahrhundert bildete sich in Kashmir eine Form des hinduistischen Tantrismus heraus, die sich
auf diese Entwicklungen zurückführen läßt: der sogenannte
Kashmir-Śivaismus. Mit Abhinavagupta, einem der bedeutendsten Philosophen Indiens überhaupt, erreichte er im
10./11. Jahrhundert seinen Höhepunkt. Der neuere Hinduismus vereint somit vedische und tantrische Elemente, die
in höchst komplexer Interaktion zusammen mit weiteren
Strömungen die fast unüberschaubar vielfältige Religionsgeschichte Indiens geprägt haben und noch prägen. Das
vedisch-brahmanische System hat die Tantriker oft der He-
terodoxie verdächtigt (sexuelle Praktiken, Ablehnung der
Reinheitsvorschriften, die das brahmanische Kastensystem
stützen), obwohl die Tantriker die vedische Offenbarung anerkannten.

3. Eine Untergliederung des Tantrismus ergibt sich aus der Zu-
gehörigkeit zu verschiedenen religiösen Gruppen und Systemen (Vaiṣṇavas, Śaivas, Śāktas, Buddhisten u. a.). Ferner bilden Gurus (in Tibet Lamas) eigene Schultraditionen. Im
Kashmir-Śivaismus gibt es die *krama*- und *kula*-Schulen, die
sich nicht in der Philosophie, wohl aber in der Kult- und Yo-
gapraxis unterscheiden. Seit etwa dem 13. Jahrhundert kommt
die Unterscheidung in einen »linkshändigen« (*vāma*) und
»rechtshändigen« (*dakṣina*) Tantrismus auf, wobei es um die

Frage geht, ob die ansonsten in der Religion verbotenen, im Tantra aber wegen der Philosophie der Einheit der Gegensätze und der Nicht-Dualität empfohlenen Praktiken tatsächlich ausgeführt oder nur imaginiert werden sollten. Auch im tibetisch-buddhistischen Tantrismus wurde diese Frage diskutiert, wobei es aber diesbezüglich nie zu einer klaren Schulbildung kam. Der praktische kultische Vollzug der fünf *makāras* (Genuß von Alkohol, Fleisch, Fisch, geröstetem Getreide und Geschlechtsverkehr) wurde im »rechtshändigen Tantrismus« untersagt, in Tibet ist dies weitgehend von den einzelnen Lama-Traditionen entschieden worden.

4. Die Philosophie des hinduistischen Tantrismus stellt gegenüber den klassischen sechs philosophischen Systemen des Hinduismus (*darśana*) kein eigenes System dar, sondern sie will Anweisungen zur Praxis der Befreiung geben, die in späteren Systemen nicht-dualistisch (*advaita*) gedeutet wurde. Der tantrische Nicht-Dualismus (Abhinavagupta) unterscheidet sich von dem vedantischen Nicht-Dualismus Saṃkaras vor allem dadurch, daß er

– die äußere Erscheinungswelt nicht als illusorische Bewußtseinsspiegelung (*vivarta*), sondern als reale Transformation der Höchsten Wirklichkeit (*pariṇāmavāda*) betrachtet, und
– der Leiblichkeit auf dem Weg zur Befreiung wesentliche Bedeutung zumißt sowie
– die nicht-duale eine Wirklichkeit in einer Polarität gleichwertiger negativer (*nivṛtti*) und positiver (*pravṛtti*) bzw. statischer und dynamischer Kräfte begreift.

Diese Philosophie bestimmt auch den indischen buddhistischen Tantrismus und ist in dieser Gestalt nach Tibet gelangt.

Dem Tantrismus eigen ist die zentrale Bedeutung des weiblichen energetischen Prinzips des Universums (*śakti*), das sich im hinduistischen Tantrismus als die Große Göttin darstellt. Bleiben wir noch kurz bei der hinduistischen Form des Tantrismus. Hier manifestiert sich die Śakti (weibliche Schöpfungsenergie) auf mannigfache Weise, aber für die tantrische Übung sind vor allem drei Aspekte dieser Urkraft wichtig:

- *icchā* (Wille, Verlangen – Schöpfung),
- *kriyā* (Handlung – Erhaltung),
- *jñāna* (Weisheit – Zerstörung der begrenzten Erscheinungen, Befreiung).

In den Hindu-Tantras sind *śiva*, das männlich-geistige ruhende Prinzip, und *śakti*, das weiblich-energetische dynamische Prinzip, untrennbar wie Feuer und Hitze, Baum und Schatten, Milch und weiße Farbe.[22] Die polare Einheit beider Aspekte wird durch unablässige Selbstbewegung erzeugt, so daß im Kashmir-Śivaismus *spanda* (die oszillierende Bewegung) als das in der Polarität von *śiva/śakti* gründende Prinzip der Einheit der Wirklichkeit in ihrer Vielfalt gilt.

Der Mikrokosmos des menschlichen Körpers entspricht dem Makrokosmos des Universums, wobei die Entsprechung bis zur Identifikation getrieben wird. Kein Aspekt der Wirklichkeit gilt deshalb als minderwertig. So heißt es: »Vollkommenheit wird erlangt (auch) durch das, was (sonst) zur Verderbnis führt«,[23] und zwar durch Transformation vermittels geistiger Sublimation. Der Tantrismus bedient sich dafür bewußt solcher Methoden, die im Brahmanismus rituell tabuisiert waren (die oben genannten *makāras*). Da im Kult und in der Yoga-Praxis das Männliche (und die Männer) mit Śiva, das Weibliche (und die Frauen) mit Śakti identisch werden, können Menschen unabhängig von ihrer Herkunft und jenseits ihrer kulturellen und sonstigen Begrenztheit ihre eigentliche Natur, nämlich ihre Göttlichkeit, erfahren. Dabei wurden folgerichtig auch die Kastenschranken – allerdings nur im Kult! – aufgehoben: »Im Kreis der Anbetung werden alle identisch wie die Flüsse, die in die Ganga strömen.«[24] Die Einheit der kosmischen Polarität wird in der androgynen Darstellung der Höchsten *Gottheit* (*ardhanarīśvara*) angeschaut und im ekstatischen Lebenselement der Sexualität nachvollzogen.

---

22 Kaulajñānanirṇaya 17, S. 8.
23 Kulārṇavatantra 5, S. 48.
24 Kulārṇavatantra 8, S. 98.

Fast alle diese Vorstellungen kennzeichnen auch den buddhistischen Tantrismus, mit dem Unterschied, daß die Geschlechterrollen weitgehend umgekehrt werden – das männliche Prinzip wird aktiv, das weibliche passiv oder empfangend. Außerdem wird die tantrische Vorstellung der Polarität zweier Grundkräfte in die buddhistische Philosophie der Leerheit eingefügt, was bedeutet, daß letztlich auch diese Polarität keine Substanz hat; sie ist aber eine geeignete Übungsform, um die Gegensätze des Bewußtseins und der menschlichen Erfahrung zu überwinden.

5. Wenn wir von tantrischer Praxis sprechen, so handelt es sich bei den hinduistischen wie buddhistischen Tantras um Anleitungen zu einem durch Ritus und Visualisationen begehbaren Weg zur schnellen Befreiung. Wesentliche Übungsmittel sind
– *mantra* (Klang-Konzentrationshilfen, die in ihrer Klangqualität Wirklichkeitsaspekte repräsentieren),
– *yantra* (Diagramme der Gottheiten, die Polaritätseinheit veranschaulichen),
– *cakra* (Energiezentren im menschlichen Körper, die entlang der Wirbelsäule die Lebensenergien bündeln und in sublimierter Form zur spirituellen Befreiungserfahrung führen),
– *mudrā* (Gesten, die psycho-physische Wirkungen induzieren und kosmische Muster abbilden sollen) sowie
– *nyāsa* (die Identifikation mit der Gottheit und Annahme der göttlichen Qualitäten im eigenen Körper, Psyche und Geist).

Größte Bedeutung für den tantrischen Übungsweg hat die Initiation (*dīkṣa*) durch einen Guru (in Tibet: Lama), der in ungebrochener Sukzession (*paramparā*) stehen muß und der nicht nur Wissen, sondern Kommunion mit dem Göttlichen vermittelt. Er ist das Medium für das Herabkommen bzw. Erwachen der geistigen Kraft, die dem Schüler zuteil wird. Der Lama prüft, ob der Schüler für die Einweihung reif ist, erst dann erteilt er Unterweisung. Er muß durch eigene spirituelle

Erfahrung, untadeligen Lebenswandel und Kenntnis der tantrischen Schriften qualifiziert sein. Auch Frauen können tantrische Meisterinnen und Schüler (*śiṣya*) sein – in Tibet sind besonders Yeshe Tsögyal, die Gefährtin Padmasambhavas (8. Jahrhundert),[25] Macig Labdrönma (1055-1149),[26] Shugsep (Lochen) Jetsünma (1826-1946) und aus jüngster Zeit Yeshe Dölma (geb. 1908)[27] zu erwähnen.

––––––––

25 E. P. Kunsang (Hg.), Die Geheimen Dakini-Lehren. Padmasambhavas mündliche Unterweisungen der Prinzessin Tsogyal, München – Bern: O. W. Barth 1995.

26 K. Kollmar-Paulenz, *Ma gcig lab sgron ma* – The Life of Tibetan Woman Mystic between Adaptation and Rebellion, in: The Tibet Journal Vol. XXIII, 2, Summer 1998, S. 11-32; G. Orofino (Hg.), Ma Gcig: Gesänge der Weisheit, Dietikon: Garuda 1998.

27 H. Havnevik, a. a. O., S. 239-251. Dies sind aber bei weitem nicht die einzigen tibetischen Frauen, die als bedeutende Tantrikerinnen in die Geschichte eingegangen sind; vgl. T. Allione, Tibets weise Frauen, München: Dianus Trikont 1986, und die bei Havnevik genannte Literatur. Allerdings muß betont werden, daß in der gesamten Überlieferungsgeschichte des tibetischen Buddhismus die Mönchsorden gegenüber den Nonnen und Tantrikerinnen dominierten. So soll es in Tibet Ende der 40er Jahre des 20. Jahrhunderts 618 Nonnenklöster mit 18 828 Nonnen gegeben haben, während die zahlreichen Mönchsklöster von bis zu 500 000 Mönchen bevölkert wurden. (J. Tsedroen, Frauen im tibetischen Buddhismus, Mskr. Tibet. Zentrum Hamburg 1998, S. 5) Den Mönchen kam im allgemeinen auch die höhere Bildung zu. Der Grund für dieses Ungleichgewicht ist erstens die allgemein niedrigere Stellung der Frau in allen öffentlichen Angelegenheiten der tibetischen Gesellschaft, zweitens die Tatsache, daß die vollständige Nonnenordination (skt. *bhikṣuṇī*, tibet. *dge slong ma*) in Tibet nicht (mehr) verfügbar war, sondern nur eine Art lebenslang bindende Ordination zweiten Grades (skt. *śramaṇerikā*, tibet. *dge tshul ma*). Genau dies ist heute anders: Auf Betreiben des 14. Dalai-Lama konnten bisher mehr als 20 tibetische Nonnen die vollständige *bhikṣuṇī*-Ordination durch chinesisch-(taiwanesische) Ordinationslinien erhalten und damit auch Zugang zu den höchsten Stufen des Bildungs- und Ausbildungsweges.

Tantrischer Buddhismus

Das Mahāyāna konnte auf Grund seiner geistigen Weite viele tantrische Elemente aufnehmen und sich in Indien zum tantrischen Buddhismus entwickeln. Der wesentliche Unterschied zum hinduistischen Tantrismus ist trotz vieler Ähnlichkeiten (Mythologien, Klassifikationsschemata, tantrische Physio-Psychologie, Pantheon) zweifach:

– Im hinduistischen Tantrismus ist die letzte Wirklichkeit ein seiendes Absolutes, das substantiell vorgestellt wird (*śiva/śakti*), während im buddhistischen Tantrismus in Übereinstimmung mit der Philosophie des Mahāyāna die Leerheit in bezug auf inhärente Existenz (*śūnyatā*) oberstes Prinzip ist.

– Die Motivation zur tantrischen Praxis ist im Buddhismus altruistisch, d. h., die Erlangung der Buddhaschaft wird von dem Willen, allen lebenden Wesen durch heilende Hinwendung (*karuṇā*) auf dem Weg zur Befreiung beistehen zu wollen (*bodhicitta*), abhängig gemacht.

Auf die Geschichte des tantrischen Buddhismus möchte ich hier nur kurz eingehen: Schon im Pāli-Kanon finden sich tantrische Elemente, aber erst nach der vollen Ausprägung des Mahāyāna entstanden im 4./5. Jahrhundert die großen buddhistischen Tantras und verbanden sich mit den beiden philosophischen Hauptschulen des Mahāyāna – Mādhyamaka und Cittamātra. Die Tradition schreibt sowohl *Nāgārjuna* (2. Jahrhundert n. Chr.) als auch *Asaṅga* (4. Jahrhundert n. Chr.) die Einführung der tantrischen Praxis in den Buddhismus zu. Tatsächlich lassen die Unterschiede der Systeme (Guhyasamāja, Hevajra, Kālacakra u. a.) auf räumlich und zeitlich verschiedene Entstehung schließen. Besonders vom 7. bis ins 10. Jahrhundert blühte der tantrische Buddhismus an den beiden großen buddhistischen Klosteruniversitäten Nālanda und Vikramaśīla in Nordindien. Von hier aus wurde er durch Śāntirakṣita und Padmasambhava im 8. Jahrhundert in Tibet eingeführt

(775 Gründung des Klosters Samye). Durch diese erste und die im 10. Jahrhundert erfolgte zweite Verbreitung (Rinchen Sangpo, 958-1055; Atīśa, 982-1054) wurde der tantrische Buddhismus die bestimmende Religion in Tibet und kam bis nach Zentralasien und in die Mongolei. Er breitete sich auch in Südostasien bis Bali sowie nach China, Korea und Japan aus (chin. *Hua-yen* und *T'ien-t'ai*, jap. *Kegon, Shingon* und *Tendai*).

Die indische und tibetische Tradition unterscheiden vier Tantraklassen: 1. Tantra der (kultischen) Handlung (skt. *kriyātantra*, tibet. *bya rgyud*), 2. Tantra der Vollzugspraxis (skt. *caryātantra*, tibet. *spyod rgyud*), 3. Yogatantra (skt. *yogatantra*, tibet. *mal'byor rgyud*), 4. Höchstes Yogatantra (skt. *anuttarayogatantra*, tibet. *mal'byor bla med kyi rgyud*). Zur vierten Gruppe gehört das letzte große Tantra, das Kālacakra-System, das im 9./10. Jahrhundert wohl in Zentralasien und möglicherweise unter manichäischem Einfluß entstanden ist. Die Legende führt es – wie alle Tantras – auf esoterische Lehrreden des Buddha Śākyamuni zurück und siedelt es in Südindien an. Es ist mit dem chiliastischen Mythos von Śambhala, dem irdischen Paradies, das nur dem geistig geläuterten Auge und Herzen sichtbar ist, verbunden.

Die buddhistische *Philosophie* interpretiert Tantra als Kontinuum, das sich als Bewußtseinsmatrix von der gewöhnlichen Person bis zum Buddha erstreckt. Die fundamentale Ebene desselben ist der »Geist des Klaren Lichtes« (tibet. *'od gsal*), der einen objektiven Aspekt, die Leerheit der Wirklichkeit in bezug auf inhärente Existenz, und einen subjektiven Aspekt, das Weisheitsbewußtsein, das diese Leere erfährt, hat. Durch Meditation werden die weniger subtilen Bewußtseinskräfte, die sich in dem einen Kontinuum manifestieren, gebündelt, so daß im Bewußtsein keine gewöhnlichen zerstreuenden Eindrücke mehr aufgenommen werden und keine Begriffsbildungen mehr entstehen, wodurch es dem Bewußtsein möglich wird, sich auf sich selbst zu richten. Tantra gilt als der Weg zur Befreiung, der in diesem einen Leben zum Ziel gelangen kann, weil man hier von vornherein alle Übungen mit einem Bewußtsein vollzieht, das ein ungleich höheres Energieniveau hat als die Bewußtseinsformen des Tagesbewußtseins. Dieses erhöhte Energieniveau wird erzeugt durch Identifikation mit den göttlichen Wesenheiten (*deva, lha*).

Tantra unterscheidet drei Aspekte des spirituellen Weges: die Basis, den spirituellen Weg selbst und die Frucht. Basis für das geistige Erwachen ist die latent in jedem Wesen befindliche Buddha-Natur (*buddhatvā* bzw. *tathāgathagarbha*, wörtl: »Schoß des So-Gekommenen«, also des Buddha), der Geistgrund der Lichthaftigkeit und klaren Erkenntnis. Diese Basis ist ein Potential, das durch den spirituellen Weg – die tantrische Übung in allen Aspekten – aktiviert wird, indem alle in das Bewußtsein eingedrungenen Verunreinigungen beseitigt werden. Die Frucht ist die Wirkung, nämlich der Wahrheits-Körper (skt. *dharmakāya*, tibet. *chos sku*) eines Buddha, in den jedes Wesen letztlich transformiert wird. Die Vollendung ist erreicht, wenn alle Beschmutzungen des Geistes (skt. *kleśa*, tibet. *nyon mongs*) beseitigt sind.

Neben dem *dharmakāya*, der in Weisheits-Wahrheits-Körper (skt. *jñānadharmakāya*, tibet. *ye shes chos sku*) und Wesens-Wahrheits-Körper (skt. *svabhāvikakāya*, tibet. *ngo bo nyid sku*) unterteilt wird, um den Unterschied zwischen wesenhafter und verwirklichter Vollendung anzudeuten, gibt es die Ebene des feinstofflichen Emanationsbereichs (skt. *saṃbhogakāya*, tibet. *longs sku*) und die materiellen Manifestationskörper (skt. *nirmāṇakāya*, tibet. *sprul sku*, gesprochen Tulku). Die gesamte Wirklichkeit entspricht diesem Stufenaufbau, der eine nicht-dualistische Sicht von materiellen und geistigen Vorgängen erlaubt. Die tantrische Ur-Polarität wird ikonographisch als sexuelle Vereinigung (tibet. *yab yum*, Vater-Mutter) dargestellt und erscheint im tantrischen Buddhismus als die Einheit von Methode (Skt. *upāya*, tibet. *thabs*) und Weisheit (skt. *prajñā*, tibet. *shes rab*), wie oben schon angedeutet wurde. Im Gegensatz zum hinduistischen Tantrismus ist hier das männliche Prinzip das aktive. Das männliche Prinzip wird im Kult durch das Diamantzepter (skt. *vajra*, tibet. *rdo rje*), das weibliche Prinzip durch die Glocke (skt. *ghaṇṭā*, tibet. *dril bu*) symbolisiert, wobei während der Gebete die Hände, die Glocke und Vajra

halten, immer wieder überkreuzt werden, um die Wechselseitigkeit der beiden Prinzipien zu symbolisieren.

Wie gesagt, als Methode schlechthin gilt die altruistische Intention des Strebens nach Erwachen und Befreiung (*bodhicitta*). Inbegriff dieses Strebens ist die Liebe und heilende Hinwendung (*karuṇā*) des Übenden zu allen Lebewesen. Durch
diese Motivation und die nun folgenden Visualisationsübungen der Identifikation mit einer höheren Wesenheit (Gottheit)
erlangt der oder die Übende den Form-Körper eines Buddha
(*nirmāṇakāya*), d. h. die Emanationsgestalt des Erwachten. Dabei beruht die tantrische Praxis auf einem einfachen psychologischen Prinzip: Womit man sich identifiziert, dazu wird man,
d. h., der Geist wird durch die Inhalte geformt, denen sich
das Bewußtsein aussetzt. Wir denken von uns als gut oder
schlecht, als hoch oder niedrig, und nach geraumer Zeit rufen
solche Vorstellungen Wirkungen hervor, die bleibende Prä-
gungen des Charakters hinterlassen. Wer sich mithin als ein
höheres geistiges Wesen versteht, wer – im Bilde gesprochen –
den Schmetterling bereits in der Verpuppung erkennen kann,
entwickelt eine geistige Kraft, die das unklare, zerstreute
und schwankende Tagesbewußtsein mit seinen wechselnden
Selbstbildern übersteigt. Genau diese Kraft ist es, die es dem
Geist ermöglicht, so intensiv zu meditieren, daß sich ein Weisheitsbewußtsein entwickelt. Der Inbegriff oder Inhalt der
Weisheit des Tantra ist die Einsicht in die nicht-inhärente
Existenz alles Wirklichen, die Erfahrung der Leerheit (skt. *śūnyatā*, tibet. *stong pa nyid*), durch die man den Wahrheitskörper
eines Buddha (*dharmakāya*) verwirklicht.

Dieser Verwirklichung steht aber die Tendenz des Bewußtseins entgegen, sich in seiner Ich-Verblendung zu behaupten
und dieselbe durch Begierde und Haß aufrechtzuerhalten. Inbegriff der Verblendung ist, daß das Ich aus sich selbst zu existieren glaubt, daß es sich also für eine autarke und autonome
Instanz hält, die sich aggressiv Geltung verschaffen müsse.
Damit gebärdet sich das Ich als »Gegenkraft« zur wahren
Wirklichkeit. Schon in den alten indischen Mythen waren
die Gegenkräfte gegen die göttliche Ordnung als Dämonen

(*rakṣasa*) bezeichnet worden. Diese dämonischen Kräfte werden nun im tantrischen Buddhismus als Kräfte eines abgespaltenen Bewußtseins verstanden, die letztlich durch die Ich-Behauptung im genannten Sinne zustande kommen, und sie werden als Dämonen visualisiert, damit sie verschwinden, wenn sie genau wahrgenommen und in ihrer Nichtigkeit erkannt worden sind. Im tantrischen Buddhismus neu war nun aber die Praxis, auch in Buddhas und hochstehenden benevolenten Gottheiten einen schrecklichen Aspekt ikonographisch darzustellen und zu visualisieren, was diese als Herukas erscheinen läßt. Diese *zornvollen Formen und Emanationen des Buddha* symbolisieren seine Macht, das Negative zu überwinden; sie stehen für den inneren Kampf, den der Mensch in seinem Bewußtsein auszufechten hat, erscheinen aber gleichzeitig als »äußere« Mächte, denn es geht nicht nur darum, daß Menschen ihre individuellen Fehler überwinden müssen, sondern darum, daß die universal wirksamen Kräfte der Verblendung, der Gier und des Hasses mit machtvollen Gegenmitteln neutralisiert und überwunden werden.

Das eben Gesagte ist der Kern des Tantrismus, und darum wollen wir diese komplexen Vorstellungen noch einmal mit andern Worten verdeutlichen: Die Praxis der Identifikation mit höheren Wesen (Gottheiten) im tantrischen Buddhismus setzt, wie schon gesagt, neben dem erwähnten *bodhicitta* die Übung der Sechs Vollkommenheiten (skt. *pāramitā*, tibet. *pha rol tu phin pa*), die schon genannt wurden, voraus. Hat ein Übender diese – meist als »vorbereitende Übungen« bezeichneten – Schritte gemeistert, darf der buddhistische Tantriker im Vajrayāna nun den Yoga der göttlichen Wesen (skt. *devayoga*, tibet. *lha'i rnal 'byor*) praktizieren, d. h. die meditative Identifikation mit subtil-körperlichen Wesen (*saṃbhogakāya*) üben, die den feinstofflichen Form-Qualitäten eines Buddha entsprechen und im Tantra oft in geschlechtlicher Vereinigung der männlichen und weiblichen Gestalt visualisiert werden. Die bis ins kleinste Detail von Farbe, Form, Bewegung und Klang veranschaulichten Wesen sind Objekte der Meditation, bis sich der Übende mit Körper, Rede und Geist der betreffenden göttlichen Wesenheit, mit der er gewöhnlich über mehrere Leben hinweg als persönlicher Gottheit (skt. *iṣṭadevatā*, tibet. *yi dam*) verbunden ist, vereint hat. Er entwickelt dabei das göttliche Selbstbewußtsein dieses höheren Wesens (tibet. *lha'i nga rgyal*). Statt des gewöhnlichen Tagesbewußtseins wird dieser energetisch erhöhte Bewußtseinszustand für die stabilisierende Meditation des Ruhens des Bewußtseins auf einem Punkt (skt. *śamatha*, tibet. *zhi gnas*) und die analytische Meditation der Einsicht in die Leerheit (skt. *vipaśyanā*, tibet. *lhag mthong*) benutzt. Die tantrische Visualisierung dient der Erzeugung eines erhöhten Bewußtseinszustandes, durch den die Erfahrung der Leerheit schneller vollzogen werden kann als gewöhnlich, ja Tantra beansprucht, daß seine Methode die Entwicklung zur Buddhaschaft in diesem einen Leben ermöglicht.[28]

Das Welt- und Menschenbild im tantrischen Buddhismus

Jedes menschliche Leben unterliegt dem Leiden des endlichen Daseins, doch trägt jeder Mensch keimhaft die Buddhaschaft, d. h. die letztgültige Befreiung vom Leiden, bereits in sich. Im Tantra kommt es nun darauf an, zwei Dinge, die wir normalerweise trennen, miteinander zu verbinden, nämlich den eigenen unvollkommenen Bewußtseinszustand und den Bewußtseinszustand des Buddha. Zunächst geschieht das in der Imagination, später dann in der tatsächlichen Bewußtseinserfahrung. Tantra arbeitet mit Entsprechungen und Identifikationen, wobei, wie gesagt, makrokosmische Vorgänge in Entsprechung zum menschlichen Mikrokosmos gesehen werden. Dabei folgen die Tantras den klassischen bud-

---

28 M. Shaw weist darauf hin, daß schon aus diesem Grund Frauen in ihrer weiblichen Gestalt den Männern gleichberechtigt an die Seite gestellt werden müssen, weil sie andernfalls vom tantrischen Weg ausgeschlossen wären, was nicht der Fall ist (Shaw, a. a. O., S. 27).

dhistischen Einteilungen psychologischer und kosmischer Art. Als Grundmatrix dient das Schema der fünf *skandhas* (Gestalt, Empfindung, Wahrnehmung, Charakterprägung, Bewußtsein), die Aspekte der Person darstellen. Ihnen entsprechen die fünf Tathāgatas bzw. »Buddhafamilien«, die fünf Arten geistiger Gifte, die fünf Arten von Erkenntnis usw. So sind die fünf Gifte – der Entsprechung halber – eine Erweiterung der ursprünglich drei grundlegenden Verunreinigungen (*kleśa*) des Bewußtseins, nämlich Verblendung, Geiz, Gier, Neid und Haß. Um sie zu überwinden, muß man sich ihnen ganz konkret stellen, indem man sie visualisiert – in Farben, Formen und mit entsprechenden Attributen versehen. Durch die Imagination des jeweiligen Gegenmittels werden diese Kräfte sodann transformiert in ihr positives Gegenteil. Dabei geht Tantra von der Einsicht aus, daß abstrakte Vorstellungen und gute Vorsätze allein nicht genügen, um das Bewußtsein zu verwandeln, sondern daß konkrete Bilder vorgestellt und die betreffenden Gefühlszustände im Kult geradezu dramatisch erzeugt werden müssen, um die Transformation des Geistes zu erzielen. Positive Bewußtseinszustände wie Liebe, Freude, entspannte Ruhe und Gelassenheit kann man nicht direkt erzeugen und durch den Willen herbeiführen, so wie man auch nicht durch eine Willensanstrengung den Schlaf erzwingen kann. Vielmehr wird das Gegenteil – Haß, Sorge, Unruhe, Angst – genau angeschaut, analysiert und im genannten Sinne visualisiert, wodurch diese Zustände sich von allein auflösen und das Gegenteil, also Liebe, Freude usw. zum Vorschein tritt, weil dies der wahren Natur des unverkrampften Geistes entspricht.

Die fünf Tathāgatas

An einem Beispiel, nämlich den *fünf Tathāgatas* (tibet. *rgyal ba rigs lnga*), soll dies verdeutlicht werden.[29] Ihre systematische

---

29 Dazu G. Tucci, Indo-Tibetica III, 1, Roma: ISMEO 1934 und D.-I. Lauf, Geheimlehren tibetischer Totenbücher, Freiburg: Aurum ³1979, S. 123-132.

Festlegung geht auf das 4./5. Jahrundert in Indien zurück. Sie repräsentieren verschiedene Aspekte des Buddha, der Welt (die fünf Himmelsrichtungen und Elemente) und des Menschen (die fünf *skandhas*). Sie werden in ihren Zuordnungen von Farben und Eigenschaften nicht gleich behandelt, wir folgen hier der Systematik des *Guhyasamāja-Tantra*.[30] Die fünf Tathāgatas sind zeitlos, daher stets gegenwärtig und gleichzeitig transzendent, sie werden auch *jīnas* (Überwinder) genannt. Sie werden in Maṇḍalas[31] angeordnet und haben dabei jeweils

– eine eigene »personale« Gestalt (*saṃbhogakāya*),
– verwalten ein »Reines Land« (Zwischenreich) und
– sind tantrische »Kondensationen« von Energie.

Akṣobhya:

der Unerschütterliche, im Osten (im Sanskrit »vorn«, *pūrva*), berührt oft mit der rechten Hand die Erde und symbolisiert damit das Feste und Solide. Er hat die Farbe Blau, und sein Reittier (*vāhana*) ist der Elefant. Er ist mit dem *Wasser*element verbunden. Sein Zwischenreich im Osten trägt den Namen *Abhirati* (Freude); als Herr dieses Zwischenreiches hält er in der rechten Hand die Almosenschale, was ihn als Ordensoberhaupt dieses Bereiches ausweist. Er steht für Bewußtsein (*vijñāna skandha*) und, insofern das individuelle Bewußtsein die Abgrenzung von anderen bedeutet, für den Haß, der überwunden werden muß und von dem er das Bewußtsein reinigt. Sein Mantra lautet *Vajradhṛk* (*vajra*-tragend), d. h., das vorerst noch individuelle und unvollkommene Bewußtsein ist die Voraussetzung dafür, daß sich der Mensch seines unzerstörbaren *vajra*, der Buddha-Natur, bewußt werden kann. Das Erwachen zur Buddha-Natur kommt einer Verschmelzung der Gegensätze im Urgrund gleich, und dies wird durch die sexuelle Vereinigung der männlichen und der weiblichen Gestalt

---

30 P. Gäng (Hg.), Das Tantra der Verborgenen Vereinigung. Guhya-samāja-Tantra, München: Diederichs 1988.

31 M. Brauen, Das Mandala. Der Heilige Kreis im tantrischen Buddhismus, Köln: Du-Mont 1992.

dieses Tathāgata symbolisiert (skt. *yuganaddha*, tibet. *yab-yum*). Die Partnerin ist *Locanā*, sie sitzt ihm zugewandt auf seinem Schoß und umfaßt ihn mit beiden Beinen und Armen, wobei er hinter ihrem Rücken Diamantzepter (*vajra*) und Glocke (*gaṇṭā*) in den Händen gekreuzt hält (Vereinigung), während sie Schädelschale (*kapāla*) und *vajra* trägt.

Vairocana:
  der Sonnengleiche, befindet sich im Zentrum, ist weiß und somit völlig transzendent. Im Zentrum sitzend vereinigt er die Qualitäten der anderen in sich, er gilt daher als Urgrund (Vater) der anderen. Er hat vier Gesichter, mit denen er allwissend (*sarvavid*) in alle Richtungen blickt und sie verbindet, und hält meist das Rad der Sonnenscheibe in den Händen, denn er ist der Quell aller Energien und repräsentiert das feinstoffliche *Raumelement* (*Äther*). Seine Weisheit wird dargestellt, indem sich seine Hände zum Gestus der höchsten Erleuchtung (*bodhyaṅgīmudrā*) formen, d. h., der Zeigefinger der rechten (männlichen) Hand wird von den Fingern der linken (weiblichen) Hand umschlossen, wie das Eine von der Vielfalt des *saṃsāra* umhüllt und das Zentrum (*Vairocana*) von den vier anderen Richtungen umgeben wird. Diese Geste symbolisiert das Durchschauen der Trennungen und Spaltungen des *saṃsāra* und damit die Vereinigung der Gegensätze, was wiederum *auch* sexuell gedeutet wird. Daß es sich aber hier primär um eine Darstellung menschlicher Genitalität handeln würde, wäre eine ganz abwegige Annahme, denn es geht um den Eros, der die Einheit des Kosmos darstellt, also um Befreiung durch Weisheit. An Vairocanas Thron wird meist die ruhende Sonnenkugel, flankiert von Löwen, dargestellt, denn der Löwe ist sein Reittier. Vairocana sitzt im Zentrum des Maṇḍala der fünf Tathāgatas und symbolisiert schon dadurch den Ursprung von allem. Er ist die Vollendung, und darum gebietet er auch nicht über ein (vorläufiges) Zwischenreich. Seine Partnerin (*prajñā*, Weisheit) ist *Ākāśadhātvīśvarī* (die Herrin über das Äther-Element), die in geschlechtlicher Vereinigung auf ihm sitzt und die Schädelschale (*kapāla*) sowie das Hackmes-

ser (*kartṛ*) in Händen hält, während er Rad (*cakra*) und Glocke
(*ghaṇṭā*) trägt.[32] Im Guhyasamāja-Tantra steht er (als Sonne)
auch für das Sichtbar-Machende, d. h. für die gestaltete Form
(*rūpa skandha*) oder die Körperlichkeit, da ohne Körper be-
wußte Existenz und damit Erwachen nicht möglich wäre.
Identifikation mit dem Körper würde aber Verblendung bedeuten, da ja die erlebte körperliche Identität und Kontinuität
die Illusion eines dauerhaften Ich unterstützt. Alle Waffen der
Gottheiten und Göttinnen wie Hackmesser, Schlinge, Wurf-
geschosse, Keule usw. symbolisieren im Tantra die Mittel
zur Überwindung des Dämons des Ich-Wahns. Vairocana ist
Inbegriff des Sieges über die egozentrische Verblendung, sein
Glanz steht für das Ende dieser Verblendung, und sein Mantra lautet darum: *Jinajik* (siegreich-siegend).

Ratnasaṃbhava:

der mit dem Wunschjuwel (*ratna*) Geborene, sitzt im Süden,
d. h. rechts vom Osten (*dakṣina*), mit einem Juwel in der Linken, der als flammenartiger Stein bzw. »Denkjuwel« (*cintāma-
ṇi*) dargestellt wird. Dieser Stein erfüllt jeden Wunsch, der im
Denken auftaucht, daher formt seine rechte Hand die Gewäh-
rungsgeste (*varadamudrā*). Seine Farbe ist Gelb, und er ist mit
dem *Erdelement* verbunden. Er ist Herrscher des südlichen
Zwischenreiches. In dieser Funktion wird sein Wunschjuwel
durch drei Edelsteine (*triratna*) ersetzt, die den *Buddha*, die
Lehre (*dharma*) und die Gemeinschaft der Übenden (*saṃgha*)
symbolisieren, außerdem hält er hier in der Linken die Almosenschale. Sein Reittier ist meist ein weißes Pferd, gelegentlich
auch ein Löwe. Die zu ihm gehörige Prajñā heißt *Māmakī*. Er

---

32 Die ikonographischen Details der Waffen (Hackmesser, Dolch,
Diskus-Rad usw.) gehen auf alte (z. T. vedische) Überlieferungen
in Indien zurück. Mit diesen Waffen bekämpfen die *devas* (Götter)
die *asuras* (Dämonen), in der psychologischen Deutung der
buddhistischen Bewußtseinsphilosophie stehen sie für die geistigen Waffen, mit denen der Mensch seine Verblendungen und Illu-
sionen, vor allem den Ich-Wahn, bekämpfen muß.

hält Glocke und Juwel in den Händen, sie (verdeckt) Schädelschale und Hackmesser. Er steht für den *skandha*-Bereich der
Empfindungen (*vedanā*), wobei der Edelstein nicht nur als
Kostbarkeit zu deuten ist, sondern auch die Wechselhaftigkeit
der Empfindungen symbolisch darstellt, denn er kann, wie
der alchemistische Stein der Weisen, jede Qualität annehmen,
da er selbst keine eigene hat. Er läutert den Stolz und die Ichhaftigkeit und gewährt die Weisheit der Gleichheit. Das Mantra lautet *Ratnadhṛk* (Juwel-tragend).

Amitābha:

dessen Glanz unermeßlich ist, gilt als Herr der Welt (*Lokeś-
vara*), dessen Lebenszeit unermeßlich ist, und in diesem
Aspekt heißt er auch *Amitāyus* und residiert im Westen, d. h.
im Mandala hinten (*paścima*). Seine Farbe ist Rot wie die im
Westen untergehende Sonne. Darum ist er mit dem *Feuer*
verbunden. Er hält die Hände in Meditationshaltung (*dhyā-
namudra*) im Schoß übereinandergelegt, wie der historische
Buddha Śākyamuni. Er ist der Herr des westlichen Zwischenreiches, das reine Glückseligkeit ist (*sukhāvatī*), und als solcher
hält er die Almosenschale, aus der Früchte hervorquellen (*sukha*), in den meditierenden Händen. Am Fuß seines Thrones
sind weitere Attribute für diese Lebensfülle und Fruchtbarkeit
zu sehen: der Lotos (*padmā*), der Reinheit und Schönheit symbolisiert, und der Pfau (*mayūra*) als Reittier. Der Pfau steht für
die Erhabenheit über alle Gefahren, denn in Indien ist der
Glaube verbreitet, daß der Pfau gegen Gift gefeit ist. Seine
Prajñā ist *Pāṇḍarā*, die Schädelschale und Hackmesser in den
Händen hat, während er Glocke und Almosenschale hält.
Amitābha ist eine Ausnahme unter den Tathāgatas, denn er
ist nicht überzeitlich, sondern hat sich – in mythischer Zeit –
seine Stellung karmisch erarbeitet: Als Bodhisattva Dharmā-
kara hat er das Gelübde (*praṇidhāna*) geschworen, für diejenigen, die ihm vollkommen vertrauen, kraft seiner Verdienste
ein Buddhaland (*kṣetra*) zu erschaffen, in dem sie ohne Behin-
derung den *dharma* praktizieren und so ohne Verzögerung ins
nirvāṇa eingehen können. Amitābha steht für die unterschei-

dende Wahrnehmung (*saṃjñā*), durch die mentale Bilder und gegensätzliche Vorstellungen entstehen, die der Mensch auf die Wirklichkeit projiziert. Weil jede Wahrnehmung Verlangen und die Möglichkeit zu Annäherung und Kontakten in sich trägt, steht er für die lustvolle Begierde, die durch ihn mittels der »Klarheits-Weisheit« überwunden wird. Sein Mantra ist *Ārolik*, was unübersetzbar ist, oft aber als »zum vollkommenen Erkennen gelangt« gedeutet wird.

Amoghasiddhi:
der über den Erfolg der Unverblendeten verfügt bzw. Erfolg bringt, sitzt im Norden, d. h. links (*uttara*). Seine Farbe ist Grün; die rechte Hand hält er in der Geste der Furchtlosigkeit (*abhayamudrā*), während die Linke im Schoß liegt, gelegentlich aber einen Doppelvajra oder ein Schwert hält. Seine Prajñā ist Tārā, die wir bereits erwähnt haben. Sie hält eine Schädelschale und den Doppelvajra (*viśvavajra*) in Händen. Amoghasiddhi ist mit dem Element der *Luft* verbunden, und sein Begleittier ist der mythische Vogel Garuḍa, der mit dem Wasser assoziiert wird, weshalb dieser Tathāgata auch mit den Nāgas (Schlangenwesen) dargestellt wird, die im unteren Zwischenbereich zwischen dem Wasser und der Erde residieren. Sein nördliches Zwischenreich spielt allerdings weder im Kult noch in den Visualisationen eine große Rolle. Er steht für die karmischen Bildekräfte, d. h. für die Charakterprägungen (*saṃskāra skandha*), die sich aus Willensimpulsen ergeben. Er verbindet, denn erst im praktischen Verhalten wird die Gemeinsamkeit mit anderen hergestellt. Sein Mantra lautet *prajñādhṛk* (Weisheit tragend), da auch das spontane Erkennen nicht einfach passiv, sondern Resultat praktischer Bemühung ist.

Die Meditation mit diesem Mandala, das in seiner vielfältigen Symbolik die Einheit und Vielgestaltigkeit der Welt und des Menschen repräsentiert, soll das Bewußtsein von seinen Verblendungen reinigen und die Erfahrung der Nicht-Dualität ermöglichen. Dazu werden zahlreiche vorbereitende Übungen praktiziert, die hier nicht im einzelnen dargestellt werden können. Sie haben alle zum Ziel, die Kostbarkeit des Lebens als

Mensch zu vergegenwärtigen, denn nur in der Form des menschlichen Bewußtseins haben die Lebewesen eine Möglichkeit, das *nirvāṇa* zu erlangen und die Verblendung des anhaftenden und festhaltenden Ichs zu überwinden.

Das Chö-Ritual

Der Überwindung des Ego dient auch das berühmte tantrische Selbstopfer, das im Chö-Ritual (*gcod*, wörtl. »Abschneiden«) durch meditative Imagination vollzogen wird.[33] Es soll historisch auf die berühmte Meditationsmeisterin Macig Labdrönma (1055-1149) zurückgehen, die wir bereits erwähnt haben. Bei diesem imaginativen Opfer des eigenen Körpers geht es darum, alles Anhaften an scheinbar feste körperliche und psychische Formen zu überwinden. Der Körper wird als Nahrung für die Dämonen und Gottheiten visualisiert, dabei wird in allen Einzelheiten die Zerstückelung der Körperteile und die Befreiung des lichthaften Geistes vorgestellt. Die Übung dient dazu, jegliches Anhaften am Vergänglichen, d. h. an körperlichen Prozessen und Empfindungen, aufzugeben, da die Sinne des Körpers einen falschen Eindruck von der Wirklichkeit vermitteln: sie zerschneiden die Wahrnehmung in widersprüchliche Fragmente und verdecken die Wirklichkeit der Einheit.

Bei der Übung wird ein Lichttropfen oberhalb des Nabelzentrums visualisiert, auf dem die schwarze Göttin in Gestalt der Vajrayoginī steht. Sie trägt ein Hackmesser in der Hand, das alle Knoten des Anhaftens zerstört. In der Imagination vereint sich der meditierende Mensch mit der Göttin und läßt ihre Kraft durch die Fontanelle in den Raum strahlen. Dabei werden die drei Grundsilben *Oṃ-Aḥ-Huṃ* rezitiert, die in

---

33 Daß es sich nicht um ein Frauenopfer (Trimondi [Röttgen], a. a. O. S. 108-110), sondern um ein Selbstopfer bzw. Opfer der Ichhaftigkeit handelt, ist aus den Texten und der Praxis klar ersichtlich. Vgl. A. Herrmann-Pfandt, Dākinīs, Bonn: Indica et Tibetica 1992, S. 259 ff.

mantrischer Qualität die Fülle des Universums symbolisieren. In Verbindung mit diesem Klang zertrennt die Göttin die Schädelschale und zerstört damit die drei Unreinheiten oder Grundgifte Gier, Haß und Unwissenheit, die verhindern, daß Menschen die Wirklichkeit mit klarem Bewußtsein wahrnehmen können, so wie sie ist. Mithin kann man sagen, daß das individuelle Ich, das sich durch Gier, Haß und Unwissenheit selbst behauptet, in der Visualisation getötet bzw. »geopfert« wird, damit die Entgrenzung des Bewußtseins möglich wird. Der Ritus ist ein visualisierter »Exorzismus«, doch wird hier nicht ein externer böser Geist ausgetrieben, sondern das aus den drei Unreinheiten des Geistes geformte Ego.

Die Chö-Übung entspricht der Wahrnehmungspsychologie und der Vorstellung von Leerheit und Nicht-Ich im Mahāyāna; im tibetischen tantrischen Buddhismus kommt aber noch hinzu, daß die einzelnen geistigen Qualitäten und Impulse gestalthaft *visualisiert* und durch Klänge sowie Handgesten (*mudrā*) sinnlich wahrnehmbar gemacht werden. Solche Übungen sind psychisch nicht ungefährlich und werden darum nur von eingeweihten und vorbereiteten Adepten unter kompetenter Anleitung vollzogen.

Bewußtseinsveränderung

Im Tantra geht es vor allem um die Trennung von *saṃsāra* und *nirvāṇa*, damit der Mensch Befreiung erfahren kann. Denn jede Erfahrung ist abhängig von dem erfahrenden Bewußtsein, d. h. von der Art und Weise, wie das Bewußtsein sich selbst interpretiert. So bedeutet Befreiung, die Bewußtseinsstruktur zu verändern, denn indem sich das Bewußtsein bzw. die Gewohnheiten des Bewußtseins verändern, wird das wahrnehmende und interpretierende Selbstbewußtsein in ein alles umfassendes Buddhabewußtsein verwandelt. Es werden also nicht die Eigenschaften des Bewußtseins als solche transformiert, sondern die Art und Weise, auf die das Bewußtsein die Eigenschaften betrachtet, d. h. die »Seh-Gewohnheiten« des Bewußtseins. Nicht die Veränderung der äußeren

Verhältnisse, sondern die Transformation der Art und Weise, wie das Bewußtsein die Verhältnisse wahrnimmt und interpretiert, ist das Ziel der buddhistischen Praxis.[34] Daraus folgt dann eine Veränderung der Beziehung des Menschen zu sich selbst, seiner Mitwelt und seiner Umwelt, also die Verwandlung der Verhältnisse, innerer wie äußerer. Daß hier ein Widerspruch von Anspruch und Wirklichkeit existiert, in der Geschichte des tantrischen Buddhismus wie in der Geschichte anderer Religionen auch, ist offenkundig. So konnten zum Beispiel die tantrischen Übungen auch als Rückzug in eine weltabgewandte Innerlichkeit mißdeutet werden, für die äußere soziale Verhältnisse und die in ihnen wirkenden Unterdrückungsmechanismen uninteressant sind. Daß dies aber eine grobe Verzerrung der Lehre des Buddha ist, liegt auf der Hand. Denn zwei Voraussetzungen sind unerläßlich für die tantrische Transformation des Bewußtseins,[35] nämlich

– das Loslassen starrer Konzepte und Vorurteile sowie
– die selbstlose Hingabe für das Wohl *aller* anderen Lebewesen.

Denn nur auf diese Weise kann ja die Einsicht in die gegenseitige Abhängigkeit aller Lebewesen und Erscheinungen, in ihre Leerheit also, erlangt und im alltäglichen Leben praktiziert werden. Wer an seiner Ichbezogenheit und an den festen Vorstellungen über die Welt festhält, mißbraucht Tantra für egozentrische Zwecke, und das wäre genau das Gegenteil dessen, worauf es im Buddhismus ankommt.

Der spirituelle Meister (Lama)

Die Kompetenz zur tantrischen Praxis kann nicht durch Lektüre allein erworben werden. Im Tantra spielt vielmehr die

---

34 Dagyab Kyabgön, Tantrische Realität, Koordinaten des Tantra, in: Chökor. Tibetischer Buddhismus im Westen, Nr. 25, Okt. 1998, S. 6-13.
35 Dagyab Kyabgön, a. a. O., S. 7.

Initiation (Kraftübertragung) durch den tantrischen Meister (Guru, Lama) eine entscheidende Rolle. Er stellt auf der subtilen Bewußtseinsebene den unmittelbaren Kontakt zum subtilen Bewußtsein des Schülers her, um so die tieferen Aspekte des Bewußtseins zu aktivieren. Das bedeutet, daß dem Schüler bei der Initiation weder etwas in sein Bewußtsein hineingepflanzt noch daß ihm etwas entzogen wird, sondern es wird das aktiviert, was in ihm bereits potentiell angelegt ist. Der Buddhismus vergleicht diese Geistübertragung mit dem Entzünden der Kerze an einer anderen Kerze: Ein Energieimpuls wird gegeben, wodurch das im Schüler latente Buddhabewußtsein in ein aktives Buddhabewußtsein verwandelt wird. Wer ohne die notwendigen Vorbereitungen durch das Sūtra-Studium und ohne die Hilfe durch einen erfahrenen Meister sich selbst als Gottheit visualisiert, steht in der Gefahr, daß sein Ich inflationär aufgeblasen wird, daß er im Zirkel seiner Phantasien befangen bleibt, daß sich seine Ichbezogenheit verstärkt und der Betreffende, wie es im Buddhismus heißt, in die tiefste aller Höllen fallen wird. Aus diesem Grunde sind die tantrischen Übungen nur möglich im Rahmen eines Netzes von Regeln und Riten, die wiederum durch den Lama bzw. die monastische Gemeinschaft aufgestellt und kontrolliert werden.

Der Lama achtet besonders darauf, daß der Schüler nicht »vom Boden abhebt« und die Einheitserfahrung an die körperliche Erfahrung zurückbindet. Wir hatten gesehen, daß Barmherzigkeit (*karuṇā* bzw. *bodhicitta*) und Weisheit (*prajñā*) *gleichzeitig* entwickelt werden müssen. *Bodhicitta* richtet sich auf das Leiden im Daseinskreislauf, das man alltäglich erfährt, es ist die Erfahrung des Schmerzes in der Welt; Leerheit (*śūnyatā*) zeigt das wahre Wesen der Wirklichkeit jenseits des Leidvollen. Leerheit allein zu meditieren genügt nicht, weil der Handelnde erst durch *bodhicitta* die innere Hingabebereitschaft und gefühlsmäßige Einheit mit allen Wesen verwirklicht, und *bodhicitta* bedarf der Einsicht in die Leerheit, weil nur so die Wurzel des Leidens erkannt und überwunden werden kann. In den Tantras werden unentwegt die engen Verbindungen von Leerheit (*śūnyatā*), *bodhicitta* und großer Glückseligkeit (*mahāsukha*) betont. Dabei ist die große Glückseligkeit die Auswirkung von *bodhicitta*, d. h., sie darf niemals ein auf sich selbst bezogenes Greifen nach Dingen sein, um durch deren Genuß Glück zu erfahren, sondern sie ist die Identifikation und Einswerdung mit allen Wesen, zunächst im Schmerz, dann in der Glückseligkeit. Am Ende des tantrischen Weges steht die Erkenntnis, daß zwischen Schmerz und Glückseligkeit, zwischen *saṃsāra* und *nirvāṇa* kein prinzipieller Unterschied besteht. Das Wesen des Tantra ist die Dynamik, die in der Einheit der Gegensätze, in der Einheit von samsarischer und nirvanischer Bewußtseinserfahrung, in der Einheit von dem, was Leid verursacht, und dem, was Glück verursacht, besteht. Dies wird nun mit äußerst drastischen Mitteln gerade an den Kräften exemplifiziert, die das Leben bestimmen, ganz besonders an der Sexualität. Die massiven erotischen Bilder, in denen sich auch das Häßliche mit dem Lustvollen vereint, sind nur in diesem Zusammenhang zu verstehen. Buddhistische Tantra-Praxis bedeutet gerade nicht, Machtgewinn für sich selbst zu suchen, ein Selbst, das es ja zu überwinden gilt, sondern Hingabe an die Dynamik des Lebens, die sich auch in der Sexualität manifestiert. Aber Sexualität meint hier nicht den Lustgewinn für das je einzelne Subjekt, das sich im sexuellen Akt selbst bestätigen würde, sondern sie verbindet es mit dem Kraftstrom, der durch die Welt hindurchgeht, diese aus sich heraus gestaltet und auch wieder in sich zurücknimmt, d. h. gebiert und zerstört.[36] Im Tantra geht es um die Erkennt-

---

36 Ein grobes Mißverständnis der Tantras besteht darin zu meinen, daß sie eine subtile Form des egozentrischen Lustgewinns seien. Das Gegenteil ist der Fall, und die Tantras warnen stets, daß derjenige, der die Überwindung des Ego nicht praktiziert, den größten Fehler begeht, wenn er sich auf Tantra einläßt und genau das Gegenteil von Befreiung erfährt. Aus diesem Grunde sind die Tantras geheimgehalten worden, denn die Gefahr, daß ein Bewußtsein, das noch am Ego, d. h. am Machtstreben für sich selbst, hängt, die Übungen mißbraucht, ist zweifellos groß. In der Geschichte hat es solche Probleme und dementsprechende Warnungen immer wieder gegeben.

nis: Werden und Vergehen, Schöpfung und Zerstörung sind nur zwei Seiten ein und derselben Sache.

Praxis der tantrischen geschlechtlichen Vereinigung

In den vorbereitenden Übungen wird, wie wir bereits sagten, der Geist des Altruismus (*bodhicitta*) entwickelt, d. h., der Übende muß in der Tiefe seines Herzens erfahren, daß er nicht etwas für sich selbst im Gegensatz zu anderen Wesen erlangen will. Die sich daran anschließende Vollendungsstufe (*dzog rim*) ist die Meditation und die Intensivierung der Energien des subtilen Körpers und des subtilen Bewußtseins. Diese Übungen sind so komplex, daß sie nur in unmittelbarer Gemeinschaft und in Präsenz des Lama geübt werden, denn man arbeitet mit den feinstofflichen Energien, den inneren Kanälen und Energiebewegungen, die an bestimmte Zentren der Energien (*cakra*) sowie ihre Manifestationen, die »Tropfen« (*tigle*), gebunden sind. Dabei kommt es auf die Aktivierung und Verschmelzung der unterschiedlichen Energieströme (*rlung*) an, die den Körper in unzähligen Kanälen durchfließen und nicht selten durch psychische Hemmungen blockiert sind. In diesen Rahmen gehören die Verschmelzungen der »weißen« und »roten« polaren Energien, die als Flüssigkeiten vorgestellt und mit sexuellen Vorgängen assoziiert werden. Äußerlich verbinden sich der männliche Partner und die weibliche Partnerin entweder real oder in der Imagination. Aber innerlich müssen die weiblichen und die männlichen Energien in *jedem* Menschen verschmelzen. Gewiß ist es hier auch zu Mißbrauch und Ausbeutung (vor allem der Frauen) gekommen, weil die Tradition fast gänzlich durch männliche Überlieferungslinien weitergegeben worden ist. Der geforderte unbedingte Gehorsam gegenüber dem Lama trug und trägt ein übriges dazu bei, daß Abhängigkeiten entstehen und nur schwer überwunden werden können.[37] Aber das ist der Mißbrauch, nicht der eigentliche Gebrauch des Tantra.

---

37 Dazu J. Campbell, Traveller in Space, a. a. O., und Trimondi

Die polare Geschlechtlichkeit des Menschen ist ein wesentlicher Ausdruck der Polaritäten, die das Leben des Kosmos, des Menschen und auch der Sprache und des Bewußtseins bestimmen: ob Subjekt und Objekt, ob links und rechts, außen und innen, dunkel und hell, Himmel und Erde, männlich und weiblich – immer sind die Kontrastpaare so angelegt, daß sie in ihrer Einheit die Ganzheit menschlicher Erfahrung symbolisieren. So ist die geschlechtliche Erfahrung des Menschen ein Schlüssel für die gereifte Erfahrung von Welt überhaupt. Dies liegt den Übungen der tantrischen »Vollendungsstufe« zugrunde. Je nach Tradition und je nachdem, ob ein übender Mensch an die Mönchs- bzw. Nonnengelübde gebunden ist oder nicht, wird die tantrische geschlechtliche Partnerschaft körperlich vollzogen oder aber nur visualisiert. Da die körperlich vollzogene geschlechtliche Vereinigung aber subtile Energien einer »Großen Glückseligkeit« freisetzt, die das Bewußtsein subtil beeinflussen und damit die Erfahrung der Leerheit, wie oben gesagt, schneller Gestalt gewinnen kann, betonen viele Tantras, daß eine real-körperliche sexuelle Verschmelzung der Visualisierung geschlechtlicher Vereinigung vorzuziehen sei. Diese Praxis bezweckt aber nicht, wie bereits dargestellt, den individuellen Lustgewinn, gar auf Kosten des Partners oder der Partnerin, sondern sie ist sakramentaler Ausdruck der polaren Einheit der Wirklichkeit.

Dagyab Rinpoche beschreibt die Methode der Vollendungsstufe lapidar wie folgt: »Das subtilste Bewußtsein im Zustand der Großen Glückseligkeit erfaßt die Leerheit.«[38] Und die Meditation über die Leerheit ist nun das, was das subtilste Bewußtsein ausmacht. Mit dieser hohen Energie eines subtilen Bewußtseins die Leerheit zu erfahren bedeutet große Glückseligkeit. Hier herrscht vollkommene Nicht-Dualität und Einung aller Bewußtseinsebenen – der Meditierende ist das Me-

(Röttgen), a. a. O., die eine Reihe von Skandalen des bekanntgewordenen Mißbrauchs zitieren.

38 Dagyab Kyabgön, a. a. O., S. 8. Auch die folgenden Ausführungen orientieren sich an diesem Text.

ditierte geworden und erfährt es gleichzeitig. Jeder Dualismus
ist aufgehoben.

Dzogchen

Wir wollen nun ein wichtiges tantrisches Meditationssystem,
das in der Nyingma-Schule entwickelt wurde, kurz vorstellen:
Dzogchen (rdzog chen), die »Große Vollkommenheit«.[39] Ein bedeutender Systematiker dieses Systems ist *Longchenpa (Klong
chen Rab 'byams-pa,* 1308-1363) gewesen. Im Dzogchen sind Elemente der klassischen tantrischen Praxis (vorbereitende
Übungen, Visualisationen) verbunden mit der Philosophie
der Leerheit, wie sie von Nāgārjuna formuliert wurde, außerdem sind Einflüsse aus dem chinesischen Ch'an erkennbar. Es
geht darum, die ursprüngliche Reinheit des Geistes, die
Buddha-Natur, die durch geistige Verunreinigungen nur verdeckt ist, offenzulegen. Das heißt, daß das Wesen des Geistes
gleichzeitig als essentiell rein (*ka dag*) und vollkommen spontan (*lhung grub*) betrachtet wird. Dzogchen ist somit der Zustand absoluter Leerheit, die ursprungslos ist und keinerlei
gesonderte Gestalten (auch keine visualisierten Buddhas) enthält. Sie entfaltet sich als reine Bewußtheit (*rig pa*), denn in der
Reinheit, der vollkommenen Leere, sind alle positiven Attribute des Geistes spontan wirksam. Leerheit ist also nichts Ne-
gatives, sondern ein vollkommenes Durchdrungensein aller
Aspekte der Wirklichkeit in ihrem Wechselspiel, ein unend-
licher Prozeß, der doch nichts anderes ist als die immerwäh-
rende Einheit. Wer dies in der eigenen Erfahrung realisiert,
transformiert sämtliche alltäglichen Erfahrungen in diese einheitliche transzendente Bewußtheit (*ye shes chen po*). Dzogchen
will nicht einen langen Stufenweg lehren, sondern die direkte
und plötzliche Realisierung dieses Geisteszustandes erfahren,
die in jedem Augenblick möglich ist, wo Leerheit (*śūnyatā*) und

---

39 Khetsun Sangpo Rinpoche/Jeffrey Hopkins (Hg.), Tantric Practice in Nying-ma, London: Rider 1982, bes. S. 186 ff.

Barmherzigkeit (*karuṇā*) vollkommen eins sind. Der Irrtum des Menschen besteht darin, diesen Geisteszustand nicht zu kennen, sondern an den Spiegelungen der sich unablässig selbst erzeugenden Bewußtseinsbewegungen anzuhaften. Das bedeutet: Man hängt sich an Einzelaspekte des Lebens sowie an die wertenden Unterscheidungen, woraus wiederum karmische Verknüpfungen entstehen, die zu zahllosen Wiedergeburten führen. Die Einheit aber ist unveränderlich, und ihr Symbol ist das Diamantzepter (*vajra*). Die Dzogchen-Übung soll ein spontanes, unmittelbares Erwachen bewirken, und damit ist sie durchaus etwas anders als der graduelle Stufenweg (z. B. Tsongkhapas *Lam rim*), wie wir ihn in anderen tibetisch-buddhistischen Meditationssystemen finden. Dennoch gibt es auch bei Dzogchen vorbereitende Übungen wie beispielsweise die Meditation über die Unbeständigkeit des Lebens, die vertrauensvolle Hinwendung zu einem Lehrer, das Durchschneiden der Fesseln des Anhaftens (*gcod*), Visualisierungen der Meditationsgottheiten (z. B. die *Vajrayoginī*) sowie des Lama. Besonders radikal ist die bereits im vorigen Abschnitt erwähnte *Chöd*-Übung (*gcod*), die weit verbreitet ist und keineswegs nur im Zusammenhang mit der vollständigen Dzogchen-Praxis auftritt.

3. DAS KĀLACAKRA-TANTRA UND DER ŚAMBHALA-MYTHOS

An dieser Stelle sollen das Kālacakra-Tantra und der Śambhala-Mythos etwas ausführlicher erläutert werden, denn der 14. Dalai-Lama hat die Initiation in dieses Tantra weltweit durchgeführt und damit öffentlich bekannt gemacht, um einen Beitrag zur Harmonie und zum Frieden in der Welt zu leisten. Aber gerade darum gibt es bezüglich dieses Tantra und des Śambhala-Mythos nun Deutungen, wonach der Dalai-Lama als Kālacakra-Meister (»Herr der Zeit«) die Weltherrschaft anstrebe und das mythische Reich Śambhala als »Buddhokratie« durch einen Weltkrieg in die historische Realität zwingen wolle.[40] Aber Mythos ist nicht Geschichte, Utopie ist nicht Ideologie, und der Tantra-Meister ist nicht ein Diktator, der die Initianden ihres freien Willens und ihrer Energien berauben würde.

Das Kālacakra-Tantra und der Śambhala-Mythos sind ursprünglich nicht identisch, haben aber im Verlauf der Überlieferungsgeschichte einander beeinflußt und ergänzt. Das Kālacakra-Tantra wie auch Vorformen des Śambhala-Mythos haben Ursprünge in Zentralasien und in Indien. Damit verschmolzene rituelle Praktiken und Erzählkomplexe konnten sich vor allem in Zentralasien allmählich zu hochgradig synkretistischen Traditionen verbinden, und in dieser Verbindung konstruieren sie einen buddhistischen Mythos der Geschichte, der einen deutlich eschatologisch-apokalyptischen Zug hat.

Kālacakra-Tantra

Das *Kālacakra-Tantra*[41] ist eines der letzten großen tantrischen Systeme, deren Ursprung nicht genau bekannt ist, aber einige Wurzeln verweisen auf den zentralasiatischen Raum. Das Tantra könnte dort im 9. oder 10. Jahrhundert entstanden, später nach Indien gelangt und dort systematisiert worden sein. Möglicherweise aber sind die Anfänge des Tantra in Indien zu suchen, so daß die zentralasiatischen Ergänzungen sekun-

---

40 Trimondi (Röttgen), a. a. O., S. 641 ff.
41 B. Banerjee, Shri Kalacakratantra-Raja, Calcutta 1985; Dalai-Lama/J. Hopkins, The Kalachakra Tantra, London: Wisdom 1985; B. Simon (Hg.), The Wheel of Time. The Kalacakra in Context, Madison: Univ. of Wisconsion 1985; J. R. Newman, The Outer Wheel of Time: Vajrayāna Buddhist Cosmology in the Kālacakra Tantra, Madison: Univ. of Wisconsin 1987; M. Brauen, Das Mandala. Der Heilige Kreis im tibetischen Buddhismus, Köln: DuMont 1992; J. Nattier, Once upon a Future Time. Studies in a Buddhist Prophecy of Decline, Berkeley: Asian Humanities Press 1991.

där wären. Das Geschichtsbild läßt iranischen und möglicherweise manichäischen Hintergrund erkennen, denn es baut auf
dem Dualismus guter und böser Kräfte auf, wobei das Gute in
einem großen apokalyptischen Endkampf unter Führung
eines »messianischen« Herrschers der Endzeit siegen wird.
Dieser Mythos hat sich, vom Iran aus, nach Westen ausgebreitet und die abrahamischen Religionen beeinflußt, und er ist
auch nach Osten gewandert und hat sich im Kālacakra-System niedergeschlagen, während die übrigen buddhistischen
Schulen und Systeme ein solches apokalyptisches Geschichtsbild nicht kennen. Der ursprüngliche Mythos wurde allerdings schon zur Entstehungszeit des Kālacakra-Systems mit
historischen Erfahrungen verschmolzen: Im 8. Jahrhundert
n.Chr. fielen muslimische Invasoren unter Mahmūd von Ghaz-
ni in Indien ein und zerstörten in den folgenden Jahrhunderten beinahe alle buddhistischen Zentren (Klöster, Klosteruniversitäten, Stūpas) in dieser Gegend, was zur Auslöschung des
Buddhismus in Indien wesentlich beigetragen hat. Diese traumatische historische Erfahrung der Buddhisten spiegelt sich
im Kālacakra-Tantra und seiner Deutung wider: Die Kräfte
des Bösen wurden historisch mit der islamischen Militärmacht identifiziert, und die Hoffnung auf eine Umkehrung
der Lage in einer großen Schlacht der Endzeit (die nach tibetischen Quellen für das Jahr 2425 n.Chr. errechnet werden
kann[42]) kristallisierte sich um die utopische Erwartung einer
neuen, gerechten und dem *dharma* gemäßen Herrschaft im
Friedensreich Śambhala. Das Kālacakra-Tantra wurde späte-
stens im Jahr 1027 von dem kashmirischen Brahmanen Soma-
natha in Tibet eingeführt, und seine Überlieferungsgeschichte
ist mit Atīśa, Tsongkhapa und den Dalai-Lamas verbunden.

Freilich ist das Kālacakra-Tantra nicht die einzige buddhistische Tradition, die eine gewaltsame Auseinandersetzung
zwischen den Kräften des Guten und des Bösen in der Endzeit erwartet. Schon viel früher, möglicherweise bereits seit
dem 2. Jahrhundert n.Chr.,[43] wurde die Kauśāmbī-Geschichte

---

42 Nattier, a. a. O., S. 60.

tradiert, die allerdings wohl erst im 8. Jahrhundert wiederum im Zusammenhang mit der Invasion durch islamische Eroberer historisiert wurde: Einst werden drei Könige Jambudvīpa (Indien) beherrschen, ein buddhistischer und zwei nicht-buddhistische. Diese werden die Buddhisten unterdrücken und schließlich in einem großen Kampf vom buddhistischen König vernichtet werden. Der buddhistische Sieger-König läßt alle Mönche des Landes in der Stadt Kauśāmbī zusammenkommen, um ein großes Fest zu feiern. Doch die vielen Mönche entpuppen sich als Wölfe im Schafspelz, denn sie studieren und meditieren den *dharma* längst nicht mehr, sondern sind allein an materiellen Vorteilen interessiert. Nur zwei Mönche, Sūrata und Śiṣyaka, sind noch wirklich praktizierende buddhistische Mönche, aber sie und ihre Anhäger geraten in Streit über die Auslegung der Mönchsregel: Sūrata plädiert für eine genaue Einhaltung aller Vorschriften, während Śṣyaka für eine liberale Auslegung der Regeln optiert und dieselben an die veränderten Umstände anpassen möchte. In dem Streit werden beide Mönche getötet, und damit ist in diesem Zeitalter der *dharma* auf der Erde ausgelöscht.

Diese Art religiöser Geschichtsmodelle und ihre Übertragung auf politische Erfahrungen sind im Buddhismus durchaus nicht ungewöhnlich. Denn der Buddhismus verstand sich von Anfang an auf dem Hintergrund der indischen Lehre von den vier Zeitaltern (*yuga*). Danach verläuft die Geschichte in absteigenden Zeitaltern, d. h., daß die Lebenskraft, die Gerechtigkeit und die Praxis der Religion ständig abnehmen, bis die politischen und religiösen Verhältnisse unerträglich geworden sind. Wir leben gegenwärtig im degenerierten Zeitalter (*Kāliyuga*), das – buddhistisch gesprochen – zum Ende kommen wird, wenn die Kraft des *dharma* erloschen ist und schließlich ein neuer Buddha erscheint, um die Ordnung in der Welt wiederherzustellen. Die Zeitskalen variieren in den Überlieferungen, aber am Prinzip besteht kein Zweifel. Dieser

---

43 E. Lamotte, Histoire du bouddhisme indien, Louvain: Institut Orientaliste 1958, S. 217 ff.; Nattier, a. a. O., S. 146 ff.

Dekadenztheorie steht nun aber eine partielle *Progressionstheorie* gegenüber,[44] denn der Kreislauf des *saṃsāra*, d. h. der Verkündung und des allmählichen Verfalls des *dharma*, seiner Wiederbelebung usw., setzt sich zwar ohne Ende fort, gleichzeitig aber erscheinen (im Mahāyāna) Bodhisattvas in der Welt, die immer effizienter wirken, um den Menschen, die der Befreiung entgegenstreben, zu helfen. So ist der zukünftige Buddha Maitreya in gewisser Weise eine Steigerung gegenüber dem Buddha Śākyamuni, denn er verkörpert die Einheit von Weisheit und Liebe in neuer Weise. Ein Abnehmen des *dharma* einerseits und vermehrte Möglichkeiten zur Überwindung des Leidens andererseits, das ist die polare Spannung, die den Mahāyāna-Buddhismus geprägt und jeweils unterschiedliche teleologische Geschichtsdeutungen freigesetzt hat. Das im Kālacakra-Tantra entwickelte Modell ist nur eines unter vielen.

Das Weltbild und die Praxis des Kālacakra-Tantra lassen zwei Ebenen erkennen: Die zeitliche Ebene der historischen Wirklichkeit und die überzeitliche Erfahrung des Bewußtseins, das alle widerstreitenden Aspekte von Raum und Zeit integriert hat. Im Mittelpunkt des im Ritual (Maṇḍala) vergegenwärtigten Kosmos befindet sich der Weltenberg Meru, die *axis mundi*, in der alle räumlichen und zeitlichen Ausdehnungen, mithin alle widersprüchlichen Dimensionen des Lebens (gut/böse) vereint und transzendiert sind. Hier ist die Residenz der Kālacakra-Gottheit, die genau diese Einheit der Gegensätze symbolisiert – alle Zeiten existieren hier und jetzt zugleich in dieser Einheit, d. h., die Kālacakra-Gottheit symbolisiert das ewige Jetzt. Die kosmisch angeschaute Ordnungsstruktur wiederholt sich in der Erscheinungswelt millionenfach in allen Einzelwesen, vor allem im Menschen, der analog zum Kosmos aufgebaut ist und – »wie im Himmel so auf Erden« – die Gegensätze und Polaritäten in sich selbst integrieren muß. Gelingt dies, ist ein Stück Welt »heil« gewor-

---

44 M. v. Brück/W. Lai, Buddhismus und Christentum. Geschichte, Konfrontation, Dialog, München: C. H. Beck 1997, S. 336 ff.

den und damit ein Beitrag zur Harmonie, zur Einheit, zum
Frieden geleistet. Dem dient, wie gesagt, die Kālacakra-Initia-
tion,[45] die äußerst komplex ist, weil alle Erscheinungen der
Wirklichkeit in das System integriert sind. In intensiven Medi-
tations- und Visualisationsübungen, die etwa eine Woche lang
täglich mehrere Stunden dauern, wird der Tantrameister identisch mit der Kālacakra-Gottheit und gibt in dieser Form die
Initiation. Der Adept soll im Verlauf der Übung ebenfalls
durch Rezitation von Mantras, Visualisationen, gegenstands-
lose Meditation, Beobachtung und Interpretation seiner Träu-
me und theoretische Belehrungen über den Stufenweg zur Erleuchtung durch den Tantrameister die Identifikation mit der
allumfassenden Kālacakra-Gottheit vollziehen. Der Meister
ist in diesem Ritual also nur derjenige, der auf dem Weg führt,
und wenn die Initiation vollzogen ist, hat der Schüler die gleichen Qualitäten erreicht wie der Meister. Auf diese Weise sollen alle, die an dem Ritual teilhaben, der Wandlung zur Buddhaschaft bereits in diesem Leben teilhaftig werden. Kālacakra ist
eine feinstoffliche Emanation des Buddha unter dem Aspekt
der Zeit und der Überwindung der Zeit. Das Kālacakra-Tantra
ist also ein allumspannendes mikro-makrokosmisches Psy-
chogramm, das die Wirklichkeit als Emanationsgefüge des universalen Bewußtseins begreift, wobei der Initiand durch Visualisationen und kultische Handlungen die in ihm ruhenden
Geist-Potentiale wecken und zur Erfahrung der Erleuchtung
bzw. vollkommenen psycho-physischen Transformation kommen soll.

Der Ritus besteht aus 15 Einzelinitiationen, die in 11 Initia-
tionsschritten zusammengefaßt werden. Am Anfang steht die
Steigerung der Bewußtseinsintensität des Initianden (Reinigung); entscheidend ist die Visualisation, selbst die Gottheit

---

45 Dieser Zusammenhang ist die Grundlage für die Aussage des Da-
    lai-Lama, daß er die Kālacakra-Initiationen als einen »inneren
    Beitrag zum Weltfrieden« gibt. (Dalai-Lama, Das Buch der Frei-
    heit. Die Autobiographie des Friedensnobelpreisträgers, Ber-
    gisch-Gladbach: Lübbe 1990, S. 252.)

zu sein. Der Ritus bleibt aber nicht bei dieser Abstraktion stehen, sondern wird konkret: die unterschiedlichen menschlichen Qualitäten und Energien werden als göttliche Kräfte aufgefaßt, die an verschiedenen Stellen des Kālacakra-Maṇḍalas (und imaginiert im eigenen Körper) plaziert werden. Das Maṇḍala hat fünf »Stockwerke«. Sie symbolisieren Körper, Rede, Geist, ursprüngliches Bewußtsein und das Bewußtsein der vollkommenen Seligkeit des Initianden. Folgende Initiationen, die dem in Indien rituell vergegenwärtigten Reifungsweg des Kindes zum Erwachsenen verglichen werden, sind wichtig:

1. *Wasserinitiation*: Sie wird von den fünf Partnerinnen (*yum*) der fünf Tathāgatas gewährt, deren Wesen und Bedeutung wir schon beschrieben haben. Dadurch werden die fünf Elemente Erde, Wasser, Feuer, Luft und feinstofflicher Raum gereinigt. Die weibliche Gottheit wird imaginiert als Mutter, die das eben geborene Kind mit Wasser reinigt. Während dieser und der nun folgenden Kroneninitiation schaut der Initiand das weiße nördliche Gesicht Kālacakras und imaginiert sich als die weiße Gottheit Vajradhara.

2. *Kroneninitiation*: Sie wird von den fünf männlichen Tathāgatas gewährt, die hier als Lehrer der Bodhisattvas, Herren der verschiedenen Paradiese, in denen man wiedergeboren werden möchte, und als Basis für den Formkörper (*nirmāṇakāya*) eines Buddha angerufen werden. Dadurch werden die fünf *skandhas* gereinigt. Bei diesem Ritus wird eine fünfzackige tantrische Krone auf das Haupt gesetzt, die wiederum die Tathāgatas repräsentiert. Der Text des Tantra vergleicht diesen Ritus mit dem zeremoniellen Binden der Haare eines Kindes, das inzwischen schon gewachsen, d. h. gereift ist. Dabei soll ein nicht-konzeptuelles Weisheitsbewußtsein entstehen.

3. *Seidenbandinitiation*: Sie wird von den zehn weiblichen göttlichen Kräften (*śakti*) gewährt, die damit die zehn wichtigsten Energieströme (skt. *prāṇa*, tibet. *rlung*) im psycho-physischen

System des Menschen reinigen. Die Imagination vergleicht dies mit dem Ritus des Ohrendurchstechens und dem Anlegen der Ohrringe beim Kinde.

4. *Diamantzepter-Glocke-Initiation* (*vajra-ghaṇṭha*): Sie wird von Kālacakra und seiner Partnerin (*yum*) Viśvamatā (»Allmutter«) gewährt, wobei beide in sexueller Vereinigung vorgestellt werden. Damit werden der linke und der rechte feinstoffliche Energiekanal (*iḍā* und *piṅgalā*) entlang der Wirbelsäule gereinigt, denn diese Energien geraten durch psycho-physische Verspannungen in Verstrickung und Bindungen, die einen zentrierten und einheitlich-gleichmäßigen Energiefluß verhindern, was dazu führt, daß sich das Bewußtsein an einzelne äußere Objekte der Wahrnehmung und des Handelns verliert. In der Imagination wird dieser Ritus mit dem ersten Lachen und Sprechen des Kindes verglichen.

5. *Handlungsmuster-Initiation*: Sie wird von weiblichen und männlichen Bodhisattvas gewährt und reinigt, wie auch die sechste Initiation, die sechs Sinneskräfte und Sinnesobjekte (Auge, Ohr, Nase, Zunge, Tastsinn, mentales Bewußtsein [das aus den Einzelempfindungen mentale Bilder erzeugt]).
   Diese Stufe wird verglichen mit einem Kind, das sich erstmals an Sinnesobjekten erfreut und sie begehrt, nämlich: angenehme Gestalten, Töne, Gerüche, Geschmäcker, Berührungs- und Denkobjekte. Die Initiation erfolgt am östlichen Tor des Maṇḍala, wo das entsprechende Gesicht Kālacakras geschaut wird.

6. *Namensinitiation*: Sie wird von sechs *zornvollen* weiblichen und männlichen Gottheiten gewährt und reinigt die sechs Handlungspotentiale (Mund, Arm, Beine, Anus, Urinieren und sexuelle Potenz) sowie die entsprechenden Handlungen. Diese Stufe wird verglichen mit der Namensgebung eines Kindes, weil der Lama am Ende dieser Initiation dem Initianden einen Einweihungs-Namen in Übereinstimmung mit der Tathāgata-Familie, zu der er nun gehört, gibt. Der Lama hat hier

also die Rolle der Eltern übernommen. Während durch diese das physische Leben weitergegeben wird, kommt durch den Lama das spirituelle Leben.

7. *Ermächtigungs-Initiation*: Sie untergliedert sich in mehrere Einzelinitiationen, die durch Vairocana, Vajrasattva (Kālacakra) und Prajñāpāramitā (Viśvamatā) gewährt werden. Sie ermöglicht durch Reinigung der tieferen Bewußtseinsebenen den Eintritt in das Seligkeits-Bewußtsein, und zwar in das *ursprüngliche* Bewußtsein wie in das Bewußtsein, das durch Übung *erlangt* wird. Hier werden die Initianden aufgefordert, die Lehre an alle Lebewesen weiterzugeben, und in der Imagination wird daher diese Stufe mit dem Vater verglichen, der sein Kind zum Lesen auffordert.

Daran schließen sich verschiedene Initiationen mit Vasen an. Wir können nicht auf die Einzelheiten der feinstofflichen Energien und Körperflüssigkeiten eingehen, die im Körper bewegt und schließlich vereinigt werden, sondern wollen nur einige wesentliche Aspekte der sexuellen Symbolik erläutern,[46] die für die Vereinigung des männlichen Partners (*yab*) mit der weiblichen Partnerin (*yum*), der männlichen und weiblichen Energie, des weißen und roten *bodhicitta*, der Samenflüssigkeit und des Blutes steht.[47] Das Männliche steht im buddhistischen Tantra für aktive Energie, das Weibliche für passive Bewußt-

---

46 Zum Folgenden vgl. M. Brauen, a. a. O., S. 116-120; F. D. Lessing/A. Wayman, Introduction to the Buddhist Tantric Systems, Delhi: Motilal Banarsidaß 1973, S. 317-325; D. L. Snellgrove, The Hevajra Tantra. A Critical Study, Part I, London: Oxford Univ. Press 1959, S. 24 ff.; M. Shaw, Passionate Enlightenment. Women in Tantric Buddhism, Princeton: Princeton Univ. Press 1994, bes. S. 149-178.

47 Wiederum muß auch hier zwischen einem körperlich praktizierten und einem visualisierten Ritual unterschieden werden. Der Dalai-Lama als voll ordinierter Mönch unterliegt dem Zölibatsgelübde und vollzieht die Initiation ausschließlich durch Visualisierung.

heit. Die tantrische Partnerin heißt auch *mudrā* oder *prajñā*.
Wird der tantrische Ritus mit einer Partnerin auf der körperlichen Ebene vollzogen, spricht man von *karmamudrā*, wird
die Vereinigung hingegen visualisiert, heißt sie *prajñāmudrā*.[48]
Auch hier werden verschiedene Stufen und Aspekte des Weiblichen (Schönheit, Fruchtbarkeit, Reife usw.) unterschieden,
die durch das Alter der Partnerin symbolisiert werden.[49] Sowohl bei der körperlichen wie bei der imaginierten Vereinigung der Geschlechter kommt es darauf an, daß die Energie
(Samenflüssigkeit, *śukra*) nicht nach außen verschleudert wird,
sondern durch die inneren feinstofflichen Energiekanäle (*nā-
ḍī*) entlang der Wirbelsäule in die Kraftzentren (*cakra*) gelangt,
damit die Verschmelzung des Aufstrebenden und des Hinab-
fließenden, des Männlichen und des Weiblichen in der Herz-
gegend erfolgt. Die innere Verschmelzung der Energie ist
mit der Empfindung von Wärme (tibet. *gtu mo*) und einem Ge-
fühl der Glückseligkeit (skt. *sukha*, tibet. *bde ba*) verbunden.[50]
Nur so kann die angesammelte Trägerenergie (skt. *prāṇa*, tibet.
rlung) für ein tieferes bzw. umfassendes Bewußtsein aktiviert
werden. Handelt es sich hier nun um eine sexuelle Ausbeutung
der Partnerin, weil in den Tantras beschrieben wird, wie der
männliche Partner seine Zeugungsenergie zurückhält und zusätzlich die Energie der Partnerin »ansaugen« soll?[51] Die Ant-

---

48 Ob die Visualisierung der Vereinigung genügt oder der sexuelle
   Kontakt rituell vollzogen werden muß, wird auch in der Gelugpa-
   Schule unterschiedlich beantwortet: Vgl. M. Shaw, a. a. O.,
   S. 145-148.

49 Wenn in einigen Tantras die sexuelle Vereinigung mit einer
   Zwölfjährigen empfohlen wird, so ist zu bedenken, daß zu jener
   Zeit in Indien die Mädchen bereits mit elf oder zwölf Jahren im
   Heiratsalter waren.

50 Die Empfindung bei der feinstofflichen Verschmelzung der polaren Energien soll sich grundsätzlich vom Lustempfinden unterscheiden, das der Mann bei der physischen Ejakulation und die
   Frau beim Orgasmus hat.

51 M. Shaw, a. a. O., S. 250 A. 86, zitiert Texte und einen modernen
   (hinduistischen) Interpreten, die belegen, daß die Verschmelzung

wort ist klar, wenn man bedenkt, daß Kālacakra und Viśvamatā, wie oben gesagt, für die beiden Energiekanäle entlang der
Wirbelsäule (*īḍā* und *piṅgalā*) stehen, die ihre Kraft in den Zen-
tralkanal (*avadhūtī* bzw. *suṣumnā*) einspeisen und dort veschmel-
zen. Die beiden Kanäle existieren im feinstofflichen Körper
eines jeden Menschen, Mann wie Frau. Männer wie Frauen sollen in den tantrischen Übungen die polaren Energien aktivieren und verschmelzen lassen. Daß die Symbolik, durch die das
Geschehen veranschaulicht wird, von der männlichen Seite
her konzipiert ist, hängt mit der Traditionsbildung zusammen,
bedeutet aber *vom Prinzip* des Tantra her keine Benachteili-
gung der Frauen. Infolgedessen können Männer wie Frauen
den Übungen des Kālacakra-Tantra folgen, um eine Bewußt-
seinsenergie der Einheit zu erlangen, mit der die Leerheit (*śūnyatā*) der Erscheinungen im oben genannten Sinne direkt
erfahren werden kann. Es kommt nicht nur auf die Interpretation der Symbole an, sondern auf die Erfahrung einer tieferen
Bewußtseinsebene. Das, und nichts anderes, ist der Sinn von
Tantra.

Śambhala

Der Śambhala-Mythos[52] hat indische Ursprünge und ist in
Zentralasien mit dem Gesar-Epos[53] und dem eschatologisch-

---

der Energien und »Flüssigkeiten« zwischen den Partnern auf
Wechselseitigkeit beruht.

52 A. Grünwedel, Der Weg nach Shambhala, München 1915; E.
Bernbaum, The Way to Shambhala, Los Angeles: Tarcher 1980;
P. Bishop, The Myth of Shangri-La, London: The Athlone Press
1989; K. Kollmar-Paulenz, Shambhala – Das verborgene Königreich im Norden Tibets, in: Novalis 7/8 1995, S. 41-46.

53 Gesar ist der Held eines großen tibetisch-mongolischen Epos. Er
ist ein Beschützer des buddhistischen Dharma und wurde mit
dem zukünftigen Herrscher von Śambhala identifiziert. Vgl. M.
Hermanns, Das Nationalepos der Tibeter Gling König Gesar, Re-
gensburg: Josef Habbel 1965.

apokalyptischen Geschichtsbild des Kālacakra-Tantra verschmolzen worden. Wahrscheinlich spiegelt Śambhala auch Erinnerungen aus dem vor-buddhistischen Tibet wider, das von
der Religion der Bön geprägt war. Zweifellos hängt dieses mythische Reich und seine Königsdynastie mit der Avatāra-Lehre
im Hinduismus/Viṣṇuismus zusammen. Danach manifestiert
sich der höchste Gott Viṣṇu in zehn klassischen Inkarnationen
(*avatāra*, »Hinabsteigen«), um auf der Welt dem *dharma*, d. h.
Gerechtigkeit, Ordnung und religiöser Praxis, zum Sieg gegen
die Dämonen zu verhelfen. Zu den Inkarnationen zählt Kṛṣṇa,
der Friedenskönig Rāma und der zukünftige und letzte Avatar
Kalki, der schon im Mahābhārata Erwähnung findet. Er wird
kommen und in die Geschichte eingreifen, wenn die Verhältnisse auf der Welt völlig gesetzlos geworden sind. Diese alte indische Vorstellung ist auch im Buddhismus bekannt, und sie
verbindet sich in Zentralasien mit semitischen messianischen
Ideen (im Judentum, Christentum, Manichäismus und schiiti-
schen Islam), die nun im Śambhala-Mythos mit räumlichen
Utopien von einem fernen, aber im Prinzip erreichbaren, herr-
lichen Land verbunden werden, einem Land, in dem nicht nur
Milch und Honig fließen, sondern auch Frieden und Gerechtigkeit herrschen.

Das Kālacakra-Tantra soll der Legende nach von Buddha
Śākyamuni gelehrt worden sein. Der Text des Tantra sei von
Sucandra, dem ersten Friedensherrscher (*dharmarāja*) von Śambhala, in dem geheimnisvollen Land verborgen worden, bis die
Zeit zur Bekanntgabe reif war. Dieser König habe auch das
erste dreidimensionale Kālacakra-Maṇḍala gebaut, das zu
Initiationen benutzt worden sei.[54] Śambhala wird außer im *Kālacakra-Tantra* auch in der *Vimalaprabhā* (10./11. Jahrhundert)
und der *Kalapāvatarā* erwähnt, letztere ist ein »Reiseführer«
in die Hauptstadt Śambhalas namens Kalapa. Die Kalapāvatarā stammt wahrscheinlich aus dem 12./13. Jahrhundert
und ist nur in einer tibetischen Übersetzung aus dem 17. Jahrhundert erhalten. Der berühmte »Führer nach Śambhala« (*sam*

---

54 Bernbaum, a. a. O., S. 121.

bha la'i alm yig)[55] des 3. Panchen-Lama, Losang Palden Yeshe (1737-1780), basiert auf diesem Text. Nach den Beschreibungen liegt Śambhala im Norden, jenseits des mythischen Flusses Sita, ist von hohen Schneebergen umgeben und hat die Gestalt eines Lotos mit acht Blättern; es besitzt 960 Millionen Städte und erfreut sich paradiesischer Fruchtbarkeit sowie gerechter Herrschaft. Die Paläste des Landes bestehen aus Edelsteinen und Gold. Es gibt keine Kriminalität, und die gesamte Bevölkerung genießt einen hohen Wohlstand, zumal alle Bewohner tugendhaft und intelligent sind. Bis zur Endzeit werden insgesamt 32 Könige, von Sucandra bis Rudracakrin, das Land je 100 Jahre regieren. Dem König von Śambhala unterstehen 96 Satrapen, die ebenfalls mild und gerecht regieren. Wer in Śambhala wiedergeboren wird, kann leicht zur endgültigen Befreiung (*nirvāṇa*) gelangen, denn in diesem Land gibt es weder Krankheit noch Leid. In diesem Punkt ähnelt Śambhala der Vorstellung anderer buddhistischer Reiner Länder (z. B. dem westlichen Paradies Amitābhas).[56] Einzigartig aber ist der eschatologische Charakter Śambhalas: In einer Endzeit wird ein einziger Gewaltherrscher die ganze Welt mit Ausnahme Śambhalas erobert haben und zornig, daß ihm noch nicht alles gehört, eine mächtige Streitmacht gegen Śambhala aufbringen; doch der letzte Śambhala-König Rudracakrin wird mit einer gewaltigen Armee aus Śambhala hervorbrechen und alle Feinde des *dharma* vernichten, so daß endgültig Frieden in der

---

55 A. Grünwedel, Der Weg nach Sambhala des dritten Groß-Lama von bKra sis lhun po bLo bzang dPal ldan Ye ses, Abhandlungen der Königlich Bayerischen Akademie der Wissenschaften, Philosophisch-philologische und historische Klasse, XXIX, S. 3, München 1915. Die Inkarnationslinien der Panchen-Lamas sind auf besondere Weise mit der Dynastie der Könige von Śambhala verbunden: Der 7. König Yashas (Manjuśrikîrti), dem es gelang, die religiösen Spaltungen in Śambhala zu überwinden, wird als eine frühere Inkarnation der Panchen-Lamas betrachtet, und der Endzeitkönig Rudracakrin wird diese Reinkarnationskette abschließen. (Bernbaum, a. a. O., S. 185)

56 Kollmar-Paulenz, a. a. O., S. 44.

Welt sein wird und der *Buddha-dharma* wieder blühen kann. Die mächtigen Feinde der Gerechtigkeit, die in einer großen Schlacht am Ende der Zeiten vernichtet werden, sind historisiert und als die Heerscharen des Islam identifiziert worden. Dies ist der einzige historisierte Charakterzug dieses utopischen Reiches, das ansonsten ganz in den Mythos gehört wie u. a. die Lotosgestalt, die mythische Geographie und die Verbindung zum indischen Viṣṇuismus zeigen. Daß unterlegene Völker in ihren nationalen Mythen eine Kompensation schaffen, die Hoffnungsbilder für die Unterdrückten freisetzt, wobei sich letztendlich die Verhältnisse umkehren und die jetzigen Unterdrücker (die Muslime) die Verlierer sein werden, finden wir immer wieder in der Geschichte der Völker.

Im 19. Jahrhundert wurde der Śambhala-Mythos politisch instrumentalisiert und außenpolitisch eingesetzt: Als England und Rußland ihre Einflußsphären in Zentralasien absteckten, bot sich der burjatische Mongole Dorjiew, der zu einem Berater des 13. Dalai-Lama avanciert war, als Vermittler an. Er behauptete, daß Rußland das verborgene Śambhala und der Zar der Kalki von Śambhala sei. Außerdem wurde 1926/27 die im Śambhala-Mythos erwartete Endschlacht beschworen, um den Befreiungskampf der Mongolen ideologisch zu untermauern und die gläubigen Buddhisten für die Revolution zu motivieren.[57]

Śambhala ist, wie wir gesehen haben, nur eine andere Gestalt des Mythos von einem Paradies auf Erden (Insel der Seligen, Atlantis, El Dorado), der sich in vielen Kulturen findet, wobei in der Überlieferung mit Śambhala auch historische Erinnerungen verknüpft und umgestaltet worden sind. In der Vorstellung mancher Tibeter existiert das Land einerseits tatsächlich in Raum und Zeit, doch alle Kommentare der letzten Jahrhunderte betonen andererseits, daß nur ein geistig gereinigtes Bewußtsein dieses Land wahrnehmen kann, d. h., es hängt vom Bewußtseinszustand ab oder *ist* ein solcher. Die Herrlichkeit Śambhalas ist die Klarheit des Geistes, die voll-

---

57 Kollmar-Paulenz, a. a. O., S. 45.

kommene Einheit der Gegensätze, der wahre Frieden. Statt einer physischen Reise muß man einen spirituellen Weg gehen, um nach Śambhala zu gelangen. Beide Aspekte sind in der Tradition lebendig gewesen, und auch heute findet sich unter Tibetern der Glaube an ein irgendwo auf dem Globus existierendes Śambhala neben der Einsicht, daß Śambhala überall dort ist, wo ein Mensch die Geistesklarheit erlangt hat, von der im Buddhismus als höchstem Ziel gesprochen wird: Aus einer räumlichen Utopie wird allmählich und unter dem Einfluß der buddhistischen Lehren eine Bewußtseins-Utopie.[58] Für viele Tibeter wird Śambhala in Traum-Reisen sichtbar,[59] doch sie können erst dorthin gelangen, wenn sie auf Grund ihres guten *karman* nach dem Tod dort wiedergeboren werden:[60] Śambhala kann nur erreichen und schauen, wer seinem Ego gestorben ist und sich mit den tieferen Ebenen des Geistes identifiziert. Laut Mahāyāna besteht in dieser Mehrschichtigkeit der Existenz Śambhalas kein Widerspruch, denn die Wirklichkeit erscheint, so wie das Bewußtsein sie betrachtet. Geist und Materie bilden ein Kontinuum, und Śambhala wäre danach eine Verdichtung geistiger Energien zum Endzeitkampf gegen die Verblendung und Unreinheit im eigenen Bewußtsein.

---

58 Vgl. M. v. Brück, Haben wir eine Zukunft? Die Utopie des Menschen und der Mensch als Utopie in den Religionen, in: Zeitschrift für Transpersonale Psychologie und Psychotherapie 2/1996, 2, S. 57-71. Fast alle gegenwärtigen tibetischen Lamas interpretieren die Reise nach Śambhala als Reinigung des Geistes, als den Stufenweg des Meditierenden, der dabei in die tieferen Regionen des Bewußtseins vorstößt (Bernbaum, a. a. O., S. 228 f.).

59 Bernbaum, a. a. O., S. 162. Dabei werden Brücken und Leitern geschaut, die (als Himmelsleitern) auch in anderen Kulturen (im Schamanismus; im alten Israel, Gen 28, S. 10 ff.) Himmel und Erde miteinander verbinden, vgl. Bernbaum, a. a. O., S. 177.

60 Bernbaum, a. a. O., S. 157 ff.

IV.
DIE KONTROVERSE UM SHUGDEN

I. DAS GEGENWÄRTIGE PROBLEM

Die Gottheit Dorje Shugden (*rdo rje shugs ldan*), bekannt auch unter dem Namen Dölgyal, wird vor allem in der Gelugpa-Schule verehrt, obwohl es auch Verbindungen zur Sakyapa-Tradition gibt, die historisch allerdings bisher kaum aufgeklärt werden konnten. Das gegenwärtige Problem nun hängt mit einer Kontroverse zur Zeit des 5. Dalai-Lama zusammen, wurde akut während der Regierungszeit des 13. Dalai-Lama und hat sich dann in den 1970er Jahren zusehends verschärft, als sich der 14. Dalai-Lama vom Kult Shugdens distanzierte. Er tat dies mit dem Argument, daß die Zuflucht zu den Drei Juwelen (*Buddha, dharma, saṃgha*), nicht aber die Verehrung »niederer Gottheiten« wie Shugden, buddhistische Identität begründe. Darauf verteidigte Zemed Rinpoche (Gaden-Kloster) in seinem 1976 erschienenen Buch den Shugden-Kult; eine Gegenschrift von Jadral Rinpoche aus der Nyingma-Tradition, die sich durch Shugden-Anhänger abgewertet fühlte, verschärfte die verbale Auseinandersetzung. Im Juli 1996 trat die schwelende Kontroverse dann ins öffentliche Bewußtsein, als der Dalai-Lama den Shugden-Kult in seiner persönlichen Umgebung und in allen Institutionen untersagte, die mit der tibetischen Exilregierung verbunden sind.[1] Seine Argumente lassen sich in zwei Punkten zusammenfassen:

– Der Shugden-Kult verteidige die Idee einer angeblich einzigartigen »Reinheit« der Gelugpa im Verhältnis zu anderen Schulen und sei damit Anlaß für Spaltungen und Sektenbildung, indem er exklusivistisch abgrenzend gegenüber anderen Schulinterpretationen des tibetischen Buddhismus auftrete.

---

1 Statement of H. H. the Dalai-Lama on the Shugden Issue. 1st July, 1996, Archives Private Office of H. H. the Dalai-Lama, Dharamsala 1996; vgl. Shobhan Saxena's Interview mit dem Dalai-Lama, in: The Times of India, August 17, 1996.

– Für Buddhisten seien der Buddha und seine im Kanon tradierten Lehren einzige Autorität, nicht aber untergeordnete Gottheiten, die in die tibetisch-buddhistische Geisteswelt integriert worden sind.

Eine Reihe von Äbten und Mönchen in Gelugpa-Klöstern widersetzte sich dieser Anordnung des Dalai-Lama und gründete im Juni/Juli 1996 eine »Dorje Shugden Devotees Religious and Charitable Society«. Der Gelugpa-Lehrer Kelsang Gyatso in England gründete einen neuen Orden namens »New Kadampa« (die alte, von Atiśa im 11. Jahrhundert begründete Kadampa-Schule war die Basis für Tsongkhapas Reformen im 14. Jahrhundert, die zur Gründung der Gelugpa führten) und griff den Dalai-Lama u. a. wegen der Shugden-Frage öffentlich an. 15 Äbte und Lehrer (Geshes) aus Geshe Kelsangs ursprünglichem Kloster, Sera Je Dratsang (jetzt in Südindien), schrieben daraufhin einen offenen Brief gegen Kelsang,[2] schlossen ihn aus der Gemeinschaft des Klosters aus, nannten ihn einen »Apostaten«[3] und verglichen ihn mit Mohammed von Gazni.[4] Als elf Mönche des Gaden-Klosters trotz Demonstrationsverbotes anläßlich des Besuchs eines hohen Repräsentanten des Dalai-Lama (Samdhong Rinpoche) gegen die vermeintliche Beschneidung der Religionsfreiheit demonstrierten, wurden sie des Klosters verwiesen. Die Kontroverse erreichte einen traurigen Höhepunkt, als der Abt Geshe Losang Gyatso, der Direktor der Buddhist School of Dialectics, und zwei seiner Schüler am 4. Februar 1997 ermordet wurden. Losang Gyatso war als scharfer Kritiker des Shugden-Kults aufgetreten, und so fiel der Tatverdacht auf Shugden-Anhänger,[5] was allerdings bisher nicht zweifelsfrei bewiesen werden konnte.

---

2 Offener Brief: »To the Tibetan Buddhists around the world and fellow Tibetan compatriots within and outside Tibet«, ohne Datum (Sommer/Herbst 1996), Archives of the Council of Religious and Cultural Affairs, Dharamsala.

3 To the Tibetan Buddhists, a. a. O., S. 5.

4 To the Tibetan Buddhists, a. a. O., S. 9.

5 Tibet und Buddhismus, Bd. 11, Heft 41, April/Juni 1997, S. 36-37.

Religionsgeschichtlich betrachtet ist die Dynamik und Zuspitzung der Kontroverse nicht völlig überraschend: Im tibetischen Buddhismus kam es immer wieder zu Differenzen verschiedener Schulen, die sich auch im Antagonismus der entsprechenden Schutzgottheiten (*dharmapālas*) spiegelten. Die heutige Problemlage allerdings stellt die Tibeter im Exil vor eine Zerreißprobe, die ihre religiös-soziale Identität gefährdet. Es drängt sich die Frage auf, ob dies ein religiöser Konflikt mit politischem Hintergrund ist oder ein politischer Konflikt, der sich religiös einkleidet? Die Frage wird kaum alternativ beantwortet werden können, denn beide Aspekte sind in der tibetischen Geschichte nicht auflösbar miteinander verwoben, wie wir im ersten Kapitel gezeigt haben. Der Dalai-Lama, Friedensnobelpreisträger von 1989 und international hochgeachteter Advokat des Dialogs der Religionen – sollte er ein unduldsamer Wächter im eigenen Haus sein, der die Religionsfreiheit einschränkt, wie seine Gegner in tibetischen Klöstern in Indien und Europa behaupten, während er selbst und seine Anhänger betonen, daß es sich um eine weitsichtige und unvermeidliche Reform des tibetischen Kultus handele? Auffällig ist, daß die tibetischen Laien (fast) geschlossen hinter dem Dalai-Lama zu stehen scheinen.

Das Problem, um das es hier geht, reicht weit in die Geschichte des tibetischen Buddhismus zurück, in deren Verlauf sich die vier Hauptschulen oder »Konfessionen« herausgebildet haben, nämlich Nyingmapa, Kagyüpa, Sakyapa und Gelugpa. Trotz vieler Gemeinsamkeiten und einer fast identischen philosophischen Grundlage (die Unterschiede liegen in den Überlieferungslinien und verschiedenen Gewichtungen von Einzelaspekten in der Praxis) haben sie, wie geschildert, nicht selten erbittert um geistliche wie wirtschaftliche Macht und politischen Einfluß gestritten. Hier liegt auch heute eine der Wurzeln dieser Kontroverse. Denn Shugden gilt als Beschützer der Gelugpa, die ohnehin die stärkste und mächtigste Gruppierung sind und aus der auch die Dalai-Lamas hervorgehen. Die Kontroverse, entfacht seit Mitte der 70er Jahre, verschärfte sich dramatisch, als im Sommer 1996 Erklärungen der tibetischen Exilregierung in englischer Sprache rund um die Welt versandt wurden, so daß nun auch zunehmend Europäer und Amerikaner verunsichert sind. Beijing soll die Gegner des Dalai-Lama finanziell unterstützen: Seit Jahrzehnten gibt es eine »Mongolisch-Tibetische Kommission« bei der Regierung Taiwans, der Gelder aus Beijing zufließen sollen. Ironie der Geschichte: die zwei verfeindeten chinesischen Staaten vereint gegen die Tibeter? Die Gerüchte nehmen kein Ende und haben politische Wirkung, ob sie sich nun erhärten lassen oder nicht. Unbestritten ist, daß die chinesischen Kommunisten nun auch den Shugden-Kult im besetzten Tibet fördern, um die Autorität des Dalai-Lama zu untergraben. Worum es aber eigentlich geht, wollen wir in diesem Kapitel erläutern.

2. ASPEKTE DER TRADITIONSBILDUNG: TULKUS UND SCHUTZGOTTHEITEN

Tulku

Der Tulku (tibet. *sprul sku*) gilt als physische Manifestation eines höheren Bewußtseins, im besonderen Fall eines Buddhabewußtseins (*buddhatvā*) selbst. Tulkus unterscheiden sich voneinander entsprechend dem Grad ihrer spirituellen Reife. Sie werden wiedergeboren nicht aus karmischer Notwendigkeit, sondern auf Grund ihrer spirituellen Freiheit, die Bodhisattva-Gelübde zu erfüllen. So verkörpern sich Tulkus also nicht, um ihre karmischen Befleckungen auszugleichen, sondern um anderen Lebewesen auf dem Weg zum Erwachen beizustehen, d. h., ihre Wiederverkörperung steht in Kontinuität mit ihrer dharmischen Lebensführung im vorigen Leben.

Die Tulku-Tradition bzw. die Institution des Tulku in Tibet hat zwei Wurzeln:

- das Bodhisattva-Ideal im indischen Mahāyāna-Buddhismus sowie die *trikāya*-Lehre und
- historisch-politische Konstellationen zwischen Tibetern und Mongolen.

Diese Wurzeln müssen bedacht werden, wenn man die Funktion und Autoritätsbildung des Tulku im tibetischen System analysieren will:

Trikāya-Lehre

Das Tulku-Konzept begründet sich auf der *trikāya*-Lehre des indischen Buddhismus, denn *sprul sku* ist die Übersetzung des Sanskritbegriffs *nirmāṇakāya*. Ansätze zur *trikāya*-Lehre lassen sich bereits vor der Entstehung des Mahāyāna nachweisen,[6] aber erst in der Yogācāra-Schule, besonders bei Asanga (4. Jahrhundert n.Chr.) wurde das Konzept voll entwickelt. Eine Reihe von Mahāyāna-Texten aus dem 2.-4. Jahrhundert n.Chr. (Saddharmapuṇḍarīka-Sūtra, Daśabhūmika-Sūtra, die Bodhisattvabhūmi Asaṅgas) lehren, daß sich Bodhisattvas auf sehr verschiedene Weise manifestieren können, um Lebewesen nützlich zu sein. Ich möchte aber behaupten, daß das *trikāya*-Konzept bereits in einer viel älteren Unterscheidung angelegt ist, nämlich in der Differenzierung der Wirklichkeit in materielle, subtile und mentale Phänomene. Die Unterscheidung dieser drei Körperebenen war bereits für die frühbuddhistische Meditation (Potthapāda-Sutta, Dīgha Nikāya 9; Sāmaññaphala-Sutta, DN 2) wichtig, und sie entspricht der Einteilung der Welt in drei Sphären: *kāmaloka* (Bereich der Begierde), *rūpaloka* (Bereich der subtilen Formen) und *arūpaloka* (formloser Bereich). In den drei durch ihren Grad an Subtilität unterschiedenen Erfahrungsbereichen wird die Wahrnehmung subtiler, und beide Sūttas behandeln indirekt das Problem, ob die subtilste dieser Ebenen eine Art »Selbst« generiert, und kommen zu dem Schluß, daß die materiale Entität eines »Selbst« (zusammengesetzt aus den vier Elementen) unterschieden werden muß von der subtilen Entität, die aus mentalen Ereignissen besteht und eine Entität bildet, die keinerlei Form hat. Jede dieser Manifestationsebenen steht in

---

6 H.-J. Klimkeit, Der Buddha. Leben und Lehre, Stuttgart: Kohlhammer 1990, S. 202.

Korrelation zu einer Ordnung bestimmter Wahrnehmungen und Bewußtseinsereignisse. Welche Wahrnehmung stattfindet, hängt an der Art der Identifikation des betreffenden Bewußtseins.

Das bedeutet: Jedes mögliche »Selbst« dieser Art ist relativ und impermanent. Damit ist die buddhistische Grundeinsicht von *anattā* nicht verletzt. Das Sāmaññaphala-Sutta erläutert nun, wie sich ein spiritueller Körper aus einem materiellen ablösen und unabhängig wirken kann. Direkt anschließend an diese Erörterungen läßt das Sutta den Buddha erklären, daß er weder gelehrt habe, daß die Welt ewig, noch, daß sie nicht ewig sei, weder begrenzt noch unbegrenzt, weder daß der Körper identisch mit dem Bewußtsein sei noch nicht identisch. Denn solche Fragen und mögliche Antworten auf die Fragen würden nicht zur Beendigung der Gedankenbewegungen führen und damit nicht zum Erwachen bzw. zum *nirvāṇa*. Das bedeutet, daß auch die Lehren von *trikāya*, den Tulkus usw. im Sinne Nāgārjunas als *prapañca*, als mentale Konstruktion, relative Wahrheit und Eigenbewegung des Bewußtseins zu interpretieren sind.

Und genau hierin liegt das philosophische Problem in der gegenwärtigen Debatte um Shugden. Was ist die letztgültige Autorität Shugdens, oder anders ausgedrückt: Welche Autorität kann Autorität beurteilen? Oder nochmals auf die philosophische Grundlage hin gedeutet: Die Autorität wie auch die Kritik der Autorität (eines Tulku, einer Gottheit, einer Kultpraxis oder was immer) basiert auf einer impermanenten Bewußtseinskonstruktion, sie ist ontologisch ohne Basis. Dennoch kann die Kritik von Tradition nur auf der Grundlage des historischen Ursprungs der Tradition, vom Anfang her also, begründet werden, weil nämlich »am Anfang« die »kumulative Tradition« (W. C. Smith) noch am wenigsten weiter konstruiert worden ist und weil der Buddha selbst jede Konstruktion kritisiert, wodurch allein die Freiheit vom Anhaften am Denken, also die Voraussetzung für das *nirvāṇa*, möglich wird.

Die *trikāya*-Lehre reflektiert höchstwahrscheinlich einen Kult des Buddha (des historischen Buddha Śākyamuni wie auch seiner Vorgänger und des kommenden Buddha Maitreya), der bereits vor der Ausformulierung dieser Lehre existiert hat. Wir können hier nicht in Details gehen, aber ich möchte darauf hinweisen, daß nicht nur Laien, sondern auch Mönche mit dem Stūpa-Kult verbunden waren, d. h. mit einem Kult, der auf einer bestimmten Art der physischen Gegenwart des Buddha beruhte. Das kann aus epigraphischer Evidenz (Inschriften auf Steintafeln) bewiesen werden.[7] Die Verehrung des *rūpakāya* des Buddha, des grobstofflichen Körpers also, geht im frühen Buddhismus viel weiter zurück als meist angenommen. Die Lehre von *trikāya* hatte somit die Funktion, den Kult der verschiedenen *rūpakāyas* der Buddhas mit dem nicht-dualistischen Konzept eines erwachten Bewußtsein zu verbinden. Gleichzeitig erläutert die *trikāya*-Lehre, wie der historische Buddha die Verkörperung des ewig unwandelbaren *dharma* sein kann, und so vermittelt die *trikāya*-Lehre zwischen der historischen und der transzendenten Dimension.

Im tibetischen Buddhismus ist es nun der Tulku, der die Gegenwart des Buddha in seinem *rūpakāya* inmitten der monastischen Gesellschaft repräsentiert. Daher ist die Gegenwart und Autorität des Tulku die vervollständigte *triratna*-Repräsentation, komplementiert im *dharma* (der das Objekt des Studiums und der Realisierung der Mönche ist) und der monastischen Gemeinschaft (*saṃgha*).

Funktion der *trikāya*-Lehre ist es also nicht, die Wirklichkeit in einer substantialistischen Ontologie zu strukturieren, sondern das menschliche Bewußtsein darauf zu lenken, sich selbst zu transzendieren oder zu einem graduellen Erwachen zur Soheit (*tathatā*) der Wirklichkeit zu führen. Der *dharmakāya* repräsentiert die vollständige Jenseitigkeit der Wirklich-

---

7 G. Schopen, Two Problems in the History of Indian Buddhism: The Layman/Monk Distinction and the Doctrines of the Transference of Merit, Studien zur Indologie und Iranistik (Hg. G. Buddruss, O. v. Hinüber u. a.), Heft 10, Reinbek 1985, S. 9-47. Siehe auch Schopen 1987.

keit, d. h., *dharmakāya* ist nicht eine Substanz, sondern Leerheit (*śūnyatā*), die alles durchdringt und alle Konzeptualisierungen auflöst; *sambhogakāya* und *nirmāṇakāya* hingegen repräsentieren die Strukturen eines erfahrenden Bewußtseins.[8]

Trikāya repräsentiert also Strukturen des sich stetig wandelnden Bewußtseins, d. h., daß hier eine spezifische Entwicklungsform des Bewußtseins konzeptualisiert wird: Bewußtheit manifestiert sich im grobstofflichen *nirmāṇakāya*, wird aufgelöst und transformiert in einer *sambhogakāya*-Bewußtheit, die subtiler ist sowie intuitive und raumzeitliche Dimensionen vereint, und dies wird aufgelöst in der *dharmakāya*-Bewußtheit, die alle einander trennenden Impulse auflöst, damit die Einheit der vereinten Bewußtheit der Buddhaschaft manifestiert werden kann. Während *śūnyatā* das Ganze durchdringt und das Ganze *śūnyatā* ist, beschreibt *trikāya* Ebenen der Manifestationen und des Bewußtseins. Aber all die Manifestationen sind leer (von *svabhāva* – Selbstnatur), und deshalb können sie einander durchdringen. Sie entstehen als gegenseitige Durchdringungen in gegenseitiger Abhängigkeit, und das ist genau das, was *śūnyatā* bedeutet.[9]

Wie der frühe Buddhismus, so hat auch das Mahāyāna seine

---

8 J. P. Keenan, The Meaning of Christ. A Mahāyāna Theology, Maryknoll: Orbis 1989, S. 183. Im chinesischen, tibetischen und japanischen Buddhismus wurde aber auf dieser Grundlage eine Unterscheidung eingeführt, die auf T'an-luan (467-542) zurückgeht: *dharmakāya* war der Begriff für die absolute Wirklichkeit (jap. *hossho hosshin*), gleichzeitig aber ein geschicktes Mittel (*upāya*, jap. *hōben*) für die Gestaltung des Formlosen (jap. *hōben hosshin*). Auf diese Weise konnte der *dharmakāya* erkennbar werden in der *personalen Symbolisierung der formlosen absoluten Wirklichkeit.*

9 Das ist der Fall, wenn *dharmakāya* nicht einfach mit *śūnyatā* identifiziert wird. Aber selbst dann sind der *dharmakāya* als unwandelbare Ganzheit und seine Erkenntnis in einem Akt des Bewußtseins unterschieden und doch vereint in einem Begriff – genau dies ist die Bedeutung der späteren Unterscheidung von *svabhāvakāya* and *jñānakāya*, die für die Dialektik im tibetischen Buddhismus wichtig ist.

Authentizität von den Lehren des Buddha abgeleitet, aber auf andere Weise. Anders als die Lehrreden des Pāli-Kanons ist Mahāyāna nicht vom *nirmāṇakāya*-Buddha, sondern vom *saṃbhogakāya*-Buddha gelehrt worden. Aus diesem Grunde können und brauchen die Mahāyāna-Sūtras nicht vom historischen Buddha autorisiert zu sein. Mahāyāna setzt deshalb voraus, daß seine Lehren auf einer höheren Ordnung von Wahrheit beruhen. Daraus folgt nun, daß der Tulku als Repräsentation des *nirmāṇakāya* nicht durch sich selbst die höchste Authentizität der Überlieferung repräsentiert, sondern es ist seine *saṃbhogakāya*-Bewußtheit, die den gleichen »kanonischen Status« und dieselbe Autorität hat wie die Mahāyāna-Sūtras. Er muß die intuitive Bewußtheit voll entwickelt haben, die der Ebene von Erscheinungen jener *saṃbhogakāyas* entspricht, um spirituelle Autorität zu besitzen.

Genau dieses Problem ist eine der Kernfragen in der gegenwärtigen Shugden-Kontroverse: Wer kann und darf die Wirklichkeit der subtilen Erscheinungen solcher höherer (oder niederer) Schutzgottheiten wie Shugden beurteilen? Denn gewöhnliche Wesen können nur auf der *nirmāṇakāya*-Ebene wahrnehmen und urteilen, wohingegen höhere Lamas (höhere Tulkus) Zugang zu höheren (subtileren) Ebenen des Bewußtseins haben können. Die Authentizität eines Tulku kann deshalb nur durch einen Tulku auf derselben oder auf einer höheren Bewußtseinsebene beurteilt werden.

Das Tulku-Konzept interpretiert das frühere Bodhisattva-Ideal auf dem Hintergrund der tantrischen Siddha-Tradition auf neue Weise, indem Tulkus höhere spirituelle und magische Kräfte zugeschrieben werden: Sie können in verschiedenen Formen ihres Körpers erscheinen und vermögen durch Bilokationen und andere parapsychische Phänomene ihren besonderen Status zu beweisen. Diese Eigenschaften können einem Tulku zukommen, sind aber nicht notwendig mit jedem Tulku verbunden. Wie bereits bemerkt, muß der Tulku als Reinkarnation unterschieden werden von der allgemeinen karmischen Verursachungskette, die dazu führt, daß gewöhnliche Wesen unvermeidlich, entsprechend den karmischen Strukturen ihres Bewußtseins, wiedergeboren werden. Man unterscheidet höhere Tulkus (z. B. der Karmapa, der Dalai-Lama, der Pan-chen-Lama usw.), die die Freiheit haben, die Umstände ihrer Wiedergeburt zu wählen, von niederen Tulkus, die über gerin-gere spirituelle Kräfte verfügen und ein nicht so großes Maß an Freiheit von karmischen Bindungen haben (das bedeutet, daß Tulkus klassifiziert werden entsprechend ihrer Realisie-rung auf den traditionellen Bodhisattvabhūmis).[10] In beiden Fällen sorgen die Konditionierungen der Wiedergeburt dafür, daß hinreichende Stabilität entsteht, so daß Tulkus in eine vorhersagbare räumliche und soziale Situation, wie z. B. in ein bestimmtes Kloster, zurückkehren. Tulku-Linien haben einen Anfang und bilden, wenn sie einmal begonnen haben, stets neue personale Gestalten der »kumulativen Tradition« heraus.

Tulkus haben im tibetischen Buddhismus einen anderen Status und eine höhere Reputation als gewöhnliche Lamas, so daß sie von den Laien größere materielle Unterstützung er-halten, auch wenn ihnen im wesentlichen die gleichen Funk-tionen zukommen. Tulkus sind dafür bestimmt, höhere La-mas zu werden, da sie wegen ihrer karmischen Vergangenheit einen günstigeren Ausgangspunkt als andere Wesen haben. Dieser Glaube drückt sich z. B. darin aus, daß Tulkus in ihren monastischen Colleges Klassen überspringen können. Tulkus, so heißt es, manifestieren sich, wo sie am wirkungsvollsten ihre Bodhisattva-Gelübde zum Wohle aller Lebewesen ver-wirklichen können. Ihre Manifestationen haben immer einen spezifischen Zweck. Deshalb wird im Tulku-Ideal die Quali-tät des Erleuchtungsbewußtseins (*bodhicitta*), d. h. ihre *karuṇā*, aktualisiert und historisch definiert. Dies ist als solches eine interessante Entwicklung in der buddhistischen Geschichts-philosophie. Aber wir müssen uns hier auf die Präsentation des Tulku-Problems in Tibet beschränken.

Die *Funktion* des Tulku im Zusammenhang der tibetischen

---

10 R. Ray, Some Aspects of the Tulku Tradition in Tibet, in: The Ti-bet Journal, Vol. XI/4, 1986, S. 41.

Traditionsbildung stellt sich wie folgt dar: Im tibetischen Buddhismus beruht Lehrautorität auf zwei Institutionen: dem Schriftenkanon (Kanjur und Tanjur) und der authentischen mündlichen Überlieferung, vor allem durch den reinkarnierten Lama (Tulku). Der Tulku hat für die Überlieferung zwei Funktionen: Er interpretiert die kanonische Überlieferung und schafft gleichzeitig auch neue Überlieferung, insofern er anerkannte religiöse Autorität hat, die Tradition begründen kann. Die Institution des Tulku hat ihre Wurzeln im indischen Mahāyāna-Buddhismus, aber ihre religiösen und politischen Implikationen sind erst in Tibet entfaltet worden. Der Tulku hat spirituelle und politische Autorität auf Grund seiner Stellung (er ist ein *erkennbar* wiedergeborenes Wesen, das einen Grad von Bewußtseinsfreiheit erlangt hat, der über das Maß anderer Wesen hinausgeht), und diese wiederum kommt ihm zu auf Grund der Bewußtseinsformung (*puṇya*), die er über zahllose Leben hinweg erzielt hat. Der Tulku besitzt Autorität, weil in ihm die charismatische Präsenz spiritueller Kraft *und* die soziale Akzeptanz der religiösen und politischen Hierarchie verkörpert und miteinander verbunden sind. Jedoch liegt die Vermutung nahe, daß genau diese Verbindung auch zum Konflikt führt. Wie und unter welchen Bedingungen, wollen wir nun zeigen.

Historisch-politische Wurzeln

In Tibet hat das System von Tulku-Linien frühe Wurzeln in der Sakya-Schule des 12. Jahrhunderts (obwohl die Sakya-Linien im allgemeinen einer dynastischen Sukzession folgten). Die erste vollentwickelte Tulku-Linie anerkannter (und überprüfter) Reinkarnationen begann aber erst im Kloster Tsurphu der Karmapa-Schule am Ende des 12. Jahrhunderts nach dem Tode von Dusum Khyenpa (*dus gsum mkhyen pa*, 1110-1193).[11] Der zweite Karmapa, Karma Pakśi (1206-1283), wird

---

11 Andere Linien wie z. B. Drikung (*'bri khung*) beanspruchen ebenfalls, der Ursprung des Tulku-Systems reinkarnierter Linien zu

demgemäß als der erste Tulku im Sinne der Institutionalisierung des Tulku-Prinzips betrachtet, und man schätzt, daß vor der chinesischen Invasion in Tibet etwa 10 000 Tulkus lebten.[12]

Auf der Basis der obigen allgemeinen Bemerkungen läßt sich nun zusammenfassend sagen: Ein Tulku ist ein Bodhisattva, der:
– reinkarniert ist,
– entdeckt und rituell kanonisiert wird und
– wiederum in die Position religiös-politischer Macht seines Vorgängers hineingeboren wird.

Er kann, muß aber nicht eine charismatische Figur sein. Politisch gesehen gab das Tulku-System der monastischen Sukzession größere Stabilität als dynastische Modelle, da die Sakyapas – dann die Karmapas – und später die Gelugpa-Klöster mittels wechselnder politischer und militärischer Allianzen (Einfluß der Mongolen) erhebliche ökonomische und politische Macht gewinnen konnten. Deshalb repräsentieren die Tulku-Linien von Anfang an nicht nur spirituelle Authentizität, sondern auch politische Macht und Stabilität in je lokal geprägten Zentren.[13] Das dezentralisierte System von monastischen Linien und regionalen Zentren der spirituellen und politischen Macht geriet aber später in Konflikt mit der zunehmenden Zentralisierung des Staates, die in der Machtüber-

---

sein. (H. E. Richardson, The Karma-pa Sect. A Historical Note, in: Journal of the Royal Asiatic Society of Great Britain and Ireland, Part 1, London 1958, S. 139.) Es ist bedeutsam, daß diese Karmapa-Linie mit den alten Königen von Tibet verbunden ist, dokumentiert durch eine berühmte Steinsäule, die nach Tsurphu gebracht wurde. Die historischen Details sind nicht ganz eindeutig bekannt (Richardson, a. a. O., S. 141).

12 R. Ray, Some Aspects of the Tulku-Tradition in Tibet, in: The Tibet Journal, XI/4, 1986, S. 35.

13 Ray meint, daß das Konzept des Tulku und das des göttlichen Königtums in Tibet von Anfang an miteinander in Beziehung standen (Ray, a. a. O., S. 42).

nahme durch die Gelugpas im 16. Jahrhundert gipfelte. Und genau hier muß die Shugden-Problematik politisch angesiedelt werden, denn die »Gottheit« Shugden kommt zu einer Zeit des Konfliktes ins Spiel, als sich regionale Kräfte gegen die Zentralisierung der Macht durch den 5. Dalai-Lama wehrten.

Gottheiten (lha)

Der tibetische Buddhismus unterscheidet zahlreiche Wesen oberhalb der Ebene von Lebewesen, die einen grobstofflichen physischen Körper haben. Einige dieser Gottheiten sind indischen Ursprungs (wie z. B. Mahākāla, Śrī Devī usw.) und haben in Tibet verschiedene Gestalten angenommen, andere aber sind tibetischen Ursprungs (wie z. B. Pehar). Diese Gottheiten werden in unterschiedliche Klassen, abhängig von ihrer spirituellen Qualität, eingeordnet: Einige sind *devas*, einige sind Manifestationen von umherirrenden Geistern Verstorbener, einige gehören dem Reich der *pretas* an usw.[14] Die auf der höchsten Ebene existierenden Wesen sind Emanationen (*sprul pa*) von höchsten Aspekten des Buddha: Mahākāla (*Nagpo chenpo*, in 75 Formen), Yama (*gShin rje*), Śrī Devī (*dPaldan lhamo*), Vaiśravaṇa (*rNam thos sras*) usw. Weiterhin unterscheidet man Gottheiten (*lha*), die universal erscheinen und eine universale Bedeutung haben, wie z. B. höhere *dharmapālas* (tibet. *chos skyong* oder *srung ma*), von lokalen Geistern. Die höchsten Wesen stehen jenseits jeder Konzeptualisierung und haben die Funktion persönlicher Schutzgottheiten (*yidam*). Geistwesen auf niederen Stufen hingegen sind ihrer Natur nach ambivalent. Diese ambivalenten Wesen haben einen zweifachen Hintergrund:

---

14 Quellen sind die *Rin chen gter mdzod*-Tradition (Rinchen Terzöd), der *Bstan srung rgya mtsho'i rnam thar* (Biographien der Dharma-Beschützer) von Jedrung Zhepey Dorje, und die Sekundärquellen von R. de N. Nebesky-Wojkowitz, Oracles and Demons of Tibet, Kathmandu: Tiwari 1993, und Ladrang Kalsang, The Guardian Deities of Tibet, Dharamsala: Little Lhasa Publ. 1996.

- Einerseits handelt es sich um vorbuddhistische und potentiell gefährliche Geister, die in Bergen, Bäumen, Gewässern
  und den weiten Ebenen hausen. Sie sind von spirituellen
  Meistern wie Padmasambhava durch Gelübde gezähmt
  und gebunden worden und gelten deshalb als die niederen
  dharmapālas.
- Andererseits handelt es sich um mentale Kräfte, die mehr
  oder weniger »personifiziert« worden sind, so daß sie in an-
  gemessener Weise kontrollierbar werden.

Im Zusammenhang mit den folgenden Ausführungen ist die
Tatsache wichtig, daß Schutzgottheiten oder *dharma*-Beschüt-
zer von sehr unterschiedlicher Natur sein können und verschiedenen Klassen zugehören. Im Extremfall können sie sogar (jeweils am Ende des Spektrums) Buddhas oder niedere
Wesen sein. Die tibetische Tradition teilt *dharmapālas* in zwei
grundsätzlich unterschiedliche Gruppen ein:
- solche, die jenseits des *saṃsāra* sind, und
- jene innerhalb des *saṃsāra.*

Letztere Gruppe umfaßt Wesen mit verschiedenem Status bezüglich ihrer Bedeutung bzw. ihrer Seinsebene. Im allgemeinen gilt *Pehar* als Oberhaupt dieser Gruppe. Um mit der
menschlichen Ebene in Kontakt zu gelangen, benutzen diese
Wesen menschliche Media, die in Trancen gehen. Shugden
wird dieser Gruppe von Wesen zugeordnet. Jedoch gibt es
im tibetischen Buddhismus keine allgemein akzeptierte Klassifikation, ja sogar innerhalb einer Schule und Tradition finden sich gravierende Unterschiede und Widersprüche in der
Interpretation und Klassifikation der entsprechenden göttlichen Wesenheiten wie z. B. der Dharma-Beschützer.[15]
   Im Kontext dieser Analyse muß nun der Unterschied zwi-

---

15 Nebesky-Wojkowitz, a. a. O., IX, hat beobachtet, daß selbst La-
    mas derselben Schule »very often disagree in their explanations
    of the more complicated religious theories or in the translation
    of obscure passages in Tibetan works«.

schen *yidam* und *dharmapāla* (Beschützer) unbedingt berücksichtigt werden, denn eine Verwechslung beider würde zu Konfusionen führen, deren Konsequenzen sich auch in der gegenwärtigen Kontroverse um Shugden zeigen.

– *Yidams* sind *immer* jenseitig, denn sie gelten als Emanationen des Buddha. Der Kult dieser *yidams* besteht in der *Identifikation* mit der Gottheit, die möglich wird durch vollständige Hingabe oder die Lebensübergabe von Körper, Rede und Geist. Die Praxis zielt auf vollständige Einheit mit der Gottheit. Hayagrīva (*rta mgrin*), Yamāntaka (*gshin rje gshed*), Kālacakra, Mahākāla usw. werden als solche *yidams* (skt. *iṣṭadevatā*) angesehen, wobei Hayagrīva eine seltene Ausnahme ist, bei dem die Konzepte von *yidam* und *dharmapāla* zusammenfallen.

– *Dharmapālas* hingegen sind in den meisten Fällen nicht jenseitig, sondern sie unterliegen dem *saṃsāra*. Nur einige wenige können als jenseitig betrachtet werden.[16] *Dharmapālas* gelten nur als Helfer auf dem Weg der Praxis von *triratna* und bleiben dem Praktizierenden äußerlich. In der spirituellen Praxis erfolgt niemals die Einung mit diesen Wesen, denn sie können die Zuflucht zu *triratna* nicht ersetzen.

Das Gelübde (*samaya*, tibet. *dam tshig*), durch welches die niederen Geistwesen von buddhistischen Meistern gebunden worden sind, spielt eine große Rolle. Jene *dam-tshig*-Wesen sind sozusagen eine eigenständige Seinsklasse. Sie sind gefährlich, aber durch den Buddha-Dharma, den die Lamas und Gelehrten in den Klöstern interpretieren und anwenden, sind sie dem Dharma dienstbar gemacht und gezähmt, d. h., nur auf Grund dieses Gelübdes können sie als *dharma*-Beschützer betrachtet werden. Die Art dieses Gelübdes ist jedoch von den drei Gelübden, die Menschen nehmen können, um ihren spirituellen Fortschritt zu vertiefen, grundsätzlich verschieden. Diese drei Gelübde der Menschen sind:

---

16 Der Kult lokaler Schutzgottheiten war bereits zur Zeit des Mahāparinirvāṇa-Sūtra populär, denn in diesem Text wird diese Praxis ausdrücklich gerechtfertigt (Klimkeit, a. a. O., S. 144).

- *vinaya*-Gelübde,
- *bodhisattva*-Gelübde und
- tantrisches Gelübde.

Das tantrische Gelübde wird vor einem Lama abgelegt, der selbst in einer anerkannten Traditionslinie steht, und ist mit Initiationen und Kraftübertragungen (*abhiṣeka*, tibet. *dbang*) verbunden. Das tantrische Gelübde bedeutet, daß der Schüler sein (oder ihr) Gesamtleben (Körper, Rede und Geist) an die spirituelle Kraft übergibt, die als Gottheit visualisiert und durch den Lama repräsentiert wird. Da tantrische Praxis damit zu tun hat, das gesamte Leben und jedweden Aspekt der physischen, subtilen und spirituellen Welt als »heilig« oder als Teil des Buddhabereichs zu betrachten, ist hier das Gelübde auf alle Lebensbereiche bezogen.[17] Das tantrische Gelübde bewirkt zwischen Lehrer und Schüler eine exklusive Verbindung, die seitens des Schülers unbedingten Gehorsam fordert. Dies wird noch deutlicher in der Beziehung eines Schülers zu seinem »Wurzellama« (*rtsa ba'i bla ma*), der sich dadurch auszeichnet, daß er dem Schüler alle drei Aspekte der Tradition übermittelt:

- die Einführung in das Studium der heiligen Schriften und ihre Kommentare (*āgama*),
- die mündlichen Instruktionen zu Sūtra- und Tantrastudium (*upadeśa*),
- die Ermächtigung zur rituellen und meditativen Praxis einer spezifischen Gottheit (*abhiṣeka*).

---

17 Das ist der Grund für die Geheimhaltung von Initiationen. Sie fordern Extremes auf beiden Seiten. Die Gottheit verspricht ihren Schutz, und derjenige, der die Erlaubnis zum Umgang mit dieser Gottheit empfängt, verspricht unbedingten Gehorsam und die Einhaltung aller Gelübde. Deshalb kann es gefährlich sein, eine Initiation zu empfangen, wenn man nicht angemessen vorbereitet ist. Heute jedoch hat sich diese Praxis zum Teil verändert. Initiationen werden sogar in der Öffentlichkeit gegeben, so daß die Initiationen oft auf einen mehr oder weniger wirkungsvollen Segen reduziert werden.

Diese Beziehung zum Wurzellama schafft eine spezielle karmische Situation und ist absolut verbindlich. Die Lehr-Tradition eines Wurzellamas zu verändern oder zu korrigieren ist nicht möglich, es sei denn, die Beziehung ist zuvor aufgelöst und das Gelübde formal zurückgegeben worden. Der Bruch des Gelübdes (*dam nyams*) ist so gravierend, daß er mit Sicherheit die mehrmalige Geburt in der Hölle zur Folge haben würde.

Angesichts dieser verschiedenen Ebenen und Wesen von »Gottheiten« sind Loyalitätskonflikte nicht auszuschließen. Während einige der höchsten Gottheiten wie Mahākāla, Tārā, Avalokiteśvara, Yamāntaka, Pehar usw. allen Schulen des tibetischen Buddhismus gemeinsam sind, haben die Schulen jedoch gleichzeitig Präferenzen für bestimmte Manifestationen von höchsten Wesen, die speziell dieser Schule zugeordnet sind. Diese Differenzen müssen aber nicht exklusivistisch sein: die Nyingma-Schule assoziiert sich besonders mit dem (roten) Mañjuśrī, die Sakya-Schule mit Hevajra, die Kagyü-Schule mit Cakrasaṃvara, die Gelug-Schule mit Vajrabhairava. Eine größere Anzahl von Geistwesen gilt jedoch als Beschützer besonderer Schulen, Gruppen, Regionen oder Individuen, und die gegenwärtige Kontroverse ist im Grunde genommen ein Disput darüber, ob Shugden als sehr hochstehender und darum universal wirkender oder als niederer und darum abgrenzender bzw. »parteiischer« Beschützer zu gelten habe. Wie schon angedeutet, ist die *Qualität* jener *höchsten* Wesen in der Tradition unumstritten: Sie sind Emanationen des Buddha-Bewußtseins und darum allgemein wirksam. Aber die *Authentizität* dieser *speziellen* Beschützer kann umstritten sein: Sie sind durch besondere Gelübde gebunden und nur bestimmten Orten oder Personen bzw. Traditionslinien (Schulen) verpflichtet. Deshalb glaubt man, daß sie zornig werden können, wenn man die Hilfe eines anderen Beschützers in Anspruch nehmen würde. Außer dem selbstverständlichen Glauben an die höchsten Wesen hat jede Linie von Tulkus auch ihre besonderen Beschützer, und wenn die Tulkus miteinander in Konflikt geraten, dann auch ihre Beschützer. Außerdem sind einige *lha* auch noch mit Familientraditionen und dem Kult von Vorfahren verbunden.[18] Abhängig von ihrem Ursprung sind die meisten von ihnen zornvoll, und selbst solche, die gezähmt worden und friedfertig sind, gelten dennoch als relativ instabil und können jederzeit auch wieder zornvoll in Erscheinung treten.

Es ist nun möglich, die friedvoll und zornvoll erscheinenden höheren Gottheiten im Kontext des *trikāya*-Schemas zu klassifizieren. Weil der *dharmakāya* (*chos sku*) keine Form hat und der *nirmāṇakāya* (*sprul sku*) eine grobstoffliche Form darstellt, können sie nur dem *saṃbhogakāya (longs sku)* zugerechnet werden. Dabei wird deutlich, daß die Verbindung von Tulku-Linien mit besonderen *dharma*-Beschützern ein hierarchisches Universum geschaffen hat, *in dem die temporale Transmission des dharma und die transtemporale Sukzession von höheren Mächten miteinander verwoben sind.*

Palden Lhamo und Nechung

Wir müssen zunächst zwei Gottheiten genauer charakterisieren, um das Wesen von Shugden zu verstehen: Palden Lhamo (*dpal ldan lha mo*) und Nechung Dorje Dragden (*gnas chung rdo rje dregs ldan*).

Palden Lhamo ist mit den Dalai-Lamas verbunden und wird als ihr wesentlicher Beschützer angesehen. Diese Verbindung geht zurück auf den 5. Dalai-Lama (1617-1682), der bei seinem Tod gesagt haben soll, daß er – wie auch die vorherigen Dalai-Lamas – als Hauptdharma-Beschützer Palden Lhamo erwählt habe.[19] Die Überlieferungen zeigen,[20] wie die Gottheiten miteinander um Macht und Ruhm kämpfen, indem sie z. B. einander an Wundern übertreffen wollen. Darin spiegeln sich auch

---

18 Nebesky-Wojkowitz, a. a. O., S. 6.

19 Desi Sangey Gyatso, Suppl. to the Autobiography of the Fifth Dalai-Lama (*Gong sa lnga pa'i rang rnam gyi kha skong*), zit. bei Ladrang Kalsang, a. a. O., S. 28.

20 Ladrang, a. a. O., S. 28-30.

die Machtkämpfe zwischen verschiedenen Sekten, Schulen und Tulku-Linien auf der irdischen Ebene. Palden Lhamo jedoch ist »ökumenisch« gesinnt, denn sie hat keine spezifischen exklusiven Verbindungen zu nur einer bestimmten Schule und ist sowohl mit Nyingmapa- als auch mit Gelugpa-Linien zur Zeit des 1. Dalai-Lama verbunden.[21] Palden Lhamo war eine »Dämonin«, bevor sie – mittels des Gelübdes gebunden und durch Meditation gereinigt – in den Dienst des *dharma* gestellt wurde. Es wird berichtet, daß sie ihre gesamte Lebenskraft (Körper, Rede und Geist) an den *triratna* überantwortet habe, und das wird von Menschen, die sich unter ihren Schutz stellen, in gleicher Weise erwartet.

Nechung hingegen ist eine Emanation der *Sprache*[22] von Pehar Gyalpo (*dpe har rgyal po*), die auf die Zeit König Trisong Detsens (*khri srong lde brtsan*, 742-797) zurückgehen soll und deshalb als besonderer Beschützer der tibetischen Regierung betrachtet wird.[23] Diese Linie von den Gelugpas zurück zur Nyingmapa-Schule beweist wiederum den ökumenischen Geist. Der Tradition zufolge war Pehar der tibetische Staatsschatz bereits im 8. Jahrhundert anvertraut worden. Verschiedene orale Traditionen behaupten, daß Pehar von Zentralasien (Khotan) nach Samye in Tibet gekommen sei, auch Padmasambhava wird mit dieser Legende in Verbindung gebracht. Der 5. Dalai-Lama war ein gläubiger Verehrer von Pehar Nechung. Obwohl diese Gottheit nach außen hin gewaltsam handeln kann, ist Pehars interne Natur wohlwollende Weisheit (*ye shes*). Nechung, der den Dalai-Lamas nahesteht, kann von anderen Geistern beeinflußt werden und dann gewalttätige Gegenwirkungen entwickeln, wenn diese Störungen durch andere Geister nicht ausgeschaltet werden. Dies war ein Pro-

---

21 Ladrang, a. a. O., S. 30-31.
22 Nach tantrischer Anschauung eignen allen Wesen drei »Existenzebenen« oder »Energieebenen«, nämlich Körper, Sprache (Rede) und Geist, die sich bei höherstehenden Wesen auch einzeln emanieren oder inkarnieren können.
23 Ladrang, a. a. O., S. 77-84.

blem, mit dem sich bereits der 13. Dalai-Lama in seiner Kontroverse mit Phabongkhapa zu beschäftigen hatte, wie wir später erläutern werden.

3. DER CHARAKTER SHUGDENS

Dorje Shugden (*rdo rje shugs ldan*) kann als *lha* (»Gottheit«, skt. *deva*) betrachtet werden und gehört zu den niederen Bereichen, wie man auch aus seinem historischen Ursprung erschließen kann. Diese Schlußfolgerung ist jedoch umstritten, weil die Prämisse, d. h. der historische Ursprung, nicht eindeutig ist.

Offensichtlich ist Shugden schon mit Gelugpa-Klöstern verbunden gewesen, bevor er allmählich zu einem der Hauptbeschützer der Gelugpa-Schule wurde. Aber, wie schon erwähnt, gibt es auch eine Beziehung zu den Sakyapa. Shugden, so heißt es, kommt aus allen Richtungen (und Klöstern!), um diejenigen zu beschützen, die ihn kultisch verehren, und um ihre Wünsche zu erfüllen und den *dharma* zu reinigen.[24] Sein Charakter ist gewalttätig und machtvoll, wenn er seine Gegner vernichtet, und es werden ihm symbolisch Tieropfer dargebracht. Sein Wohnsitz ist angefüllt mit Skeletten und menschlichen Schädeln, er selbst ist von Waffen umgeben sowie von einem See aus Menschen- und Pferdeblut.[25] Sein Körper hat eine dunkelrote Farbe, sein Gesichtsausdruck ähnelt dem der bekannten Darstellungen von indischen Dämonen (*rākṣasas*). All diese Attribute sind jedoch keineswegs exklusiv auf Shugden bezogen, sondern treten mehr oder weniger als stereotype Eigenheiten von *dharma*-Beschützern überhaupt auf. In den unterschiedlichen Traditionen bildeten sich verschiedene Formen und Farben dieser Gottheit heraus: im Gonkhang (*mgon khang*) der Gelugpa-Klöster, wie z. B. Gaden, wird Shugden in seiner roten Form verehrt, während er als

24 Nebesky-Wojkowitz, a. a. O., S. 141.
25 Nebesky-Wojkowitz, a. a. O., S. 136-137.

dharmapāla des Sakya-Klosters auf einem schwarzen Pferd reitet. Wie und wann sich diese unterschiedlichen ikonographischen Details entwickelt haben, kann nicht mit Sicherheit gesagt werden.

Shugden ist insbesondere im südlichen Himalaya zu Popularität gelangt. Ein lokaler Text aus Nepal (*rdo rje shugs ldan mchod thabs gsol kha*) enthält Anweisungen, wie Shugden auf der Basis seines Sakya-Hintergrundes verehrt werden solle. Wie bei anderen Gottheiten auch, besteht der Kult aus zwei Aspekten:

– die Gottheit in sich selbst hervorbringen (*bdag bskyed*) und
– die Gottheit als ein Objekt für den Betenden betrachten (*mdun bskyed*).

Shugden wird diesem Text zufolge angerufen, um »das Prestige des Buddha, des *dharma* und des *saṃgha*« zu beschützen und »die Hindernisse, die im Wege stehen, um einen Bodhisattva-Geist zu entwickeln« auszulöschen.[26] Insoweit bezeugt diese Beschreibung die wohlwollenden Intentionen der Gottheit und bezieht sich auf die Zuflucht zu den Drei Juwelen. Gleichzeitig wird Shugden mit »menschlichem Reichtum, Nahrung, Leben und Glück« in Zusammenhang gebracht, so daß man ihn um langes Leben und die Erfüllung aller Wünsche im irdischen Leben bittet und ihn auch bei körperlichen und mentalen Krankheiten anruft.[27] Alle diese Gebetsanliegen weichen in keiner Weise von den Anrufungen anderer Schutzgottheiten ab. Shugden wird angeredet als »großer König«, »*dharma*-Beschützer«, »wunscherfüllender Edelstein«, der »den *dharma* beschützt und seine Zerstörung verhindert«, und er wird gebeten, »externe und interne Feinde aus den zehn Gegenden zurückzudrängen«. Außerdem wird er erinnert an sein »Gelübde der Initiation, die ihm von Khro-ba rGyal-po«, der ein Sakya-Lama war, erteilt worden war. Dieser

---

26 S. R. Mumford, Himalayan Dialogue. Tibetan Lamas and Gurung Shamans in Nepal, Kathmandu: Tiwari 1990, S. 262.
27 Mumford, a. a. O., S. 262-263.

Text beweist also, daß es eine Shugden-Tradition bei den Sakyapa gab, und zwar selbst in einem so entfernten Tshap-Dorf in Nepal. Der Text fährt fort:[28]

> The enemy harmers and those who conspire against us, whose oaths of allegiance have deteriorated, you the powerful one, repel them in the name of religion, without delaying a single month in the year, and put them under my control. Fulfil whatever I wish as my friend, spreading the dharma without deterioration ... From the midst of a boiling ocean of blood, may the great king take ferocious form, repelling all enemies and harmers. Destroy the enemies completely. Kill them immediately. Send the butcher killers and blood drinkers to the land of the enemy and kill them right off. Reduce them to dust! Fulfil my requests. Whatever you speak, like the roar of a thousand dragons, may the hearing of it destroy all the enemy harmers of the ten regions. Even if their life force is made of diamonds, may they be reduced to dust.
>
> Protect the dharma in general, and in particular the Sakyapas. I praise you, who have agreed to be the Srungma of the Sakyapas.

Es ist hier nicht der Ort zu analysieren, inwieweit ein solcher Text bzw. die psychologische Haltung, die er spiegelt, dem *dharma* des Buddha widerspricht oder nicht. Doch möchte ich darauf hinweisen, daß Shugden hier nicht unbedingt als Spaltgeist erscheint, der gegen andere Gruppen oder Schulrichtungen auftritt, denn es bleibt offen, wer die Gegner sind. So *muß* es sich hier also *nicht notwendigerweise* um einen Kult handeln, der zu Spaltungen im tibetischen Buddhismus führt, aber dies *könnte* der Fall sein.

Wie Pehar, Nechung und andere Gottheiten nimmt Shugden Besitz von Medien, die als seine physische Stütze (*sku rten*) dienen. Ein berühmter Kuten von Shugden lebt im Gaden-Kloster der Gelugpa-Schule, der von monastischen Autoritäten anerkannt ist und regelmäßig überprüft wird. Ich habe

---

28 Mumford, a. a. O., S. 263-264.

die Geschichte und Erfahrung dieses Kuten andernorts publiziert[29] und möchte in diesem Zusammenhang nur betonen, daß sich meines Wissens hier keine spalterischen Tendenzen gezeigt haben.

Die spätere Tradition[30] hat fünf unterschiedliche Arten oder »Familien« (skt. *kula*) von Shugden unterschieden, die für Körper, Rede und Bewußtsein sowie die jeweilige dominierende Eigenschaft (*guṇa*, tibet. *yon ten*) und Aktivität stehen:

Bewußtsein	Dulzin Chökyi Gyalpo	*friedvoll*
Körper	Shize Dripa Kunsel	*friedvoll*
Rede	Nocö Zilnon	*voll Zorn*
dominierende Qualität	Kamsum Pelba	
Aktivität	Tum Dze	

4. DIE GESCHICHTE SHUGDENS

Der 5. Dalai-Lama

Um das Wesen und die Natur Shugdens näher zu bestimmen, muß die Geschichte dieser Gottheit soweit wie möglich aufgeklärt werden. Jedoch gibt es leider kaum dokumentierte Hinweise vor Beginn des 20. Jahrhunderts, obwohl einige ältere orale Traditionen berücksichtigt werden können, die jedoch in entscheidenden Punkten einander widersprechen.[31]

---

29 R. u. M. v. Brück, Die Welt des Tibetischen Buddhismus, München: Kösel ²1998.

30 Diese Klassifizierung stammt von Trijang Rinpoche, der sie von Phabongkhapa übernommen hat. Trijang Rinpoche, *Dge lden bstan pa bsrung b'ai lha mchog sprul pa'i chos rgyal chen po rdo rje shugs ldan …* (Kommentar zu Phabongkhapas Lobpreis an Shugden), The Collected Works Bd. 4, New Delhi 1978, S. 122-123.

31 Einiges Material dazu ist gesammelt in: Kashag (Hg.), *Dolgyal gyi*

Die Anfänge der Geschichte Shugdens[32] fallen in die Regierungsperiode des 5. Dalai-Lama, Ngawang Losang Gyatso (1617-1682), in eine Zeit, die von Machtkämpfen geprägt war. Die Macht der herrschenden Phag-mo-gru-Dynastie, die auch die Gelugpas unterstützt hatte, nahm dramatisch ab.[33] Ein Gegenkönig in Tsang, Phuntsog Namgyal (*gtsang-pa*) wurde von den Karmapas unterstützt, die erbitterte Rivalen der Gelugpas waren: Phuntsog Namgyal verfolgte die Gelugpas in Tsang, weswegen das bedeutende Tashilhünpo-Kloster der Gelugpa in Shigatse fast völlig verwaist war. Als Phuntsog den letzten Phag-mo-gru-Herrscher 1635 in der Nähe von Lhasa besiegte, wurden die Gelugpa-Mönche von Drepung und Sera vertrieben. Während der Kämpfe wurde auch die Mutter des Dalai-Lama getötet, der Dalai-Lama und der Panchen-Lama fanden im Gaden-Kloster Zuflucht. Politisch bedeutete dies für die Gelugpas zunächst das Ende ihrer Macht. Erst nach den Siegen des Mongolen Gushri Khan 1636 in der Kokonor-Gegend und 1640 in Zentraltibet änderte sich die Situation für die Gelugpas, denn da Phuntsog Namgyal eine nationalistisch-tibetische Haltung gegen die Mongolen eingenommen hatte, unterstützte Gushri Khan nun die Gelugpas, die sich für eine Allianz mit den Mongolen ausgesprochen hatten. 1641/42 kämpften die Mongolen gegen Phuntsog Namgyal, töteten ihn und herrschten nun über Pö (*dbus*) und Tsang (*gtsang*), d. h. über ganz Zentraltibet. Diese Ereignisse markieren den Beginn der Gelugpa-Herrschaft.

Der 5. Dalai-Lama konnte seine Macht sehr schnell konsolidieren und den Staat mit Hilfe der militärischen Macht der Mongolen zentralisieren. Um Tibet zu einen, war er an einer

---

jungrim (Historical Development of Dolgyal), Dharamsala 1996 (Manuskript).

32 Teile davon (bzw. nur einige Hinweise) finden sich in der Autobiographie des 5. Dalai-Lama, die Angelegenheit wird aber nacherzählt von Trijang Rinpoche und anderen, erneut auch von Nebesky-Wojkowitz, a. a. O., S. 134-135.

33 G. Schulemann, Geschichte der Dalai-Lamas, Leipzig: Harrassowitz 1958, S. 231-232.

»ökumenischen« Religionspolitik interessiert, d. h., er wollte eine neue Basis für die Einheit in der Unterschiedenheit der tibetischen Traditionen finden, damit sich die unterschiedlichen Schulen des tibetischen Buddhismus nicht gegenseitig aufrieben. So ließ er sich nicht nur von Gelugpa-Lehrern, sondern auch von Nyingmapa-Lamas im *dharma* unterweisen, und seine anfangs gegenüber den Kagyüpas intolerante Haltung wurde später freundlicher und konzilianter.[34] Dieser Umschwung in seiner Politik wurde sicherlich kontrovers unter den Gelugpas debattiert, und die folgende Geschichte könnte durchaus eine historische Basis in jenen Kontroversen haben:

> In des Dalai-Lama oberer Residenz (*bla brang*) im Drepung-Kloster (*'bras spungs*) lebte ein Tulku Drakpa Gyaltsen (*sprul sku grags pa rgyel mtshan*), der als Reinkarnation von Panchen Sönam Drakpa (1478-1554) galt, einem Schüler des 2. Dalai-Lama, wohingegen als die erste Inkarnation desselben Dulzin Drakpa Gyaltsen genannt wird, ein Schüler Tsongkhapas (1357-1410). Es ist schwierig, diese Reinkarnationslinie historisch zu prüfen, sie ist vielmehr eine Glaubenssache.[35] Tulku Drakpa Gyaltsen war vermutlich einer der Anwärter auf das Amt des 5. Dalai-Lama,[36] und dies könnte zu späteren Spannungen geführt haben, besonders weil der Dalai-Lama interessiert war, Zahl und Bedeutung anderer Tulku-Linien in Drepung zu reduzieren, um seine Macht zu bündeln. Mit Hilfe des Regenten Sönam Rabten (*bsod nams rab brtan*) erreichte er dieses Ziel. Aufgrund seiner außerordentlichen Fähigkeiten als Gelehrter hatte

---

34 Schulemann, a. a. O., S. 235.

35 Vgl. Losang Gyatso, *Shugs ldan gyi skor gsal bsha'd gsum pa* (3. Klarstellungen hinsichtlich Shugden), Dharamsala (Manuskript, Buddhist School of Dialectics), S. 2.

36 Z. Yamaguchi, The Sovereign Power of the Fifth Dalai-Lama: sPrul sku gZims-khang-gong-ma and the Removal of Governor Nor-bu, in: Memoirs of the Research Department of the Toyo Bunko (The Oriental Library) No. 53, Tokyo: The Toyo Bunko 1995, S. 12.

Tulku Drakpa Gyaltsen eine wachsende Zahl von Anhängern, was wiederum die Eifersucht unter der Gefolgschaft und im »Haushalt«, d. h. der nächsten Umgebung des Dalai-Lama heraufbeschwor. Eine nicht näher bekannte Gruppe von Regierungsbeamten, die mit dem Dalai-Lama verbunden waren (einschließlich des Regenten), beschlossen, Tulku Drakpa Gyaltsen zu beseitigen. Zwei Versionen sind überliefert: daß er getötet worden sei oder Selbstmord begangen habe. Seine außergewöhnlichen spirituellen Kräfte, so heißt es, ermöglichten es ihm, jeden Anschlag auf sein Leben zu vereiteln. Aller Intrigen müde, habe er jedoch seine Unschuld dadurch beweisen wollen, daß er beschloß, Selbstmord zu begehen, nicht ohne vorherzusagen, daß, wenn er unschuldig gewesen sei, der Rauch von seinem Verbrennungsfeuer als schwarze Wolke in Gestalt einer Säule nach oben steigen und schließlich die Gestalt einer offenen Hand formen würde. Der Tulku soll daraufhin einen Schal in seinen Hals gesteckt und sich selbst erstickt haben.[37] Alle Vorhersagen des Lama seien eingetroffen und sein Hauptschüler habe ihn schließlich gebeten, die Welt nicht zu verlassen, sondern in Gestalt einer zornvollen Gottheit zurückzukehren. In der Folgezeit ereigneten sich nun die verschiedensten Unglücksfälle, von denen auch die tibetische Regierung, ja der Dalai-Lama selbst, betroffen waren. Keiner konnte dem bösen Geist Einhalt gebieten. Als die tibetische Regierung begriff, daß sie dem Geist nicht gewachsen war, bat sie ihn um Kooperation: Statt Leid zu verursachen solle er ein Beschützer der Gelugpa-Schule werden. Der

---

37 Dieses Detail wird auch über andere *srung ma* berichtet: Der Geist, der von einem Medium in Trance Besitz ergriffen hat, macht ein gurgelndes Geräusch, von dem man meint, daß es mit der einstmaligen Erstickung dieses Geistes zusammenhinge. Der Ursprung solcher Geschichten ist noch nicht bekannt. Über eine entsprechende orale Tradition berichtet J. F. Rock anläßlich einer Expedition im Jahr 1928 (J. F. Rock, Sungmas, the Living Oracles of the Tibetan Church, in: The National Geographic Magazine 68/4, Washington, Oktober 1935, S. 475).

Geist Tulku Drakpa Gyaltsens habe dem zugestimmt und sei als die Schutzgottheit Shugden erschienen.

Andere Traditionen hingegen widersprechen dieser Lesart und behaupten, Tulku Drakpa Gyaltsen sei von seinen Gegnern ermordet worden.[38] Nach der Autobiographie des 5. Dalai-Lama wurde 1569 (zwölf Jahre nach dem Tod Drakpa Gyaltsens) ein Schrein gebaut, um diesen unruhigen Geist zu regulieren und zu kontrollieren. Aber der Stūpa sei ständig von ungewöhnlichen Geräuschen umgeben gewesen und es erwies sich als unmöglich, die negativen Kräfte zu kontrollieren. Daher wurde auf Einladung des Dalai-Lama der Nyingma-Meister Rinzin Pema Thrinlay vom Dorthag-Kloster gebeten, Rituale der Nyingma-Tradition zu vollziehen, um das Unheil abzuwehren. Schließlich soll der Schrein zerstört worden sein. Die Überreste seien nach Süden, in das Tal von Döl, gebracht worden.[39] Als Folge davon sei der Geist aber um so zornvoller erschienen. Die historische Evidenz ist nicht eindeutig, auch widersprechen viele Details einander. Wir können nicht einmal sicher sein, daß die Ereignisse im Kontext des Todes von Tulku Drakpa Gyaltsen im 16. Jahrhundert und der Kult um Shugden, der erst im 19. und 20. Jahrhundert nachweisbar ist, wirklich dieselbe Gottheit betreffen. Wenn dem so wäre, ist damit aber noch nicht gesagt, daß es diesbezüglich eine ununterbrochene Tradition gegeben hat. Aus den uns heute vorliegenden Texten geht nicht klar hervor, daß Tulku Drakpa Gyaltsen (sei er nun getötet worden oder durch Selbstmord aus dem Leben geschieden) als Shugden wiedergeboren wurde, denn seine Reinkarnationen könnten auch in menschlicher Gestalt erfolgt sein, und genau dies impliziert eine andere Tradition, die behauptet, daß seine Reinkarnationen in den Ngari Rinpoches zu finden seien. Wie dem auch sei, offensichtlich versuchte bereits der 5. Dalai-Lama, einen Geist zu kontrollieren, dessen Identität wir historisch aber nicht genau feststellen können.

38 Yamaguchi, a. a. O., S. 16.
39 Yamaguchi, a. a. O., S. 17.

Schließlich soll Tulku Drakpa Gyaltsen nach seinem Tode Zuflucht im Tashilhünpo-Kloster genommen und Losang Chökyi Gyaltsen (1570-1662), den Panchen-Lama, um Asyl gebeten haben. Nachdem er zurückgewiesen worden war, soll er sich an das Sakya-Kloster gewandt und erklärt haben, daß er ein Gelübde-Brecher (*dam nyams*) aus der Gelugpa-Schule sei. Nach einer anderen (oralen) Tradition war es Sakya Khroba Gyalpo (oder Kunga Lhodro), der ihn als Schutzgottheit an der Tür empfing, ihm aber nicht erlaubte, das Innere des Klosters zu betreten.[40] Einer weiteren oralen Tradition zufolge (wiedererzählt von Trijang Rinpoche) war es hingegen Sakya Sönam Rinchen, der diesen Geist einließ. Da Sönam Rinchen aber erst 1704 geboren wurde, während Tulku Drakpa Gyaltsen bereits 1657 gestorben war, zeigt die unlogische Differenz von 47 Jahren, daß die Geschichte historisch kaum wahrscheinlich und eher späteren Ursprungs ist.[41]

Welche dieser Überlieferungen am glaubwürdigsten ist, kann und muß hier nicht erörtert werden. Sicher ist, daß es sich um einen zornvollen Geist zu handeln scheint, der klösterlichen Institutionen Schaden bringt. Außerdem spielt er den Dalai-Lamas übel mit, wobei Erzählungen über schadhafte Auswirkungen dieses Geistes auf den 3. und 4. Dalai-Lama ne-

---

40 In einem Brief an die Assembly of Tibetan Peoples Deputies erklärt das Oberhaupt der Sakyapa, Sakya Thrinzin, daß Shugden in der Sakya-Tradition als niedere Schutzgottheit von einzelnen durchaus verehrt worden sei, nicht aber von Sakya-Institutionen. (Sakya Thrinzin, Letter to the Assembly of Tibetan Peoples Deputies, June 15 1996, Archives of ATPD, Gangchen Kyishong, Dharamsala Tibet.)

41 Der historische Ursprung von Shugden bleibt also unklar. Da Shugden auch unter dem Namen Dölgyal bekannt ist, liegt die Vermutung nahe, daß eine Verbindung zwischen ihm und Döl besteht, wo eine machtvolle Gottheit im Gefolge des Vier-Gesichtigen-Mahākāla zur Zeit Kunga Wangchuks (ca. 1430) erwähnt wird. Ein Alptraum des 2. Dalai-Lama wurde ebenfalls mit dieser Gottheit in Beziehung gebracht. All diese Verbindungen sind jedoch ohne klare historische Evidenz.

ben Berichten stehen, daß Shugden erst unter der Regentschaft des 5. Dalai-Lama als negativer Geist in Erscheinung
getreten sei. Dennoch wird er gleichzeitig als gezähmter, d. h.
durch Eid gebundener Geist, nämlich als *dharma*-Beschützer
höherer Ordnung, betrachtet.[42]

Eine Schlußfolgerung kann mit ziemlich großer Sicherheit
gezogen werden: Die Überlieferung einer Verbindung zwischen dem Tode Tulku Drakpa Gyaltsens und dem Kult um
Shugden hat ihre Wurzeln in Machtkämpfen zur Zeit des
5. Dalai-Lama und hängt mit dessen erfolgreicher Zentralisierung der Macht nach dem Tode Gushri Khans zusammen.
Darüber hinaus können frühe Texte der Shugden-Verehrung
auch in der Sakya-Tradition gefunden werden. Es gibt eine
Hymne *Lob an Shugden*, die entweder von Sakya Sönam Rinchen (geb. 1704), der, wie bereits erwähnt, den Geist Tulku
Drakpa Gyaltsens empfangen haben soll, oder von seinem
Sohn Kunga Lhodro stammt.[43] Dieser Text wird in späteren
Traditionen mehrfach genannt, obwohl die ursprüngliche Ver-
sion bisher nicht gefunden werden konnte.[44] Eines der frühen
Dokumente des Kultes um Shugden ist ein Text namens *Lam de
cha pa* des Sakya Morchen Kunga Lhundup, der zu Beginn des
18. Jahrhunderts in der Döl-Gegend lebte.[45] Er schildert darin,

---

42 Losang Gyatso bezieht sich auf die gesammelten Werke von Phabongkhapa und kritisiert, daß er Shugden als große Gottheit und
Emanation des Buddha behandelt, aber gleichzeitig erwähnt er,
daß man ihn als niederen Geist betrachten könne, der auf Grund
seines üblen *karman* Unheil stifte (Losang Gyatso, *Shugs ldan gyi
skor gsal bha'i gsum pa* [Aufklärungen über Shugden], Dharamsala
1996, S. 5).

43 Der mongolische Meister Losang Tayang nennt als Autor Sakya
Dakchen Ngawang Kunga Lhodro; Trijang Rinpoche hingegen
meint, daß der ursprüngliche Text von Sönam Rinchen verfaßt,
aber von dessen Sohn Kunga Lhodro ediert und korrigiert worden sei.

44 Diese Information wurde mir von Mr. Losang Shastri, Library of
Tibetan Works and Archives, Dharamsala, Oktober 1996, gegeben.

45 Morchen Kunga Lhundup, *Lam de cha pa*, S. 577 ff. (Library of Tibetan Works and Archives, Dharamsala).

daß er Rituale für Shugden vollzogen und diesen als *dharma-pāla* akzeptiert habe – Rituale wie z. B. die Konsekration einer Mantrarolle für Shugden, die in eine Statue Shugdens eingelassen worden sei. Des weiteren erwähnt er ein Orakelmedium (*sku rten*) Shugdens zu dieser Zeit und scheint zumindest teilweise selbst von Shugden besessen worden zu sein. Unter den Lehren, die er empfangen habe, listet er auch Lehren über Shugden auf, was bedeutet, daß es bereits vor ihm eine Kulttradition dieser Gottheit gegeben haben muß.

Entwicklungen im 19. und 20. Jahrhundert

Der neuere und heute kontroverse Shugden-Kult beginnt wahrscheinlich mit Tagphu Dorje Chang (*stag phu bstan p'ai dngos grubs*, 1876-1922), dem Lehrer Phabongkhapas (1878-1941), der die Praxis auf Trijang Rinpoche (1901-1981) tradiert hat, den jüngeren Tutor des 14. Dalai-Lama. Jedoch ist bis heute offen, ob der Ort des Ursprungs dieser kultischen Tradition wirklich bewiesen werden kann. Auch Tagphus Text,[46] der ein spezieller Traktat über den Nutzen der Praxis des *btsan*-Dämons *yam-shud dmar-po* ist, markiert nicht eindeutig den Beginn der Shugden-Praxis, weil er sich nicht direkt auf Shugden bezieht. Insbesondere fällt auf, daß die Zeremonie der vollkommenen Hingabe des Lebens an Shugden (*srog gtad*), wie sie von Phabongkhapa praktiziert und dann kontrovers diskutiert wurde, bei Tagphu noch keine Erwähnung findet. Wie immer der genaue Hintergrund und Charakter Shugdens in diesem Kontext beurteilt werden mag, so ist doch eines deutlich: erst hier, zu Beginn des 20. Jahrhunderts, tritt Shugden (Dölgyal) *nachweislich* in die Geschichte der Gelugpa-

---

46 Der Titel lautet: *Bstan srung chen po btsan rgod yam shud dmar po gtso 'khor gyi bskang chog dngos grub bdud rtsi 'khyil b'ai rin chen bum bzang* (»Kostbares Gefäß, das den Nektar der Vollkommenheiten [siddhi] enthält ... das wunscherfüllende Ritual des großen Dharma-Beschützers«).

Tradition ein, wohingegen die älteren Texte Shugden mit der Sakya-Schule in Verbindung bringen. Und erst zu Beginn des 20. Jahrhunderts scheint sich auch der Charakter der Gottheit als spezieller Sektenbeschützer herauskristallisiert zu haben.

Losang Tayang

Am Anfang der Tradition im 20. Jahrhundert steht der mongolische Meister *Losang Tayang* (*blo bzang rta dbyangs*), dessen Wirken im letzten Jahrzehnt des 19. Jahrhunderts begonnen und um 1920, vor der russischen Eroberung der Mongolei, seinen Höhepunkt erreicht hat. Er verfaßte eine lange »Liste von Texten über Gyalchen Dorje Shugden, den einzigartigen *dharmapāla* des zweiten Buddha Jamgön«.[47] Damit gilt Shugden als Beschützer Tsongkhapas, denn Jamgön (*jam mgon*) ist Tsongkhapa, identifiziert als Mañjuśrī, der sich in Tsongkhapa manifestiert. Der Text verdient unsere besondere Aufmerksamkeit, denn er stellt die erste Evidenz eines ausgedehnten Shugden-Kults dar. Er listet mehr als sechzig Texte auf, von denen die meisten verlorengegangen oder zumindest noch nicht gefunden worden sind. Einige der Texte enthalten Biographien von Tulku Drakpa Gyaltsen einschließlich einiger Gebete an unterschiedliche Inkarnationen desselben; ferner werden erwähnt: 37 Verse des Kaschmir Pandita Śribhadra mit einem Kommentar von Thurpu Lotsawa, eine Biographie des Panchen Sönam Drakpa von dem Eremiten Lhawang Gyatso, Gebete für die Inkarnation des Panchen Sönam Drakpa von Khenchen Ngawang Khedrup aus der Mongolei, ein Lobpreis an Panchen Sonam Drakpa von Tulku Losang Thrinlay aus Amdo, ein Gebet anläßlich der Bitte um eine Reihe von Rein-

---

47 Der vollständige Titel des Textes lautet: *'Jam mgon rgyal ba gnyis p'ai bstan bsrung thun mong ma yin pa rgyal chen rdo rje shugs ldan rtsal gyi chos skor be bum du bsgrigs p'ai dkar chags gnam lcags 'khor lo'i mu 'khyud phrin las 'od bar* (Library of Tibetan Works and Archives, Acc.No. 614, S. 391 ff.).

karnationen des Tulku Drakpa Gyaltsen von Panchen Losang Chökyi Gyaltsen, ein Gebet um langes Leben für den Ngari Rinpoche (in Gestalt einer Liste seiner Inkarnationen) von Kelsang Tulku usw.

Zwei Schlußfolgerungen können wir aus der Zusammenstellung dieser Liste ziehen:

— Erstens ist die Shugden-Tradition eng verbunden mit der Geschichte von Tulku Drakpa Gyaltsen und seinen weiteren Inkarnationen,

— zweitens hat Shugden eine nicht näher ausgeführte Beziehung zu den Ngari Rinpoches (der gegenwärtige Ngari Rinpoche ist der jüngere Bruder des Dalai-Lama).

Außerdem enthält Tayangs Text (394-396) eine Geschichte, die auf frühere Meister zurückgehen soll:

> Es wird erzählt, Pehar (Nechung) habe Panchen Sönam Drakpa besucht und ihm berichtet, daß er auf seiner langen Suche nach dem authentischsten *dharma*-Erben nur Tsongkhapa gefunden hätte, und daß er, Panchen Sönam Drakpa, die höchste Autorität in dieser Linie wäre. Nechung habe wörtlich hinzugefügt: »Tsongkhapa ist rein, nicht vermischt mit anderen Traditionen ... Um jene zu überwinden, die der Reinheit von Tsongkhapas Lehren Gewalt antun, solltest du deine vierfachen Aktivitäten manifestieren (*phrin las*, Manifestationskräfte), die friedvolle, die anwachsende, die mächtige, die zornvolle – und ich, Nechung, will dir dabei helfen. Ich (Nechung) bin durch einen Eid an Padmasambhava gebunden und habe ihm versprochen (treu zu sein), und er hat mir den Schutz für den *gesamten dharma* anvertraut. Deshalb kann ich nichts für den Schutz der *besonderen* Lehre des Tsongkhapa tun. Sei dir dessen bewußt.

Tayang fährt fort und schreibt wörtlich:

> Als Panchen Sönam Drakpa auf diese Weise belehrt worden war, verließ er sich mit Bedacht auf den großen *dharmapāla* Dorje Shugden, um die Lehre und die Anhänger Tsongkhapas zu beschützen, so daß die üblen Wesen vollständig

durch die zornvollen, wirkungsvollen und mächtigen Aktivitäten dessen, der die Macht hat (Shugden), besiegt werden können, damit alle bösen Feinde zu Asche verbrannt und alle Arten von bösen Geistern ungehindert besiegt würden.

Tayang behauptet, daß diese Aussage in Übereinstimmung mit der oralen Tradition früherer Meister stünde, und er interpretiert die Geschichte, daß Nechung Panchen Sönam Drakpa gebeten habe, sich als zornvolle Gottheit Shugden zu manifestieren, wie belegt. Tayang fügt kommentierend hinzu, daß nach dem Tod des Panchen-Lama sein Stūpa geöffnet worden sei. Man habe dabei entdeckt, daß das Verbrennungsfeuer Augen, Herz und Zunge nicht habe verbrennen können, sondern daß vielmehr zusätzlich noch ein kleineres Herz an seiner Seite gefunden worden sei, das sich hinsichtlich des Gewichts als viel schwerer erwiesen habe. Diese Zeichen würden bedeuten, daß er sich als eine mächtige Schutzgottheit manifestieren würde.

Weiterhin ist bemerkenswert, daß Tayang behauptet, das Wesen, das sich in Tulku Drakpa Gyaltsen inkarniert habe, sei bereits vor dessen Lebenszeit zur Zeit des 5. Dalai-Lama als Shugden erschienen. Dies steht im Widerspruch zu der zuvor erwähnten Tradition. Tayang argumentiert (S. 396): Der 5. Dalai-Lama habe die Lehren aller Schulen unterstützt und verbreitet, ohne sich auf eine bestimmte Schule festzulegen, wohingegen der *dharmapāla* Shugden gewünscht habe, daß allein Tsongkhapas Lehren gefördert werden sollten. Aus diesem Grunde sei der Dalai-Lama von furchterregenden Visionen heimgesucht worden, die weder kontrolliert noch beendet werden konnten, so daß er schließlich den Sakya Rinpoche gebeten habe, die notwendigen Rituale zur Beruhigung des Geistwesens zu vollziehen. Doch der Erfolg blieb aus: Als man z. B. Torma (*gtorma*), die den gebannten bösen Geist enthielten, zur Verbrennung in ein Feuer warf, verbrannten diese aus Teig und Fett geformten »Opferkuchen« nicht, sondern der Geist kehrte immer wieder zurück, bis letztendlich ein Torma-Opfer für den Beschützer Shugden dargebracht wurde, was endlich zu dem erwünschten Erfolg geführt habe.

Dieser Text läßt auf einen Interessenkonflikt zwischen der allgemein-tibetischen Tradition, die alle Schulen umfaßt, und einem schulbezogenen Exklusivismus der Gelugpas schließen. Daß dieser Widerspruch in den Gestalten des 5. Dalai-Lama gegenüber Tulku Drakpa Gyaltsen alias Shugden bzw. Nechung gegenüber Panchen Sönam Drakpa alias Shugden manifest wird, ist demgegenüber sekundär. Shugden jedenfalls steht, so Tayang, für den Gelugpa-Exklusivismus, und genau hier liegt eines der Hauptprobleme in der gegenwärtigen Kontroverse.

Phabongkhapa (1878-1941)

Auch bei *Phabongkhapa* (*pha bong kha pa byams pa bstan 'dzin phrin las rgya mtsho*), einer Schlüsselfigur in der Geschichte der Shugden-Kontroverse, können wir diese exklusivistische Haltung erkennen. Er war ein charismatischer Lehrer und Mitglied des Sera Me-Klosters. Ob er die Shugden-Tradition und die umstrittene Sogde-Zeremonie (*srog gtad*, Lebenshingabe)[48] von seinem Lehrer Tagphu empfangen hat oder nicht, kann bis heute nicht mit Sicherheit bewiesen werden. Jedoch war er es, der diese Praxis lehrte, viele Schüler in sie initiierte und sie unter hohen Gelugpa-Lamas populär machte. In dem Text »Initiationstexte für die Praxis von visionären Lehren«,[49] die er von Losang Chökyi Wangchuk (*blo bzang chos kyi dbang phyug*) empfangen hatte, finden sich Lehren über Amitāyus, Avalokiteśvara, Vajrapāṇi, Tārā und den Guru-Yoga. Auffälligerweise wird Shugden aber hier nicht erwähnt. Der Text befaßt sich mit höheren tantrischen Initiationen, und daß Shug-

---

48 Vollkommene Lebenshingabe (*srog gtad*) mit Körper, Sprache und Geist kann nur gegenüber einem Buddha oder einer vollkommenen Emanation des Buddha praktiziert werden, nicht aber gegenüber niederen Beschützern.

49 Der volle Titel lautet: *Dpal stag phu'i gsaṇ chos rgya can bcu gsum gyi smin byed dbang chog chu 'babs su bkod pa don gñis 'bras bus brjid pa'i yoṇs 'du'i dbang po*, gedruckt nach Blockdrucken von 1935 vom Lha klu House in Lhasa, New Delhi 1979.

den in diesem Kontext keine Erwähnung findet, legt den Schluß nahe, daß diese Gottheit hier nicht als zu einer hohen Klasse von Gottheiten zugehörig betrachtet wird. In einem anderen Text jedoch, der den Titel trägt »*Der grundlegende Segen der Lebensinitiation Shugdens, des mächtigsten dharmapālas von Jamgön (Tsongkhapa), des Juwelenwagens, der unermeßliche Segnungen mit sich bringt*«,[50] präsentiert er einen detaillierten Bericht über die Shugden-Praxis und schreibt (498-499):

Ich habe dies auf die Bitte von Shugden geschrieben, denn in der Vergangenheit gab es eine Sogde-Tradition (*srog gtad*) bezüglich Shugden.[51] Aber in späterer Zeit konnten weder die Tradition noch der Text aufgefunden werden – sie sind wie Blumen im Himmel geworden –, und deshalb hat mich Shugden zweimal gebeten, einen neuen Initiationstext zu verfassen. Ich habe die Initiationspraxis (*dbang*) an einige Schüler in Übereinstimmung mit meiner eigenen Erfahrung weitergegeben, und (ein Text) ist geschrieben worden als Grundlage für (einen detaillierteren Text). Aber dies allein würde nicht verläßlich sein und gliche eher einem unehelichen Sohn. Deshalb habe ich den Text in allen Details meinem Meister Tagphu Dorje Chang vorgetragen und ihm meinen Entwurf vorgelegt ... (501) Er hat auf der Grundlage dieses Entwurfs seinen eigenen Text niedergeschrieben und damit die Vorlage mit seiner eigenen Vision verknüpft. Tagphu hat über die fünf Typen Shugdens geschrieben, die entsprechenden Farben usw., auch über die Opfer, die ihm dargebracht werden müssen. Demgemäß müssen im Augenblick der Initiation der längere Lamrim-Text auf dem Altar liegen sowie ein Cakra, das das Leben des Betreffenden repräsentiert, eine Doppeltrommel (*ḍamaru*), ein Diamantzep-

---

50 Phabongkhapa, *'Jam mgon bstan srung thu bo rdo rje shugs ldan gyi srog dbang dzab mo'i byin rlab rin chen dbang po 'dren p'ai yid ches nor bu'i shing rta*, in: Collected Works, Vol 7, Delhi o. J. (Library of Tibetan Works and Archives, Acc. No. 457, Acc. 1622, S. 498 ff.)

51 Er bezieht sich auf einen verlorenen Text von Lama Rinchen Wangyal.

ter (*rdo rje*) usw. Der Übende hat dabei die lebenserzeugenden Worte Vajrabhairavas zu murmeln und Torma-Opfer darzubringen ... (502) Die Initiation kann derjenige empfangen, der in die Vajrabhairava-Praxis eingeführt ist und der die Gelübde, die mit dieser Initiation verbunden sind, bedingungslos einhält ... (502-503) Obwohl es so viele unterschiedliche Traditionen und Philosophien in Tibet gibt, ist nur diese Tradition Tsongkhapas die höchste, die Spitze des Siegesbanners, die vollständigste, das Wesen der Lehre ... (505) Um Shugden für sich selbst in Dienst zu stellen, ist dies eine außerordentlich mächtige Segensform. Um diese Initiation zu empfangen, visualisieren sich die Schüler selbst als *yidam* (Vajrabhairava), und als solcher rufen sie Shugden herbei und kontrollieren ihn. Der *dharmapāla* (Shugden) wird den Schülern präsentiert als derjenige, der sich ihren Befehlen fügt.

Er fährt fort (505) und erläutert, wie Meister und Schüler sich selbst als Vajrabhairava und/oder Yamāntaka visualisieren und dann die Initiation in die fünf Aspekte Shugdens empfangen, einschließlich der Mantras, der Farben usw., die vom Altar ausstrahlen. Diese emanierenden Energien werden vollkommen im Herzen des Schülers aufgenommen und aufgelöst, mit der vollen Bewußtheit, daß er es nun ist, der den Beschützer kontrolliert.

In diesem Text Phabongkhapas geht es um die Initiation in die Praxis von Shugden, und um ihn richtig interpretieren zu können, müssen wir zunächst die unterschiedlichen Aspekte des Initiationsbegriffs im tibetischen Buddhismus unterscheiden. Es werden zwei Typen von Initiation unterschieden: *dbang* und *srog gtad*. Der erste Typ ist durch zwei Aspekte gekennzeichnet:

(a) die Initiation in den Bereich oder die Präsenz einer positiven Emanation einer Gottheit (*dbang*), die im wesentlichen dem indischen *abhiṣeka*-Ritus entspricht;

(b) die Erlaubnis, mit der Praxis einer Gottheit nach der Initiation fortzufahren (*rjes gnang*). Dies verlangt die Kontrolle über die Gottheit, und von hohen spirituellen Meistern gilt, daß sie über diese Kontrollkraft tatsächlich verfügen.

Der zweite Typ ist die Initiation als Lebenshingabe (*srog gtad*), wobei es sich um vollständige *Hingabe* einer Person handelt, d. h., der Mensch gibt sein gesamtes Leben hin und nimmt unbedingte Zuflucht. Diese unbedingte Hingabe darf nur gegenüber einem Buddha oder einem *yidam* ausgeübt werden, denn der *yidam* wird als vollkommene Emanation des Buddha auf personaler Ebene betrachtet.

Auf der Grundlage dieser Unterscheidung lassen sich in Phabongkhapas Text drei wesentliche Aussagen herauskristallisieren:

– Phabongkhapas Text behauptet nicht, daß nur Gelugpa-Lehren zur Befreiung führen, obwohl Tsongkhapas Lehren als die höchsten und das Wesen aller Lehren bezeichnet werden. Aber das ist traditioneller Sprachgebrauch und kann nicht als überzogener Exklusivismus interpretiert werden.
– Der Text sagt auch nicht, daß Meister und Schüler tatsächlich Zuflucht bei Shugden nehmen. Der *yidam* und Shugden werden auseinandergehalten, und eindeutig ist die Aussage, daß der *dharmapāla* kontrolliert werden müsse: Der Meister überträgt seine Kraft auf den Schüler, so daß dieser Shugden kontrollieren kann, was wiederum allgemein üblicher Praxis entspricht.
– Insofern jedoch der Schüler mit der Energie Shugdens verschmilzt, tritt eine *Identifikation mit Shugden* ein, und diese Lehre bzw. Praxis widerspräche der klassischen Gelugpa-Tradition. Denn es kann keinen *srog gtad* bezüglich eines *dharmapāla* geben, weil ein *dharmapāla* kein Buddha oder *yidam*, sondern ein geringeres Wesen ist.[52]

---

52 Jedoch gibt es Evidenz, daß *srog gtad* oder *rjes gnang* praktiziert wird auch hinsichtlich anderer Dharma-Beschützer. Shugden scheint also nicht eine totale Ausnahme zu sein.

So geht es in der Kontroverse um Shugden also letztendlich darum, wie der Status von Shugden interpretiert wird. Und hier ergibt sich ein Widerspruch, der nicht auflösbar ist: Einerseits wird argumentiert, daß Shugden eine zornvolle weltliche Schutzgottheit mit nachweisbarem Ursprung in der Geschichte sei, die unter *Kontrolle* gebracht werden muß, wenn man segensreich mit ihr umgehen will. Andererseits wird von jenen, die Shugden kultisch verehren, behauptet, daß Shugden eine hohe Gottheit jenseits der weltlichen Ebene sei und deshalb Lebenshingabe (*srog gtad*), d. h. eine Verehrung und Hingabe wie die Emanationen des Buddha verdiene.

Ob dieser Widerspruch mit dem anderen Einwand zusammenhängt, daß in Shugden ein Sektengeist am Werke sei (Gelugpa-Exklusivismus), ist eine andere Frage. Die Antwort hängt von einer Analyse der weiteren Geschichte der Shugden-Tradition ab, und die betreffenden Interpretationen variieren, wie ich oben bereits gezeigt habe.

Das Problem, daß die Verehrung Shugdens möglicherweise nicht mit den Prinzipien des tibetischen Buddhismus übereinstimmen könnte, wonach nur der Buddha selbst bzw. seine zweifelsfrei höchsten Emanationen unbedingte Verehrung genießen dürfen, wurde bereits vom 13. Dalai-Lama gesehen und angepackt, weshalb er Phabongkhapa persönlich aufforderte, die Sogde-Praxis zu beenden. Phabongkhapa gehorchte und sandte einen Brief mit Erklärungen und seinem Bedauern, daß er die Praxis ausgeübt habe. Dieser Vorfall ist dokumentiert in Dharma Losang Dorjes Biographie Phabongkhapas,[53]

---

53 Der volle Titel der Biographie: *Rigs dang dkyil 'khor rga mtsho 'i khyab bdag heruka dpal ngur smrig gar rolskyabs gchig pha bongkha pa bde chen snying po dpal bzang po'i rnam thar pa don ldan tshangs p'ai dbyangs snyan* (Die bedeutungsvolle Befreiung nach Brahmas Stimme, Lebensgeschichte des Herrn Phabongkhapa Dechen Nyingpo, die Seelenzuflucht an der Wohnstätte des Heruka, des universalen Herren aller Heruka-Gruppen und ihrer Maṇḍalas), Phabongkhapa, Collected Works, Vol. 14, Lhasa edition, Library of Tibetan Works and Archives, Dharamsala, Acc. 1622.

die den Brief an den 13. Dalai-Lama in Band 14 (Lhasa Edition), Seite S. 471 ff. enthält. Der Brief ist nicht datiert, sondern es wird lediglich erwähnt, daß er nach dem 39. Jahr geschrieben sei, d. h. nach 1917. Hintergrund des Schreibens ist, daß Phabongkhapa vom Dalai-Lama und dem Kashag aufgefordert worden war, seine Lehren zu erläutern, nachdem er die kontroversen Initiationen bereits einer großen Anzahl von Mönchen in Drepung gegeben hatte. Er schreibt:

Ich habe am 22. Tag des letzten Monats des letzten Jahres einen Brief geschrieben. Ich danke Ihnen für alle Ihre Richtigstellungen. Ich habe nichts dagegen zu sagen. Es ist alles mein Fehler. Von nun an werde ich Ihren Worten aus meinem ganzen Herzen folgen, und ich möchte mich für alle Fehler entschuldigen, die ich begangen habe.«

Er zitiert dann aus einem Brief, den ihm die Regierung zuvor geschickt hatte und in dem das kontroverse Problem angesprochen worden war. Darin habe es geheißen:

Obwohl noch eine Reihe von Anmerkungen gemacht werden müßten bezüglich der drei Probleme, die Sie erwähnen (bezüglich der falschen Argumentation und des Problems der Schriftautorität), wollen wir es jetzt dabei belassen. (Es ist genug) die Gelübde zu halten und Zuflucht bei den Drei Juwelen (*triratna*) zu nehmen. Auf Grund Ihrer Verehrung Shugdens während der letzten Jahre und im Zusammenhang mit Ihren Lehrunterweisungen über Lamrim haben sehr viele Übende diese Praxis übernommen. Aber der Gründer von Drepung hat befohlen, daß Nechung der Beschützer dieses Klosters sei, und Nechung hat der Drepung-Verwaltung gesagt: »Bedauerlicherweise wird (die Blüte des) *dharma* verkürzt wegen der Lehren Phabongkhapas.« Nechung hat sein Bedauern mehrere Male ausgedrückt, und die Ursache für sein Bedauern ist die Shugden-Praxis. Nechung ist verärgert über Ihr Verhalten, denn Sie verlassen sich auf eine weltliche zornvolle Gottheit, um Vorteile in diesem Leben zu gewinnen, was gegen die *triratna*-Vorschriften ist ... Weil Sie durch Ihre Unwissenheit verwirrt sind, sind Sie absichtlich den Pfad der Tugendlosigkeit gegangen und haben andere in die Irre geführt, obwohl Sie sagen, daß Sie dies nicht beabsichtigt hätten. Aber das ist ein Widerspruch. Dafür müssen Sie sich rechtfertigen. Phabongkhapa wurde hier also offensichtlich bereits zum zweiten Male zur Verantwortung gezogen, und er erläutert seine Position mit einem interessanten Verweis auf seine Biographie. Er schreibt nämlich an den 13. Dalai-Lama:

> Meine alte Mutter hat gesagt, daß Shugden eine besondere Gottheit (*lha*) bei meiner Geburt gewesen sei, so mußte ich Shugden kultisch verehren. Aber von jetzt an, da ich einsehe, daß ich einen Fehler begangen habe, will ich das Versprechen halten, Shugden nicht zu verehren und die mit ihm verbundenen Rituale nicht zu vollziehen ... Ich entschuldige mich dafür, daß ich den Zorn Nechungs heraufbeschworen und gegen die *triratna*-Gelübde verstoßen habe. Ich möchte für mich um Vergebung bitten bei Ihrer Freundlichkeit und durch Ihre große Barmherzigkeit. Sie (der Dalai-Lama), der Sie der Beschützer besonders von armen Wesen sind ...

Der Hinweis auf seine Mutter und die Umstände seiner Geburt könnte vermuten lassen, daß Shugden Gegenstand eines populären Kultes gewesen ist. Denn zur Geburtsstunde, so glaubt man im tibetischen Buddhismus allgemein, ist immer eine besondere Gottheit gegenwärtig, die sich dann als bedeutungsvoll für das gesamte Leben einer Person erweist.

Wir wissen natürlich nicht, wie groß der Druck auf Phabongkhapa gewesen sein mag, daß er sich dieser Bitte der Regierung gebeugt hat. Phabongkhapa jedenfalls gehorcht dem Dalai-Lama und der Regierung, wie aus dem Brief hervorgeht, aus zweierlei Gründen:

– Shugden steht im Widerspruch zu Nechung, der der Regierung und dem Dalai-Lama persönlich sehr nahesteht und der Beschützer des Drepung-Klosters ist.

– Zuflucht zu Shugden bedeutet die Relativierung der Zuflucht zu den Drei Juwelen (*triratna*) *Buddha*, *dharma* und *saṃgha*, dem Herzstück der buddhistischen Überlieferung.

Die Geschichte um Shugden, Phabongkhapa und den 13. Dalai-Lama ist damit aber noch nicht zu Ende. In Phabongkhapas Biographie[54] wird eine eigenartige Begebenheit erwähnt:
Unmittelbar vor dem Tod des 13. Dalai-Lama soll Shugden
in der Gegenwart Phabongkhapas in einen jungen Mönch gefahren sein, worauf der Mönch zweimal in hoher und exaltier-
ter Stimme ausgerufen habe: »Nach der Vollendung des neunten wird der Neumondtag sein.« Phabongkhapa konnte die
Bedeutung des Ausrufs nicht sofort erfassen. Aber als kurz
darauf der Dalai-Lama am Ende des neunten Monats an
einem Neumondtag starb, sah er in diesem Ereignis einen
Hinweis auf den Tod des 13. Dalai-Lama. Die hohe Stimme jedoch interpretierte er als ein Zeichen von Freude darüber, daß
derjenige, der den Shugden-Kult ausrotten wollte, nun gestorben sei. Damit wird ausdrücklich von einer Feindschaft zwischen Shugden und den Dalai-Lamas berichtet.

Ob Phabongkhapas Shugden-Praxis zu gewaltsamen, sek-
tiererischen Attacken besonders auf Nyingma-Institutionen
geführt hat, ist nicht eindeutig nachweisbar. Tsetan Zhab-
drung, ein berühmter Gelehrter von Amdo, berichtet, daß Anhänger Phabongkhapas Padmasaṃbhavas Bild und darüber
hinaus auch Bilder von anderen friedvollen und zornvollen
Gottheiten, die in den Nyingma-Institutionen eine Rolle spie-
len, zerstört hätten.

Trijang Rinpoche (1901-1981)

Trijang Rinpoche, der Schüler Phabongkhapas und jüngere Tutor
des jetzigen, 14. Dalai-Lama, hatte einen kaum zu überschät-
zenden Einfluß auf eine ganze Generation von Tulkus und hohen Lamas der Gelugpa-Schule. Da sich seine Residenz im
Gaden-Shartse-Kloster (im Exil nahe Mundgod, Karnataka,

---

54 Phabongkhapa, *'Jam mgon bstan srung thu bo rdo rje shugs ldan gyi srog
dbang dzab mo'i byin rlab rin chen dbang po 'dren p'ai yid ches nor bu'i
shing rta*, in: Collected Works, Vol 7, Delhi o. J. (Library of Tibetan
Works and Archives, Acc. No. 457, Acc. 1622, S. 498 ff.)

Indien) befand, konnte er eine besonders enge Beziehung zu dieser monastischen Einrichtung pflegen. Als Schüler Phabongkhapas praktizierte auch er die Shugden-Tradition, so daß sich die meisten der gegenwärtigen Gelugpa-Lamas, die gegen die Anordnung des 14. Dalai-Lama protestieren, den Shugden-Kult aufzugeben, auf Trijang Rinpoche berufen können. Trijang beschreibt seine Haltung zu Shugden in seiner Autobiographie (publiziert in Tibetisch, Delhi 1978) und in einem Text »Kommentar zu Phabongkhapas Lobpreis auf Shugden«.[55] Er argumentiert, daß die Gottheit Shugden bereits in einer Beziehung zu Tsongkhapa gestanden hätte und daß sich Shugden in Übereinstimmung mit Nechung als *dharmapāla* manifestiert habe. In seinem »Lobpreis« ruft er Shugden wie folgt an:[56]

> Lobpreis Dir, der Du den Mut hattest, dem Wunsch Nechungs zu entsprechen, dem außerordentlich mächtigen Beschützer, der dich immer wieder gebeten hat, als dieser *dharmapāla* besonders für die Gaden-Tradition zu erscheinen.

Trijang schließt sich also Phabongkhapas (ursprünglicher) Meinung an (die er kommentiert), daß es keinen Widerspruch zwischen Nechung und Shugden geben könne. Zur Begründung dieser These erzählt er die folgende Geschichte: Einst, als Tsongkhapa in Gaden Unterweisungen gab, näherte sich ihm wiederholt ein kleiner Junge in weißen Kleidern und sprach zu ihm: »Du mußt mir helfen.« Wissend, daß der Knabe eine Manifestation Pehars war, antwortete er nicht. Aber Dulzin Drakpa Gyaltsen (die vorherige Inkarnation von Tulku Drakpa Gyaltsen), der neben Tsongkhapa saß, sprach den Kna-

---

55 Voller Titel: *Dge ldan bstan pa bsrung b'ai lha mchog sprul p'ai chos rgyal chen po rdo rje shugs ldan rtsal gyi gsang gsum rmad du byung b'ai rtogs pa brtod p'ai gtam du bya ba (dam can rgya mtsho dgyes p'ai rol mo)*.

56 Trijang Rinpoche, *Dge ldan bstan pa bsrung b'ai lha mchog sprul p'ai chos rgyal chen po rdo rje shugs ldan* ... (Kommentar zu Phabongkhapas Hymne an Shugden), The Collected Works, Bd. 4, New Delhi 1978, S. 98.

ben eines Tages an und sagte, daß er ihm geben wolle, was er brauche, da der Meister selbst vom Lehren müde sei. Der Knabe antwortete, er habe nur die Aufmerksamkeit auf sich lenken wollen und brauche nichts, wonach er verschwand. Später dann soll Nechung dem Panchen Sönam Drakpa gesagt haben, daß er, Nechung, schließlich die Verpflichtung habe, den gesamten Buddhismus zu beschützen und nicht etwa speziell die Gelugpa-Tradition, und er habe darum Panchen Sönam Drakpa gebeten, als zornvoller Beschützer der Gelugpa-Lehre zu erscheinen. Der Panchen-Lama, so schreibt Trijang, habe darauf wie folgt geantwortet:[57]

> »Ich werde mich darum später kümmern«, ohne daß er Nechungs Wunsch zu diesem Zeitpunkt bereits erfüllt habe. Aber später, in der Inkarnation als Tulku Drakpa Gyaltsen, habe Nechung ihn gebeten, sich an sein früheres Versprechen zu erinnern. Er konnte sich aber nicht erinnern, und so gab Pehar ihm gesegnete Samenkörner und sagte: ›Wenn du diese einnimmst, während du in Retreat bist, wird dir alles klar werden.‹ So zog er sich in Retreat zurück und konnte sich nach einiger Zeit an sein früheres Versprechen erinnern.

Trijang argumentiert des weiteren, daß der 5. Dalai-Lama und Tulku Drakpa Gyaltsen unmöglich eine Kontroverse gehabt haben könnten, vielmehr ginge dieses Unglück zu Lasten der Anhänger beider Lamas. Die scheinbare Differenz zwischen dem Dalai-Lama und Tulku Drakpa Gyaltsen sei ein *upāya* gewesen, ein geschicktes Mittel also, das sie benutzt hätten, um die Macht Shugdens zu manifestieren und zu demonstrieren. Trijang zitiert[58] als Beleg eine Hymne, die der 5. Dalai-Lama zum Lobpreis Shugdens (Tulku Drakpa Gyaltsen) geschrieben haben soll:

> ... Deine Kraft und Macht ist wie der Blitz. Du besitzt den Mut und das Vertrauen zwischen richtig und falsch zu unterscheiden. Ich lade Dich vertrauensvoll ein, darum kom-

57 Trijang Rinpoche, a. a. O., S. 98-99.
58 Trijang Rinpoche, a. a. O., S. 115.

me doch bitte hier an diesen Ort ... Du unterwirfst verschiedene Geister, die an Verbrennungsplätzen hausen.
Ich stelle verschiedene äußere, innere und geheime Opfer
und Tormas her. Ich bekenne, daß ich zuvor wegen meiner
Selbstsucht nicht anders konnte, als so hart (gegen diesen
Geist) zu sein. Aber jetzt singe ich Dir demütig und respekt-
voll mit Körper, Rede und Geist den Lobpreis ... Mögen
wir immer beschützt werden durch den *triratna*.

Problematisch ist, daß die Autorschaft des 5. Dalai-Lama für
diesen Text historisch nicht belegbar ist, weder in der Biographie des 5. Dalai-Lama noch anderswo. Im Gegenteil, man
muß annehmen, daß, wenn der Dalai-Lama von einer Beziehung zwischen Tsongkhapa (Nechung) und Shugden (Tulku
Drakpa Gyaltsen) gewußt hätte, er sich anders verhalten haben würde. Denn wegen des gravierenden Unterschiedes in
Position und Rang der beiden ist es völlig unwahrscheinlich,
daß der 5. Dalai-Lama solch einen Hymnus der Selbstkorrektur geschrieben haben könnte.

Trijang erwähnt[59] des weiteren eine Verbindung zwischen
Sakya Morchen Kunga Lhundup (frühes 18. Jahrhundert) und
Shugden, denn, so meint er, Morchen (der Sönam Rinchen gebeten hatte, den Shugden-Text zu verfassen) sei überzeugt gewesen, daß es jetzt an der Zeit sei, sich auf Shugden zu verlassen.

Und es gibt weitere orale Traditionen von Trijang Rinpoche,
um die Shugden-Tradition zu begründen und zu verteidigen,
die wir hier jedoch nicht ausführlich aufzählen können. Trijang geht es jeweils darum zu zeigen, daß die Traditionen
von Nechung und Shugden nicht im Widerspruch zueinander
stehen bzw. daß es keinen Widerspruch zwischen dem allgemeinen Schutz der gesamten tibetischen buddhistischen
Tradition und dem spezifischen Schutz für die Gelugpa-
Schule allein gebe. Schaut man aber in die bewegte Geschichte
der Rivalität und Auseinandersetzung zwischen den unterschiedlichen Schulen in Tibet, wie wir sie im 2. Kapitel erörtert

---

59 Trijang Rinpoche, a. a. O., S. 122 ff.

haben, und beurteilt die Sachlage angesichts der emotional geführten gegenwärtigen Kontroverse, ist diese behauptete Widerspruchsfreiheit eher fraglich.

Die obigen Ausführungen zeigen jedoch eines deutlich: Die Frage nach der Authentizität der Shugden-Tradition kann durch historische Argumente nicht entschieden werden.

5. GEGENWÄRTIGE DEBATTE UND KONSEQUENZEN

Als Zehntausende von Tibetern nach dem Volksaufstand von 1959 ins Exil nach Indien gehen mußten, brachten verschiedene Lamas wie Trijang Rinpoche, Zong Rinpoche u. a. – viele von ihnen waren eng mit dem Gaden-Shartse-Kloster verbunden – die Shugden-Praxis mit. Insbesondere Zong Rinpoche war als Schüler von Trijang Rinpoche in dieser Praxis engagiert und gab sie an zahlreiche Schüler weiter, zuerst in Buxa Duar (Nordindien), später in Südindien. Allerdings waren viele der Lamas, die jene Initiation empfingen, schon längst Shugden-Anhänger gewesen, denn wie wir bereits erwähnt haben, war diese Praxis wenigstens seit zwei oder drei Generationen nicht nur in Nepal weit verbreitet, sondern auch in anderen Gegenden des südlichen Himalaya wie Ladakh und Spiti. Den 14. Dalai-Lama selbst hatte sein Tutor Trijang Rinpoche in diese Praxis eingeführt.

Wie ich schon zu Beginn dieses Kapitels dargestellt habe, geht die gegenwärtige Kontroverse in die 70er Jahre zurück, als der Dalai-Lama öffentlich Kritik am Shugden-Kult äußerte und ihn zuerst für sich selbst 1976 aufgab, bis er schließlich 1996 alle offiziellen Institutionen, die mit der Regierung verbunden sind, sowie Schüler, die Initiationen von ihm empfangen hatten, aufforderte, die Shugden-Praxis zu beenden. Zemed Tulku (in Gaden Shartse) schrieb daraufhin sein Buch *Pha goed la mae shal lung*, in dem er Shugden als Zerstörer von Nyingma- und Kagyü-Einflüssen preist, wohingegen andere Gelehrte (wie z. B. Sakya Dongtog Denpa Gyaltsen) einer solchen Deutung des Wesens Shugdens widersprachen. Zemed

Tulku beruft sich auf private Instruktionen, die er von Trijang Rinpoche über Shugden empfangen habe und die in der Aussage gipfeln, daß Shugden alle »großen Adepten, hohen Lehrer und einfachen Leute, die die Gelugpa-Schule verunreinigen und korrumpieren, machtvoll zerstört«. Er behauptet in seinen Darstellungen, daß jene, die sich in der Vergangenheit Shugden entgegengestellt haben, einen vorzeitigen Tod gefunden und andere Widrigkeiten erfahren hätten. Mit dieser Warnung richtet er sich gegen alle, die Nyingma-Lehren studieren und danach meditieren, also indirekt auch gegen den 14. Dalai-Lama. Denn der Dalai-Lama hat alle Traditionen studiert und sich darum bemüht, einen gemeinsamen Grund in den wesentlichen Schulen des tibetischen Buddhismus zu finden,[60] um genau jene exklusivistischen Tendenzen zu überwinden, die Shugden schützen soll.

Der 14. Dalai-Lama hat das Problem verschiedentlich aufgegriffen. Seine Äußerungen zu Shugden sind gesammelt und auf tibetisch publiziert worden.[61] Um den kanonischen Status von Shugden zu untersuchen sowie seinen Kult zu interpretieren, wendet er im wesentlichen drei methodologische Mittel oder Argumente an:

– historische Evidenz,
– politische Argumente,
– spirituelle Einsicht.

---

60 Dalai-Lama, Kindness, Clarity and Insight, Ithaca: Snow Lion 1984, S. 200-225 (deutsch: Dalai-Lama, Logik der Liebe, München: Goldmann 1993).

61 Dalai-Lama, *Gong sa skyabs mgon chen po mchog nas chos skyong bstan phyogs skor bk'a slob snga rjes bstsal pa khag cha tshang phyogs bsdebs zhus pa* (Vollständige Sammlung von Äußerungen S. H. des Dalai-Lama bezüglich des Vertrauens in Dharmapālas), Dharamsala: Sherig Parkhang (Publ.) 1996.

Historische Argumente

Um die Authentizität der Shugden-Tradition zu untersuchen, bezieht sich der Dalai-Lama auf die historischen Ursprünge. Diese Methode geht von der Annahme aus, daß eine Tradition am Ursprung noch rein erhalten sei, daher also die Entdeckung des Ursprünglichen ein Urteil über die Gültigkeit einer Erscheinung oder einer Aussage ermögliche. Jedoch müssen hier zwei »Ursprünge« unterschieden werden:
- der allgemeine Ursprung der buddhistischen Tradition (die »Drei Juwelen«, der *Buddha*, der den *dharma* gepredigt und somit den *saṃgha* etabliert hat) und
- der besondere Ursprung der Gelugpa-Tradition (*Tsongkhapa* und seine Lehren).

Der Dalai-Lama verteidigt seine Anschauungen mit dem Argument, daß die Grundlage des Buddhismus – und selbstredend auch des tibetischen Buddhismus – die Zuflucht zu den Drei Juwelen (*triratna*) sei, und dies allein sei der Maßstab für das, was gelten solle. Jede zusätzliche Praxis könne durchaus hilfreich sein, diese Zuflucht in *triratna* zu stärken, doch dürfe eine solche Praxis sich niemals verselbständigen und zum Ersatz werden. Wenn dies der Fall ist und die Gefahr einer Verdunklung von *triratna* droht, müsse diese Praxis aufgegeben werden. Genau aus diesem Grunde lehnt der Dalai-Lama die Praxis der Lebenshingabe (*srog gtad*) an Shugden ab, denn durch diese Praxis würde der tibetische Buddhismus auf eine Form des Schamanismus reduziert werden.[62] Außerdem greift er die Shugden-Praxis an, weil sie eine Korruption der ursprünglichen *dharmapāla*-Praxis für weltliche Zwecke darstelle:[63]

---

62 Aussage in einem persönlichen Gespräch mit dem Autor am 19. Oktober 1996 in der Residenz des Dalai-Lama in Dharamsala.
63 Dalai-Lama, zitiert in: Principal Points of the Kashag's Statement concerning Dolgyal, The Tibet Bureau, Geneva 1996, S. 3.

Geister zu verehren ist eine Praxis, die im vorbuddhisti-
schen Tibet ihren Ursprung hat. Als jedoch Guru Padmasambhava half, den Buddhismus in Tibet im 8. Jahrhundert
zu verwurzeln, nahm er einige Geistwesen wie Nechung,
das Staatsorakel, in Dienst, um die buddhistische Lehre zu
beschützen. Auf Grund seiner hohen spirituellen Errungen-
schaften war er in der Lage, solche Geistwesen zu unterwerfen und sie durch Gelübde zu binden. Die Verehrung von
Geistwesen ist somit nicht als solche eine buddhistische Praxis, sondern ein Hilfsmittel, die spirituelle Praxis aufrechtzuerhalten. Über die Jahrhunderte hinweg ist die Praxis
der Verehrung von Geistwesen allerdings umgedeutet worden als Mittel, Ruhm, Glück und allgemeine Wohlfahrt in
diesem Leben zu erlangen. Dies sind Ziele, die der allgemeinen buddhistischen Lebensanschauung widersprechen.

Gleichzeitig beruft sich der Dalai-Lama in seiner Argumentation auf den spezifischen Ursprung der Gelugpa-Tradition,
d. h. auf Tsongkhapa selbst. Es dürfe hier keinen Widerspruch
geben, denn so Tsongkhapa den Buddha-Dharma sachgemäß
interpretiert habe, beziehe er sich ja auf *triratna*. Daraus folgt,
daß das gültig ist, was auf die *triratna*-Tradition zurückgeführt
werden kann, wie sie durch Tsongkhapa interpretiert wird.
Um ein Beispiel zu geben: Der Dalai-Lama argumentiert,
daß Tsongkhapa und seine Schüler sich nicht auf irgendwelche
weltlichen Gottheiten und Beschützer verlassen hätten, was
aus der Tatsache hervorgeht, daß selbst Tsongkhapas Geburts-
gottheit den Schrein innerhalb des Geländes von Gaden nicht
betreten durfte.[64] So benutzt der Dalai-Lama Phabongkhapas
Argument, das wir bereits zitiert hatten, gegen Phabongkhapa
auf der Basis einer historischen Anmerkung zu Tsongkhapa.
Und er fügt hinzu, daß all jenen Lamas von Gaden, die Shugden verehrt haben, an verschiedenen Schnittpunkten im Leben Unglück widerfahren sei.

Er argumentiert weiterhin, daß die maßgeblichen überwelt-

---

64 Dalai-Lama, *Gong sa skyabs mgon chen po* (Vollständige Sammlung),
a. a. O., S. 63.

lichen Beschützer klar definiert seien und es weiterer Beschützer nicht bedürfe: *Mahākāla* (für alle Traditionen) und *Dharmarāja* (exklusiv für die Gelugpas). Dharmarāja gilt als eine Form des Mañjuśri, der in dieser Gestalt als Lehrer (Guru) auftritt und gleichzeitig als *yidam* und *dharmapāla* zu betrachten ist. Tsongkhapa habe zwar drei Beschützer jeweils für die drei Arten von Wesen verehrt, die aber nicht im Widerspruch zueinander stehen könnten, insofern sie alle drei eindeutig überweltlichen Charakter hätten: *Mahākāla* (den zornvollen Aspekt von Avalokiteśvara) für Wesen mit höchsten Zielen, *Vaiśravana* für Wesen mit mittleren Zielen und *Dharmarāja* für Wesen mit niederen Zielen. Zu seiner Zeit gab es keine Notwendigkeit, weitere Beschützer zu suchen, und daran solle auch heute nicht gerüttelt werden von all jenen, die wirklich in der Tradition Tsongkhapas stehen wollen.[65]

Politische Argumente

Der Dalai-Lama ist ein hoher Tulku der Gelugpa-Tradition, gleichzeitig aber trägt er Verantwortung für den gesamten tibetischen Buddhismus. Das ist ein strukturelles Problem, denn wenn die Interessen beider Dimensionen nicht kongruieren, gerät der Dalai-Lama in einen Konflikt. Den Konflikt zu lösen ist ein politisches Problem, das der gegenwärtige Dalai-Lama wiederum mittels des historischen Vergleichs und allgemeiner Vernunfturteile zu lösen versucht. Er bezieht sich dabei auf das Leben des 5. und des 13. Dalai-Lama, benutzt diese Vorgänger als Beispiele eines allgemein »ökumenisch« buddhistischen Geistes, der ein Denken, das sich an Partikularinteressen orientiert, überwunden hat, und folgt derselben Logik wie seine Vorgänger. Für beide Fälle ist die historische Evidenz bereits von uns behandelt worden. Der 5. Dalai-Lama z. B. etablierte zwar die politische Macht der Gelugpas,

---

65 Dalai-Lama, *Gong sa skyabs mgon chen po* (Vollständige Sammlung), a. a. O., S. 50-51.

aber im Laufe der Zeit integrierte er Nyingma- und Kagyü-Lehren und balancierte so das Interesse unterschiedlicher Gruppen aus. Auf diese Weise schuf er eine politische Stabilität, die es in dieser Weise vorher nicht gegeben hatte.

Ähnliches trifft auf die heutige Situation zu. Der 14. Dalai-Lama möchte erreichen, daß alle Tibeter in der Zuflucht zu den Drei Juwelen (*triratna*) vereint seien und die Unterschiede der Schulen so reflektieren, daß sie deren gegenseitige Abhängigkeit erkennen,[66] um auf diese Weise alle trennenden Kräfte zu überwinden. Der Dalai-Lama argumentiert:[67] Die Shugden-Verehrer behaupten, daß Nechung Tulku Drakpa Gyaltsen mehrmals gebeten habe, sich als die zornvolle Gottheit Shugden zu manifestieren. Selbst wenn dies zuträfe, dann wäre es doch Nechung, der als Subjekt und Ursprung dieser ganzen Tradition zu gelten hätte. Dies aber ist unmöglich wegen der sektenhaften Grundhaltung dieses geistigen Wesens. Also kann die Ursprungsgeschichte Shugdens nicht stimmen.

Spirituelle Einsicht

Da es sich hier um eine Kontroverse handelt, bei der es um Gottheiten geht, die miteinander in Konflikt geraten sind (Nechung versus Shugden), ist eine unmittelbare Einsicht in die Natur jener spirituellen Ebenen vonnöten, um die Authentizität der einen oder anderen Seite beurteilen zu können. Der Dalai-Lama verläßt sich, wie alle Dalai-Lamas vor ihm, auf Nechung, und er argumentiert wiederholt, daß er Nechung in einer besonderen spirituellen Kommunikation, die nicht jedem zugänglich ist, in der Angelegenheit befragt hätte. Nechung habe ihm mitgeteilt, er müsse die Angelegenheit regeln.[68]

---

66 Dalai-Lama, Kindness, Clarity and Insight, a. a. O., S. 200-225.
67 Dalai-Lama, *Gong sa skyabs mgon chen po* (Vollständige Sammlung), a. a. O., S. 77.
68 Dalai-Lama, *Gong sa skyabs mgon chen po* (Vollständige Sammlung), a. a. O., S. 49-50.

Demgemäß sei Nechung im Konflikt mit Shugden und aus diesem Grunde müsse der Shugden-Kult aufgegeben werden.

Nun stellt sich die Frage, ob diese Abhängigkeit des Dalai-Lama von Orakeln nicht dem Bild widerspricht, das wir in Kapitel II.2. gezeichnet haben, wonach der Dalai-Lama als politischer und religiöser Reformer erscheint, der in Tibet eine Gesellschaft aufbauen möchte, die auf den Prinzipien der Demokratie beruht. Abgesehen von dem Problem der Verläßlichkeit von Orakeln und der Schwierigkeit, daß unterschiedliche Orakel einander widersprechen können, sowie der möglichen politischen Beeinflussbarkeit von Orakeln, die ja außerdem noch in die Alltagssprache »übersetzt« werden müssen, wobei also beim Orakel selbst und bei dem Übersetzer eigene oder fremdgesteuerte Interessen ins Spiel kommen können, die das Orakel verfälschen – was in der Geschichte Tibets nachweislich auch geschehen ist –, stellt sich die Frage nach dem Orakelwesen ganz grundsätzlich. Hier ist zu bedenken, daß jedes politische Handeln im Spannungsfeld von vorgegebenen Zwängen bzw. Notwendigkeiten und individueller Gestaltung bzw. Freiheit des Menschen angesiedelt ist. Der »Mantel der Geschichte«, das Schicksal, die göttliche Vorsehung oder schlicht die Sachzwänge setzen einen Rahmen, der den Handlungsspielraum ermöglicht oder einschränkt, in beiden Fällen aber die Freiheit der politischen Entscheidung und Handlung eingrenzt. Das Offenkundige, das durch Analyse und politische Klugheit zutage tritt, muß immer auf dem Hintergrund des Verborgenen und nicht Einsehbaren betrachtet werden. Die einzelnen Kulturen haben auf dieses Spannungsfeld verschieden reagiert, je nach Welt- und Menschenbild, das der betreffenden Kultur durch eine religiöse Grundhaltung vorgegeben wird. In einer theistischen Religion, die Gott als personales Gegenüber des Menschen konzipiert, wird sich der politisch Handelnde durch Gebet in den größeren Zusammenhang einordnen, den er nicht kennt, der aber die Resultate seines Handelns wesentlich beeinflußt. Andere Kulturen stellen das Handeln des Menschen, besonders des Königs oder der politisch maßgeblichen Figuren, in den Zusammenhang eines größeren Weltgesetzes, das durch astrologische Berechnungen offenkundig werden soll. Im tibetischen Buddhismus ist eine religiöse Grundannahme die Einheit des Bewußtseinskontinuums, das über die menschliche Sphäre hinausreicht und alle Lebewesen bis zu subtil-feinstofflichen Bereichen miteinander verbindet. Höhere Wesen, die tiefer in die kausalen Muster der Wirklichkeit einzudringen vermögen, äußern sich z. B. durch Orakel oder in Träumen bzw. durch meditative Schauungen. Die tibetischen Orakel, besonders das Staatsorakel, sollen also einen tieferen Einblick in die durchaus als vernünftig und kausal gesteuert gedachten Zusammenhänge der Wirklichkeit ermöglichen, Zusammenhänge, die dem alltäglichen Bewußtsein oft verborgen sind. Man mag diese dem Orakel zugrunde liegende Denkfigur für nachvollziehbar halten oder nicht, sie entspricht jedenfalls z. B. dem Gebet in anderen Kulturen bzw. der Einsicht, daß die rationale Analyse von Ereignissen *allein* keineswegs die Zusammenhänge sichtbar machen kann, die zu erkennen notwendig ist, um *vernünftige* politische Entscheidungen zu treffen, insofern weder die verborgenen Kräfte der Gegenwart und noch weniger die der Zukunft bekannt sind. In der tibetischen Tradition werden Orakel immer wieder überprüft, um ihre Genauigkeit zu testen. Und auch der Dalai-Lama beurteilt die Authentizität Nechungs durchaus mit Verstandesargumenten, wenn er sagt:[69]

> Selbst wenn mein Meister etwas sagt, vergleiche ich es mit dem, was Je Tsongkhapa gesagt hat, und untersuche die Aussage auf dieser Basis. In ähnlicher Weise glaube ich nicht einfach etwas, selbst wenn es von einem *dharma*-Beschützer stammt. Ich denke darüber nach und halte eine Divination. Ich bin dabei sehr sorgfältig ... Einige mögen denken, daß ich einfach alles leicht glaube, was Nechung sagt, ... aber das ist nicht so ... Es heißt, daß wir Gelugpas die Kraft konventioneller Verstandesargumente zu schätzen wissen, und

---

69 Dalai-Lama, *Gong sa skyabs mgon chen po* (Vollständige Sammlung), a. a. O., S. 77.

dieses Rufes müssen wir uns tatsächlich auch als würdig erweisen. Aus diesem Grunde muß gefragt werden, ob Shugden die Reinkarnation Tulku Drakpa Gyaltsens ist oder nicht. Selbst wenn es so wäre, würde dies auf der Grundlage eines Konfliktes zwischen Tulku Drakpa und dem 5. Dalai-Lama so sein ... Die Angelegenheit muß mit Vernunftargumenten betrachtet werden ... Aber das Außergewöhnliche (die Gottheiten) auf der Ebene von Vernunftargumenten gewöhnlicher Wesen zu beurteilen ist letztlich unmöglich.

Konsequenzen

Wir haben die Geschichte der Shugden-Tradition zu erhellen versucht und die Argumente angeführt, die für und wider den Shugden-Kult in die Debatte geworfen werden. Trotz der historischen Argumente, trotz der Autorität des Dalai-Lama und trotz der politischen Situation ist offensichtlich der Widerstand gegen die Interpretationen des Dalai-Lama und der Exilregierung nicht verstummt. Und das hat, wie mir scheint, zwei Gründe:[70]
– die unbedingte Bindung an den Wurzellehrer,
– die Sorge um die Religionsfreiheit.

Viele der gegenwärtigen Lamas der Gelugpa-Tradition haben ihre Lehren von Trijang Rinpoche oder Zong Rinpoche empfangen. In jenen Fällen, wo der spirituelle Meister die Rolle

---

70 Brief an alle Tibet Support Groups von der Dorje Shugden Devotees Religious and Charitable Society, New Delhi, November 1996 (Archives of the Private Office of H. H. the Dalai-Lama, Dharamsala). Der Brief drückt »a great deal of anguish among a large number of Tibetans and the followers of several prominent Lamas who spread the Dharma to thousands of non-Tibetans around the world«, aus, denn das Verbot der Shugden-Praxis »is forcing almost all of the Gelugpa Lamas who have spread the Dharma to the West to break their vow and commitments to either to His Holiness or to their root Guru, who is also the root Guru of His Holiness, Kyabje Trijang Rinpoche.«

des Wurzellamas (*rtsa ba'i bla ma*) hat, der dem Schüler alle drei Aspekte der Tradition übergeben hat (orale Transmission der Texte und der Kommentare sowie die tantrische Initiation), ist die Beziehung zum Lehrer durch absoluten Gehorsam gekennzeichnet. Dies ist ein wesentlicher Aspekt der Vajrayāna-Praxis. Wenn also der Wurzellehrer die Shugden-Praxis einem Schüler weitergegeben hat, dann darf dieser sie nicht aufgeben, selbst wenn er es wollte. Andernfalls würde der Schüler gemäß der tantrischen Tradition als eine Person betrachtet werden müssen, die das tantrische Gelübde gebrochen hat (*dam-nyams*). Dies ist das tragische Dilemma in der gegenwärtigen Kontroverse.

Daraus ergibt sich die Schlußfolgerung, daß die gegenwärtige Kontroverse den Widerspruch zwischen der Notwendigkeit, die Gültigkeit von Urteilen kritisch herzustellen, und dem Gehorsam gegenüber dem Guru (Lama) offenbart.

Außerdem ist der Eindruck entstanden, daß die Religionsfreiheit in Gefahr sei. Dies vor allem deshalb, weil die historischen und hermeneutischen Hintergründe des Shugden-Problems nicht einfach zu verstehen sind. Die Argumente des Dalai-Lama freilich zielen darauf, nicht die Religionsfreiheit einzuschränken, sondern die öffentliche Religionsausübung an den Maßstäben des buddhistischen Kanons und der mit Vernunftargumenten interpretierten Geschichte zu messen. Aber indem die Religionsfreiheit in historisch-politischen Kontexten je neu interpretiert werden muß, ist doch offensichtlich, daß Religionsfreiheit durch die kanonische Selbstinterpretation einer Religion oder den hermeneutischen Prozeß, der durch intersubjektive Debatte über das, was authentisch im Licht des Ursprungs ist und was nicht, konditioniert ist. Deshalb ist die gegenwärtige Kontroverse und der Aufruf des Dalai-Lama, sich auf die wesentlichen Aspekte der buddhistischen Praxis zu besinnen, ein signifikantes Ereignis, Kanonizität hinsichtlich von nicht-textuellen Aspekten des tibetischen Buddhismus herzustellen und somit einen beliebigen Synkretismus von kreativer Integration zu unterscheiden, die sich gegenüber dem Kanon der Tradition verantwortet. Dies ist in der Geschichte des tibetischen Buddhismus nie anders gewesen.

WEITERFÜHRENDE LITERATUR

P. Ch. Bagchi, *Studies in the Tantras*, Calcutta 1939

H. Hoffmann, *Die Religionen Tibets*, Freiburg-München 1956

G. Schulemann, *Geschichte der Dalai-Lamas*, Leipzig 1958

D. L. Snellgrove, *The Hevajra Tantra*, 2 Bde., London 1959

Ch. Chakravarty, *The Tantras*, Calcutta 1963

K. C. Pandey, *Abhinavagupta*, Varanasi 1963

F. D. Lessing/A. Wayman, *Introduction to the Buddhist Tantric Systems*, Den Haag 1968

H. E. Richardson, *A Cultural History of Tibet*, New York 1968

G. Tucci/W. Heissig, *Die Religionen Tibets und der Mongolei*, Stuttgart-Berlin-Köln 1970

R. A. Stein, *Tibetan Civilization*, Stanford 1972 (Orig. Paris 1962)

William Yeeling Evans-Wentz, *Tibet's Great Yogi Milarepa. A Biography from the Tibetan. Being the Jetsün-Kahbum or biographical history Jetsün-Milarepa according to the late Lāma Kazi Dawa-Samdup's English rendering*. Edited with introduction and annotations, New York 2000: Oxford University Press (zuerst 1928); deutsch: *Milarepa. Tibets großer Yogi*, Weilheim 1971: O. W. Barth.

S. B. Dasgupta, *An Introduction to Tantric Buddhism*, Calcutta ³1974

A. Govinda, *Grundlagen tibetischer Mystik*, Frankfurt ⁴1975

D.-I. Lauf, *Das Erbe Tibets*, Bern 1975

P. K. Sharma, *Sakti Cult in Ancient India*, Varanasi 1974

Eva K. Dargyay, Gesche Lobsang Dargyay (Hg.), *Das tibetische Buch der Toten*, Frankfurt/Main 2004: Barth (zuerst Bern, München und Wien 1977: Scherz).

B. N. Pandit, *Aspects of Kashmir Shaivism*, Srinagar 1977

Dalai-Lama/J. Hopkins, *Tantra in Tibet*, London 1977

L. Söpa/J. Hopkins, *Der tibetische Buddhismus*, Köln 1977

A. Bharati, *Die Tantra Tradition*, Freiburg 1977

D.-I. Lauf, *Geheimlehren tibetischer Totenbücher*, Freiburg ³1979

S. Gupta u. a., *Hindu Tantrism* (Handbuch der Orientalistik 2. Abt. IV), 2. Bd., Leiden 1979

N. Rastogi, *The Krama Tantricism of Kashmir*, Bd. 1, Delhi 1979

J. Hopkins (Hg.), *Tantra in Tibet*, Düsseldorf-Köln 1980

E. Bernbaum, *The Way to Shambhala*, Los Angeles 1980

K. Mishra, *Significance of the Tantric Tradition*, Varanasi 1981

S. Kramrisch, *The Presence of Śiva*, Princeton 1981

W. D. Shakabpa, *Tibet: A Political History*, New York 1984

J. Hopkins, *The Tantric Distinction*, London 1984

Dalai-Lama/J. Hopkins, *The Kalachakra Tantra*, London 1985

P. M. Murphy, *Triadic Mysticism. The Mystical Theology of the Śaivism of Kashmir*, Delhi 1986

D. Kinsley, *Hindu Goddesses. Vision of the Divine Feminine in the Hindu Religious Tradition*, Berkeley 1986

M. C. Goldstein, *A History of Modern Tibet 1913-1951*, Berkeley 1989

P. Bishop, *The Myth of Shangri-La*, London 1989

H. Havnevik, *Tibetan Buddhist Nuns. History, Cultural Norms and Social Reality*, Oslo 1990

J. Nattier, *Once upon a Future Time. Studies in a Buddhist Prophecy of Decline*, Berkeley 1991

M. Brauen, *Das Mandala. Der heilige Kreis im tantrischen Buddhismus*, Köln 1992

A. Herrmann-Pfandt, *Dākinīs*, Bonn 1992

M. Shaw, *Passionate Enlightenment. Women in Tantric Buddhism*, Princeton 1994

R. Barraux, *Die Geschichte der Dalai-Lamas*, Solothurn-Düsseldorf 1995

Ladrang Kalsang, *The Guardian Deities of Tibet*, Dharamsala 1996: Little Lhasa Publications (Nachdruck Delhi 2003).

R. u. M. v. Brück, *Die Welt des Tibetischen Buddhismus*, München 1996

Th. Dodin/H. Räther (Hg.), *Mythos Tibet. Wahrnehmungen, Projektionen, Phantasien*, Köln 1997

E. u. L. Dargyey (Hg.), *Das tibetische Buch der Toten*, Bern-München-Wien 1997

A. Gruschke, *Die heiligen Stätten der Tibeter: Mythen und Legenden von Kailash bis Shambhala*, München 1997

Guru Padmasambhava, *Die Geheimlehre Tibets*. Herausgegeben und für unsere Zeit entschlüsselt von Karl Scherer. Mit einem Vorwort von M. von Brück, München 1998

D. S. Lopez, *Prisoners of Shangri-La. Tibetan Buddhism and the West*, Chicago 1998

Melvyn C. Goldstein, Matthew T. Kapstein (Hg.), *Buddhism in Contemporary Tibet. Religious Revival and Cultural Identity*, Berkeley 1998: University of California Press.

Patrul Rinpoche, *The Words of My Perfect Teacher. Kunzang Lama'i She-lung*, Boston 1998: Shambhala (zuerst 1994).

H. Forster-Latsch/P. L. Renz, *Tibet. Land – Religion – Politik*, Frankfurt a. M. 1999

Michael von Brück, *Religion und Politik im Tibetischen Buddhismus*, München 1999: Kösel.

Georges Dreyfus, *The Shuk-den Affair. History and Nature of a Quarrel*, in: Journal of the International Association of Buddhist Studies 21 (1999), H. 2, S. 227-270.

Gampopas kostbares Ornament, genannt Juwelenschmuck der geistigen Befreiung. In der Übertragung aus dem Tibetischen von Albrecht Frasch, Horst 1999: Tashi-Verlag für Buddhistische Literatur.

Matthew T. Kapstein, *The Tibetan Assimilation of Buddhism. Conversion, Contestation and Memory*, Oxford 2000: Oxford University Press.

Miranda Shaw, *Frauen, Tantra und Buddhismus*, Frankfurt/Main 2000: Fischer.

David Gordon White (Hg.), *Tantra in Practice*, Princeton 2000: Princeton University Press.

Jan-Ulrich Sobisch, *Three-Vow Theories in Tibetan Buddhism. A Comparative Study of Major Traditions from the Twelfth through Nineteenth Centuries*, Contributions to Tibetan Studies 1, Wiesbaden 2002: Reichert.

Robert Beer, *Die Symbole des tibetischen Buddhismus*, übersetzt von Dagmar Ahrens-Thiele, Kreuzlingen und München 2003: Hugendubel.

Karénina Kollmar-Paulenz, *Der Buddhismus als Garant von ›Frieden und Ruhe‹. Zu religiösen Legitimationsstrategien von Gewalt am Beispiel der tibetisch-buddhistischen Missionierung der Mongolei im späten 16. Jahrhundert*, in: Zeitschrift für Religionswissenschaft n (2003), 8.185-207.

Alex McKay (Hg.), *The History of Tibet*, 3 Bde., London 2003: Routledge & Kegan.

Georgios T. Halkias, *Tibetan Buddhism Registered. A Catalogue from the Imperial Court of 'Phang Thang*, in: The Eastern Buddhist 36 (2004), H. 1-2, S. 46-105.

Nagendra Kumar Singh, *Buddhist Tantricism*, Delhi 2004: Global Vision Publishing House.

Serinity Young, *Courtesans and Tantric Consorts. Sexualities in Buddhist Narrative, Iconography, and Ritual*, New York und London 2004: Routledge.

Martin Brauen (Hg.), *Die Dalai-Lamas. Tibets Reinkarnationen des Bodhisattva Avalokiteśvara*, Stuttgart 2005: Arnold.

Ronald M. Davidson, *Tibetan Renaissance. Tantric Buddhism in the Rebirth of Tibetan Culture*, New York 2005; Columbia University Press.

Nik Douglas, Meryl White, *Karmapa. The Black Hat Lama of Tibet*, London 1976: Luzac; deutsch: *Karmapa. König der Verwirklicher*, Wuppertal 2005: Buddhistischer Verlag.

Karénina Kollmar-Paulenz, *Klösterliches Leben in Tibet und der Mongolei im 19. Jahrhundert. Zwischen sozialer Anpassung und religiöser Norm*, in: Peter Schalk, Max Deeg (Hg.), *Im Dickicht der Gebote. Studien zur Dialektik von Norm und Praxis in der Buddhismusgeschichte Asiens*, Uppsala 2005: Universitet Uppsala, S. 309-352.

Wulf Köpke, Bernd Schmelz (Hg.), *Die Welt des tibetischen Buddhismus*, Hamburg 2005: Museum für Völkerkunde.

Geshe Thubten Ngawang, *Mit allem verbunden. Geistesumwandlung im Mahāyāna-Buddhismus*, hg. v. Birgit Stratmann, übersetzt aus dem Tibetischen von Christof Spitz, München 2005: Diamant.

Karénina Kollmar-Paulenz, *Kleine Geschichte Tibets*, München 2006; C. H. Beck.

Jens Schlieter, *Compassionate Killing or Conflict Resolution? The Murder of King Langdarma according to Tibetan Buddhist Sources*, in: Michael Zimmermann (Hg.), *Buddhism and Violence*, Wiesbaden 2007: Reichert (zuerst Lumbini 2006), S. 129-155 (frühere deutsche Fassung: *Tyrannenmord ab Konfliktlösungsmodell? Zur Rechtfertigung der Ermordung des ›antibuddhistischen‹ Königs Langdarma in tibetisch-buddhistischen Quellen*, in: Zeitschrift für Religionswissenschaft 11 [2003], H. 2, S. 167-183).

Die Publikationen des Verlags der Weltreligionen werden gefördert durch die

**UDO KELLER STIFTUNG
FORUM HUMANUM**

In einer Zeit des zunehmenden Zugriffs von Technik und Ökonomie auf das Humanum möchte die Stiftung an die Bedeutung des geistigen und religiösen Erbes der Weltkulturen erinnern. Sie geht davon aus, daß die weitere Entwicklung des Menschen entscheidend davon abhängen wird, ob und wie es gelingt, die reichhaltigen Potentiale dieser Traditionen für die Zukunft fruchtbar zu machen. In diesem Sinne versteht die Stiftung ihr Engagement im Verlag der Weltreligionen.